法治建设与法学理论研究部级科研项目成果
"核能利用安全保障法律制度研究"（项目编号15SFB2044）

# 核能利用安全保障法律制度研究

李奇伟　著

# Nuclear Law

武汉大学出版社

图书在版编目(CIP)数据

核能利用安全保障法律制度研究/李奇伟著.—武汉：武汉大学出版社,2020.11(2022.4 重印)
ISBN 978-7-307-21837-6

Ⅰ.核… Ⅱ.李… Ⅲ.核安全—能源法—研究 Ⅳ.D912.604

中国版本图书馆 CIP 数据核字(2020)第 194767 号

责任编辑：胡　荣　　　责任校对：汪欣怡　　　版式设计：马　佳

出版发行：武汉大学出版社　　（430072　武昌　珞珈山）
（电子邮箱：cbs22@whu.edu.cn　网址：www.wdp.com.cn）
印刷：武汉邮科印务有限公司
开本：720×1000　1/16　印张：13.75　字数：245 千字　插页：2
版次：2020 年 11 月第 1 版　　2022 年 4 月第 2 次印刷
ISBN 978-7-307-21837-6　　定价：49.00 元

版权所有，不得翻印；凡购我社的图书，如有质量问题，请与当地图书销售部门联系调换。

湖南省一流建设学科法学（湖南师范大学）建设项目

# 目 录

## 第一章 绪论 ······················································· 1
### 第一节 研究背景与审思 ············································ 1
### 第二节 研究对象与框架 ············································ 7
一、研究对象 ······················································ 7
二、基本框架 ······················································ 9
### 第三节 研究进路与方法 ············································ 11

## 第二章 核能利用安全保障法律制度的一般认识 ·············· 14
### 第一节 核能利用安全保障法律制度的概念特征 ····················· 14
一、核能的概念界定 ··············································· 15
二、核能利用的概念界定 ··········································· 16
三、核能利用安全的概念界定 ······································· 16
四、核能利用安全保障法律制度的概念 ······························ 18
### 第二节 核能利用安全保障法律制度的功能价值 ····················· 22
一、安全价值 ····················································· 22
二、发展价值 ····················································· 24
三、秩序价值 ····················································· 27

## 第三章 核能利用安全保障法律制度的理论结构 ·············· 29
### 第一节 原点问题：核能利用的正当性理论 ························· 29
### 第二节 何谓安全：相对安全理论 ································· 32
### 第三节 是否应采取措施：风险预防理论 ··························· 34
### 第四节 如何采取措施：风险规制理论 ····························· 36
### 第五节 如何防止事故：纵深防御和概率风险理论 ··················· 38
一、纵深防御理论 ················································· 38
二、概率风险理论 ················································· 39

## 第四章　核能利用安全保障法律体系 …… 42
### 第一节　核能利用安全保障法律体系的基本构成 …… 42
一、国际核能利用安全保障法律体系的基本构成 …… 42
二、域外国家核能利用安全保障法律体系的基本构成 …… 44
### 第二节　核能利用安全保障法律体系设计的关键问题 …… 60
一、综合性核能法还是单行法 …… 60
二、法律规定原则还是具体 …… 64
三、核法、能源法还是环境法 …… 66
四、直接适用还是转为国内法 …… 68
### 第三节　我国核能利用安全保障法律体系的审视重构 …… 71
一、我国核能利用安全保障法律体系的现状审视 …… 71
二、我国核能利用安全保障法律体系的重构路径 …… 75

## 第五章　核安全监督管理体制 …… 86
### 第一节　域外核安全监督管理体制 …… 86
一、美国 …… 86
二、加拿大 …… 88
三、德国 …… 89
四、瑞典 …… 90
五、西班牙 …… 91
六、比利时 …… 92
七、日本 …… 92
八、俄罗斯 …… 93
九、印度 …… 94
### 第二节　核安全监督管理体制设计的关键问题 …… 94
一、监管机构的组织形式 …… 95
二、监管机构的独立性 …… 97
三、监管机构间的协调 …… 102
### 第三节　我国核安全监督管理体制的审视重构 …… 112
一、我国核安全监督管理体制的现状审视 …… 112
二、我国核安全监督管理体制的构建完善 …… 121

## 第六章 核设施安全保障管理制度 …… 138
### 第一节 核设施安全保障管理制度规范的活动环节 …… 138
一、核设施选址 …… 139
二、核设施设计建造 …… 142
三、核设施调试运行 …… 147
四、核设施退役 …… 150
### 第二节 核设施安全保障管理制度规范的主体类型 …… 154
一、监管机构 …… 154
二、营运组织 …… 156
### 第三节 我国核设施安全保障管理制度的审视完善 …… 158
一、我国核设施安全保障管理制度的现状审视 …… 159
二、我国核设施安全保障管理制度的构建完善 …… 162

## 第七章 乏燃料和放射性废物安全保障管理制度 …… 168
### 第一节 国际乏燃料和放射性废物安全保障管理制度的建设 …… 168
一、国际乏燃料和放射性废物安全保障管理制度的建设 …… 169
二、国外乏燃料和放射性废物安全保障管理制度的建设 …… 171
### 第二节 乏燃料和放射性废物安全保障管理制度建设考虑的因素 …… 179
一、政策法律框架 …… 180
二、活动管理环节 …… 183
三、各类主体职责 …… 184
### 第三节 我国乏燃料和放射性废物安全保障管理制度的审视重构 …… 186
一、我国乏燃料和放射性废物安全保障管理制度的现状审视 …… 186
二、我国乏燃料和放射性废物安全保障管理制度的构建完善 …… 190

## 参考文献 …… 202

# 第一章 绪　　论

## 第一节　研究背景与审思

民用核能资源的开发利用是现代能源事业发展的重要组成部分。据国际原子能机构统计,"2018年底,全球450座在运核动力堆的总发电容量达到了创纪录的396.4 GW（e）。2018年度,有9座反应堆并网发电,7座反应堆被永久关闭。有5座反应堆开工建设,使全世界在建反应堆总数达到55座。"[1]国际原子能机构预测表明:"在高增长情景下到2030年全球总发电容量将增长30%,预计到2050年装机容量将达到748 GW（e）。"[2]从世界主要国家情况看,民用核能事业取得了长足进步（见表1-1）。

表1-1　　　　　　世界主要国家核能发电情况

| 国家 | 核电事业发展情况 |
| --- | --- |
| 美国 | 目前有97座正在运行的商业核动力反应堆。2018年,美国核电站发电量为807.1 TW·h,占美国总发电量的20%以上,并且正在佐治亚州建造两个AP1000核装置 |
| 法国 | 目前有58座正在运行的核动力反应堆,正在新建1座反应堆。2018年,核电站的发电量为393.2 TW·h,占法国总发电量的71%以上 |
| 俄罗斯 | 俄罗斯目前拥有36座正在运行的商业核动力反应堆。2018年核电站的发电量为107.36TW·h,占俄罗斯总发电量的18.7%,预计到2030年核电将占据俄罗斯电力供应份额的25%~30%,到2050年达到45%~50%,到本世纪末达到70%~80% |

---

[1] 国际原子能机构:《国际原子能机构2018年年度报告》,载国际原子能机构网站: https://www.iaea.org/opic/annual-report-2018,2020年3月1日最后访问。

[2] 国际原子能机构:《国际原子能机构2018年年度报告》,载国际原子能机构网站: https://www.iaea.org/opic/annual-report-2018,2020年3月1日最后访问。

续表

| 国家 | 核电事业发展情况 |
| --- | --- |
| 韩国 | 目前拥有24座正在运行的商业核动力反应堆，还有五座正在筹建。2017年核电站的发电量为148.43TW·h，占韩国总发电量的24% |
| 德国 | 目前有7座正在运行的商业核动力反应堆。2018年，核电站的发电量为76.3 TW·h，占德国总发电量的12%以上 |
| 加拿大 | 目前有19座正在运行的商业核动力反应堆。2018年，核电站的发电量为95.4 TW·h，占加拿大总发电量的15%以上 |
| 乌克兰 | 目前有15座正在运行的商业核动力反应堆。2014年，核电站的发电量为88.4 TW·h，占乌克兰总发电量的48%以上 |
| 英国 | 目前有8座正在运行的商业核动力反应堆。2016年，核电站的发电量为65 TW·h，占英国总发电量的18%以上 |
| 瑞典 | 目前有8座正在运行的商业核动力反应堆。2012年，核电站的发电量为64.22TW·h，占瑞典总发电量的38%以上 |
| 西班牙 | 目前有7座正在运行的商业核动力反应堆。2016年，核电站的发电量为58.619TW·h，占西班牙总发电量的21%以上 |
| 比利时 | 目前有7座正在运行的商业核动力反应堆。2016年，核电站的发电量为43.52 TW·h，比2015年增加了17.4 TW·h，占比利时总发电量的50.9%以上 |
| 印度 | 目前有22座正在运行的商业核动力反应堆。2014年，核电站的发电量为37.15 TW·h，占印度总发电量的3%以上 |

资料来源：国际原子能机构《国家核电概况2019年版》①

然而，核能资源的开发利用也是一把双刃剑。"核材料与核技术能够给医学、农业、电力生产、工业等诸多领域带来重大收益，同时也会对人的健康与

---

① International Atomic Energy Agency , "Country Nuclear Power Profiles", https://www-pub.iaea.org/MTCD/Publications/PDF/cnpp2019/pages/index.htm, March 6, 2020.

安全以及环境产生严重风险。"① 1979年美国三里岛核电站事故②，1986年苏联切尔诺贝利核泄漏事故③，2011年日本福岛核电站事故④等事件一次次的警醒人们注意核能技术开发利用伴生的巨大风险。国际原子能机构《2018年年度报告》指出，自2005年以来，国际原子能机构记录在案的全球辐射事件数量年均都在105条以上，其中，2018年达到313条；引起机构响应的辐射事件最少的1年（2011年）为9次，最多的一年（2018年）达到60次（见图1-1）。⑤ 由此可见，民用核能技术开发利用仍然面临严峻的核安全风险。

在此情形下，国际社会和域外国家对核能利用安全管理保持了持续关注，制定出台了一系列国际法律文件和国内核安全管理法律法规。从国际社会情况看，在国际原子能机构领导下，签订了《及早通报核事故公约》《核事故或辐射紧急情况援助公约》《核安全公约》《核材料实物保护公约》《乏燃料管理安全和放射性废物管理安全联合公约》《关于核损害民事责任的维也纳公约》《关于适用"维也纳公约"和"巴黎公约"的联合议定书》《核损害补充赔偿

---

① ［美］卡尔顿·施托伊贝尔等著：《核法律手册》，王玉荟等译，原子能出版社2010年版，第3页。

② 1979年3月28日，美国宾夕法尼亚州三里岛核电站由于管理不善发生严重失水事故。事故中反应堆大部分元件被损坏，甚至熔化，造成放射性裂变物质泄漏。由于这是当时世界核电站历史上最严重的事故，加之在30多天的事故处理中曾一度作出"氢气泡爆炸"的估计，所以使周围50英里以内约200万人口处在极度不安之中，人们停工停课，纷纷撤离，一片混乱。同时，在全世界特别是在有核电站的国家引起恐慌。参见余先予主编：《国际法律大辞典》，湖南出版社1995年版，第541页。

③ 1986年4月26日，切尔诺贝利核电站第4号核反应堆在进行半烘烤实验中突然失火，引起爆炸。据估算，核泄漏事故后产生的放射污染相当于日本广岛原子弹爆炸产生的放射污染的100倍。爆炸使机组完全损坏，8吨多强辐射物质泄漏，尘埃随风飘散，致使俄罗斯、白俄罗斯和乌克兰许多地区遭到核辐射的污染。参见何小刚著：《生态文明新论》，上海社会科学院出版社2016年版，第69页。

④ 2011年3月11日，日本发生里氏9.0级地震。地震发生后，福岛核电站7台运行机组全部自动关闭，但部分控制棒并未插到堆底。随后外部电源丧失，虽站内应急柴油发电机立即启动，但1小时后，海啸来临，应急柴油机被淹，内部电源最终丧失，堆芯中的反应余热无法排出，酿成特大事故，即最高级7级核事故。事故导致部分机组反应堆堆芯熔毁，核电站外爆炸，4人受伤，放射性物质大量外泄，多人遭受过量核辐射，对日本相关陆地、河流、近海和大气造成严重污染。参见姜佑民编著：《核电质量保证实用教程》，中国原子能出版社2013年版，第329页。

⑤ 国际原子能机构：《国际原子能机构2018年年度报告》，载国际原子能机构网站：https：//www.iaea.org/opic/annual-report-2018.，2020年3月1日最后访问。

第一章 绪　论

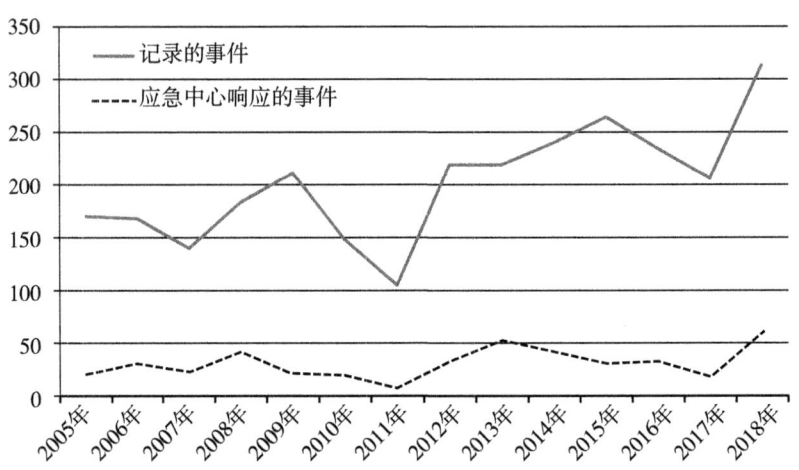

图 1-1　2005 年以来原子能机构知悉的辐射事件数量和原子能机构的响应情况。
资料来源：国际原子能机构《2018 年年度报告》

公约》等一系列国际公约；制定了《国际原子能机构安全术语》《基本安全原则》《促进安全的政府、法律和监管框架》《安全领导和管理》《国际辐射防护和辐射源安全基本安全标准》《设施和活动的安全评定》《放射性废物的处置前管理》《设施退役》《核或辐射应急的准备与响应》《核装置的厂址评价》《核电厂安全：设计》《核电厂安全：调试和运行》《研究堆安全》《核燃料循环设施的安全》《放射性废物处置》《放射性物质安全运输条例》《放射源的分类》《核电厂安全分析报告的格式和内容》《核电厂厂址评估中的外部人为事件》《核电厂厂址评价和地基的岩土工程问题》《核电厂运行中的火灾安全》《核动力厂运行限值和条件及运行规程》《核电厂的修改》《核电厂的营运单位》等大量标准文件。

国外核能利用安全保障法律体系也日渐完善。例如，就核装置，英国于 1946 年制定了《原子能法》，1954 年制定了《原子能管理局法》，1959 年制定了《原子能法授权法》，1965 年制定了《核装置法》，1971 年制定了《原子能机构法》，1974 年制定了《工作场所健康与安全法》，1977 年制定了《核工业（金融）法》，1983 年制定了《能源法》，2000 年制定了《公用事业法》；就环境保护，英国于 1990 年制定了《环境保护法》，1993 年制定了《放射性物质法》（在北爱尔兰和苏格兰生效），1997 年制定了《废物和受污染土地（北爱尔兰）令》，1999 年制定了《核反应堆（退役环境影响评估）条例》；2005 年制定了《放射性污染土地（英格兰）条例》；2005 年制定了《高活性密封放射源和孤源条例》；2007 年制定了《放射性污染土地条例》（适用于苏格兰）；2017 年制定了《电离辐射法规》；2018 年制定了《电离辐射（基本安全标准）（杂项规定）条例》；就核安全保障，1983 年制定了《核材料（犯罪）法》，1993 年制定了《核装置（应用安全规定）令》，2001 年制定了《反恐怖主义、犯罪和安全法》，2003 年制定了《核工业安全条例》，2018 年制定了《核安全（国家安全局局长）条例》；就保障措施，1978 年制定了《核保障与电力（金融）法》，2000 年制定了《核保障法》，2004 年制定了《核保障（通知）条例》；就核材料运输，1991 年制定了《放射性物质（公路运输）法》，2008 年制定了《放射性废物越境运输和乏燃料条例》，2009 年制定了《危险品运输和使用便携式压力设备条例》①。美国 1954 年制定了《原子能法》，1957 年《价格-安德森核赔偿法》，1980 制定了《核安全研究、发展以及演示法》，1982 年制定了《核废料政策法》，1983 年制定了《核立法局授权法》，1985 年《低放射性废物政策修正案》②；俄罗斯制定了《原子能利用法》《放射性废物管理领域的国家政策法》③；德国制定了《原子能法》《辐射防护法》《选址法》《废物管理基金法》《废物管理转移法》《辐射防护条例》《核发许可证条例》《核金融安全条例》《处置预付款条例》《核可靠性评估条例》《核安全官员和报告条例》《核废料运输条例》等法律法规④；加拿大制定了《核责任和赔偿法》《核能法》《核燃料废物法》《环境评估法》《劳动法》等法律法规。⑤

相较而言，我国核能利用安全保障法律体系建设虽然取得了巨大进步，但仍然存在一些不足。我国陆续加入了一系列国际核安全公约，如《核安全公约》《乏燃料管理安全和放射性废物管理安全联合公约》《核材料实物保护公约》《及早通报核事故公约》《核事故或辐射紧急情况援助公约》等；制定出台了《放射性污染防治法》《核安全法》《环境保护法》《环境影响评价法》

---

① International Atomic Energy Agency, "Country Nuclear Power Profiles", https://www-pub.iaea.org/MTCD/Publications/PDF/cnpp2019/pages/index.htm, March 6, 2020.
② 阎政著：《美国核法律与国家能源政策》，北京大学出版社 2006 年版，第 430 页。
③ International Atomic Energy Agency, "Country Nuclear Power Profiles", https://www-pub.iaea.org/MTCD/Publications/PDF/cnpp2019/pages/index.htm, March 6, 2020.
④ International Atomic Energy Agency, "Country Nuclear Power Profiles", https://www-pub.iaea.org/MTCD/Publications/PDF/cnpp2019/pages/index.htm, March 6, 2020.
⑤ International Atomic Energy Agency, "Country Nuclear Power Profiles", https://www-pub.iaea.org/MTCD/Publications/PDF/cnpp2019/pages/index.htm, March 6, 2020.

《突发事件应对法》等法律，以及《民用核设施安全监督管理条例》《核电厂核事故应急管理条例》《核材料管制条例》《放射性废物安全管理条例》《放射性物品运输安全管理条例》《民用核安全设备监督管理条例》《放射性同位素与射线装置安全和防护条例》等行政法规①。但我国核能利用安全保障法律体系仍然存在一些问题。例如，规范原子能技术开发利用活动的《原子能法》未制定出台；明确核损害赔偿主体、赔偿范围、赔偿限额、赔偿程序的《核损害赔偿法》仍处在襁褓之中。此外，还存在核能风险规制理念亟待更新，管理体制机制尚需理顺，相关标准应进一步健全，公众参与核能风险管理不充分等问题。

在此情形下，审视与研究我国核能利用安全保障法律制度就显得尤为必要。一方面，从理论层面看，尚需进一步阐释核能利用安全保障的基础理论，包括基础范畴、适用范围、规制目标、核心理念、基本原则、法律责任等。特别应直面核能风险规制对传统立法模式、行政规则效力、国家责任体系、司法审查层面的挑战②，基于环境风险规制的法理以"风险"评价方法为知识基础，以社会可接受水平为规制目标，通过责任原则调整、风险管理方法的引入使核安全风险治理更切合实际、更富效率③。同时，应在安全基础上基于风险与收益原则重新审视现有制度体系，管理给社会和经济发展带来危害和利益的各种核能利用活动④，有效开展风险认知与风险交流。

另一方面，从制度建构层面看，需要进一步健全完善我国核能利用安全保障法律体系和具体制度。从法律体系看，现有《放射性污染防治法》和《核安全法》的两法构造，在未来如何发展，是进一步拓展加入《核损害赔偿法》《原子能法》，还是借鉴法典化的思路颁布制定《核与辐射安全法》？在考虑国家法律位阶时，如何有序衔接法律、行政法规、部委规章、环境标准等的关系？如何协调与相关立法如《环境保护法》《突发事件应对法》《劳动法》

---

① 生态环境部（国家核安全局）：《中国核与辐射安全管理体系总论》，载生态环境部网站：http://www.mee.gov.cn/ywgz/hyfsaqjg/hyfsaqgltx/202003/P020200319611093673046.pdf.，2020年3月1日最后访问。

② 伏创宇著：《核能规制与行政法体系的变革》，北京大学出版社2017年版，第4~7页。

③ 李奇伟：《域外城市污染场地治理制度的范式转换及其启示》，载《湖南师范大学社会科学学报》2018年第1期。

④ ［美］卡尔顿·施托伊贝尔等著：《核法律手册》，王玉荟等译，原子能出版社2010年版，第4页。

《电力法》《土地管理法》等法律的关系?如何在国家立法中反映国际公约或条约?① 从具体制度看,监管体制如何更科学合理地设计?许可证审批、检查和强制执行如何强化?核设施安全、采矿和水冶、放射性材料运输、放射性废物和乏燃料管理、应急准备和响应、核损害赔偿责任和保险制度如何进一步健全完善。这些问题都有待于通过进一步研究基于规范构建的思路予以改进完善。

总之,核能利用安全保障法律制度是值得进一步加以审视的论题。对于处在核安全风险管控制度建构期的中国而言,理性审视现有法制的实践运行情况,不断健全完善体制机制,展开有效的风险规制将有助于防范核辐射和核泄露风险的外溢。

## 第二节 研究对象与框架

### 一、研究对象

核法律(Nuclear Law)是一个涉及内容相当丰富的庞杂体系。限于专论的有限性,需要将研究论题进一步明确化,限定在一定范围,以使研究对象进一步清晰,以便集中的论述研究主题。基于此,本书的研究对象为:

(一)集中于民用而不是军用核能利用安全保障

从使用用途看,核能利用主要分为民用和军用两大块,并各自形成了管理制度和法律体系。军用性质的核法律规制主要涉及核不扩散领域。国际条约主要包括《不扩散核武器条约》《拉丁美洲禁止核武器条约》《南太平洋无核区条约》《东南亚无核武器区条约》《非洲无核武器区条约》等,其目的在于防止将核能从和平用途转用于核武器或其他核爆炸装置。② 《国际原子能机构规约》第2条要求,国际原子能机构确保其提供的或通过其提供的支持不用于推进军事目的。第3条授权国际原子能机构指定并执行保障措施,以确保由机

---

① [美]卡尔顿·施托伊贝尔等著:《核法律手册》,王玉荟等译,原子能出版社2010年版,第18页。

② [美]卡尔顿·施托伊贝尔等著:《核法律手册》,王玉荟等译,原子能出版社2010年版,第114页。

构运营或在其监督下的核能项目不用于推进任何军事目的①。具体的规范内容主要指向禁止核爆炸装置试验、禁止核武器驻留和其他活动、规范核材料和核技术的转让等。而民用性质的核法律规制针对的对象相当广泛，包括非军事用途的核设施和其他民用核技术利用以及铀（钍）矿和伴生放射性矿开发利用等。具体的规范内容主要指向核设施和核技术利用管理、放射性污染防治、核资源开发利用、核损害赔偿、辐射防护、应急准备和响应等。本书对两种类型进行了区分，考虑到军用核安全保障制度的构建完善深受世界政治格局、大国博弈等政治因素影响，因此，本书将军用性质的核法律规制排除在重点研究范围之列，只在两者可能的交叉领域顺带提及。

### （二）重点关注民用核能利用安全而不是核保安

在国际原子能机构安全术语表中，核安全（Nuclear Safety）与核保安（Nuclear Security）是两个不同概念。核安全是实现正常的运行工况，防止事故或减轻事故后果，从而保护工作人员、公众和环境免受不当的辐射危害②。核保安是指防止、侦查和应对涉及核材料和其他放射性物质或相关设施的偷窃、蓄意破坏、未经授权的接触、非法转让或其他恶意行为。它包括但不限于防止、侦查和应对偷窃核材料或其他放射性物质（无论是否了解该物质的性质）、蓄意破坏和其他恶意行为、非法贩卖和未经授权的转让行为。该定义中的应对要素是指为"扭转"未经授权的接触或行动的直接后果而采取的那些行动（如追回材料）。③本书对此作出区分，重点探讨民用核能利用安全而不是核保安。

### （三）涵盖民用核能开发利用规范、污染防治、安全管理等内容

从立法情况看，我国已经颁布实施了《放射性污染防治法》《核安全法》两部法律，《原子能法》也已经在征求意见。其中，《放射性污染防治法》的

---

① ［美］卡尔顿·施托伊贝尔等著：《核法律手册》，王玉荟等译，原子能出版社2010年版，第113页。

② 国际原子能机构发布：《国际原子能机构安全术语（核安全和辐射防护系列）2007年版》，载国际原子能机构网站：http：//www-ns.iaea.org/downloads/standards/glossary/safety-glossary-chinese2007-10-23.pdf.，2020年3月1日最后访问。

③ 国际原子能机构：《国际原子能机构安全术语（核安全和辐射防护系列）2007年版》，载国际原子能机构网站：http：//www-ns.iaea.org/downloads/standards/glossary/safety-glossary-chinese2007-10-23.pdf.，2020年3月1日最后访问。

立法目的在于"防治放射性污染"①,《核安全法》的立法目的在于"保障核安全,预防与应对核事故"②,《原子能法》的立法目的在于"规范和加强原子能研究、开发和利用活动,推进科技进步和产业提升"③。应当说,三部立法重点都在于规范民用核能利用活动,出发点都是为了核安全而不是核保安,安全都既是前提又是目标。因此,本书的研究将不局限于核能开发利用规范、污染防治或者安全管理的某一方面,而试图围绕三重因素进行综合研究。

总之,本书的研究对象集中于民用而不是军用核能利用,重点关注民用核能利用安全而不是核保安,将涵盖核能开发利用规范、污染防治、安全管理等诸多方面。

## 二、基本框架

基于上述的研究目的,本书的逻辑架构主要围绕"总论""分论"两部分展开,总论部分包括核能利用安全保障法律制度的一般认识、理论构造、法律体系、监督管理体制等,分论部分包括核设施安全保障管理制度、乏燃料和放射性废物安全保障管理制度等。具体细分为七章:

第一章,绪论。从世界范围内民用核能资源开发利用情况及问题入手,提出论题域:审视与反思我国核能利用安全保障法律制度。本书认为,对于处在核安全风险管控制度建构期的中国而言,理性审视现有法制的实践运行情况,不断健全完善体制机制,展开有效的风险规制将有助于防范核辐射和核泄漏风险的外溢。本书的研究对象将集中于民用而不是军用核能利用,重点关注民用核能利用安全而不是核保安,将涵盖核能开发利用规范、污染防治、安全管理等诸多方面。

第二章,核能利用安全保障法律制度的一般认识。在分析阐释"核能""核能利用""核能利用安全"等基本范畴基础上,提出核能利用安全保障法律制度的定义。核能利用安全保障法律制度是规范核能利用活动,防治放射性污染,预防与应对核事故等的一系列法律规范的总称。它以实现社会可接受风险水平为目标,以政府、企业、专家、公众等多元主体共治为治理模式,以各类核设施、装置及其活动为调整对象,涵盖许可、审评、监督、执法全过程,是核安全风险治理的规则体系。

---

① 《放射性污染防治法》第一条。
② 《核安全法》第一条。
③ 《原子能法》(草案)公开征求意见稿第一条。

第三章，核能利用安全保障法律制度的理论结构。就核能利用及其法律规制而言，首先，应回答核能利用的正当性问题，在风险-收益考量下回应核能利用实践或者干预的必要性；其次，应回答应对核能利用风险所持态度问题，是基于秩序行政进行危险防御还是基于风险规制展开风险预防；最后，应回答如何展开规制的问题，是依靠纵深防御策略还是基于概率风险论加强核安全管理。上述问题关涉到核能利用安全保障法律制度的理论构造，是展开规范建构的基础。

第四章，核能利用安全保障法律体系。核能利用安全保障法律体系是指由调整因规范核能利用活动，防治放射性污染，预防与应对核事故而产生的社会关系的法律规范所形成的有机统一整体。在展开核能利用安全保障法律体系设计时，需要考虑若干问题：是制定综合性核能法还是形成若干单行法组合，如何安排法律法规之间的层级机构，如何与外围法协调以及如何将国际条约转化为国内法等。就我国核能利用安全保障法律体系设计而言，需要基于3"S"概念展开体系设计，加强综合性核基本法建设、从横向纵向结构关系以及加强国内法与国际法衔接等方面入手实现体系重构，逐步形成层次清晰、功能互补的核法律体系。

第五章，核安全监督管理体制。核安全监督管理体制是指核安全监督管理机构的设置以及这些机构之间监管权限的划分。它涉及监管体系内横纵向关系、监管机构与咨询机构、监管机构与国际组织间关系等多重维度，需要思考监管机构的组织形式、多部门协调和有效独立性等因素。就我国而言，应基于有效独立性原则展开体制设计，逐步形成职责法定、上下联动的纵向监管体系，构建完善分工配合、内在协调的横向监管体系，推动形成良好合作、独立负责的咨询服务关系以构建完善我国核安全监督管理体制。

第六章，核设施安全保障管理制度。核设施安全保障管理是涉及核设施选址、设计建造、调试运行、关闭退役等全过程的完整体系。经过多年的发展，我国已经逐步建立起核与辐射安全法规体系，并制定了大量安全标准和技术导则，为民用核设施从选址、设计、建造、调试和运行，直到退役各个环节提供了法律基础[1]。未来，我国仍应逐步健全核设施许可制度、进出口核设施管理制度、核安全经验反馈制度、核安全文化建设制度、公众参与机制、法律救济机制等，推动我国核设施安全保障管理制度的发展完善。

---

[1] 国际原子能机构发布：《中华人民共和国核与辐射安全监管综合评估报告》，环境保护部（国家核安全局）译，中国环境科学出版社2012年版，第75页。

第七章，乏燃料和放射性废物安全保障管理制度。安全、可靠和可持续地管理乏燃料及放射性废物是确保核安全的重要一环。在展开乏燃料和放射性废物安全保障管理制度建设时，应当考虑构建系统的政策法律框架、明确各类主体权利义务，规范设施选址、设计、建造、调试、运行、退役各个管理环节。就我国而言，需要从两方面入手：一是基于体系化视角健全政策法律框架，包括确立清晰明确的国家战略，制定中长期规划，健全政策法制框架，建立职责明确、分工合作的监督管理体制等；一是基于问题导向健全具体政策法律制度，包括建立稳定、持续的财务支持机制，规定信息透明公开的乏燃料和放射性废物管理清单，进一步规范高放射性废物地质处置设施选址建设，积极稳妥推进乏燃料和放射性废物管理国际合作等。

## 第三节 研究进路与方法

近年来，我国核风险法律规制的研究取得了一定进展。1980年，盛愉载于《法学研究》中的论文《核法初论》应是该领域较早的文献①。1995年，我国台湾地区中兴大学陈春生出版专著《核能利用与法之规制》对有关核能利用法律问题作出了相对系统的研究。之后，汪劲②、蔡先凤③、傅

---

① 盛愉：《核法初论》，载《法学研究》1980年第6期。
② 汪劲老师的系列研究成果，如汪劲、张钰羚：《〈核安全法〉实施的重点与难点问题解析》，载《环境保护》2018年第12期；汪劲、耿保江：《论核法上安全与发展价值的衡平路径——以核管理机构的衡平责任为视角》，载《法律科学（西北政法大学学报）》2017年第4期；汪劲、张钰羚：《论我国〈核安全法〉的调整范围》，载《中国地质大学学报（社会科学版）》2017年第2期；汪劲、耿保江：《核能快速发展背景下加速〈核安全法〉制定的思考与建议》，载《环境保护》2015年第7期；汪劲：《论〈核安全法〉与〈原子能法〉的关系》，载《科技与法律》2014年第2期。
③ 蔡先凤老师的系列研究成果，如蔡先凤著：《核损害民事责任研究》，原子能出版社2005年版；蔡先凤：《我国核损害赔偿立法的完善》，载《中国地质大学学报（社会科学版）》2017年第2期；蔡先凤：《核事故损害赔偿责任：理论分析与制度安排》，载《重庆大学学报（社会科学版）》2012年第2期；蔡先凤：《核损害民事责任的国际法基础》，载《郑州大学学报（哲学社会科学版）》2008年第3期；蔡先凤：《中国核损害责任制度的缺陷及立法设想》，载《中国人口·资源与环境》2007年第4期；蔡先凤：《中国核损害责任制度的建构》，载《中国软科学》2006年第9期；蔡先凤：《核损害民事责任中的责任集中原则》，载《当代法学》2006年第4期；蔡先凤：《论核损害民事责任中的责任限制原则》，载《法商研究》2006年第1期。

济熙①、陈刚②、阎政③、陈俊④、伏创宇⑤、胡帮达⑥等学者从域外译介、核损害赔偿责任、我国核能法制建设等角度展开了研究，提出了自己的看法。总体上这些研究对于我国核能利用安全保障法律制度构建与完善具有积极意义。但正如有学者指出来的那样"我国法学界特别是公法学界对于核能规制的研究还没有予以足够的重视"，"相关研究大多集中于阐述核能法制定的必要性与基本框架"，⑦我国核能利用安全保障法律制度研究仍然需要纵深推进。基于此，本书在论述我国核能利用安全保障法律制度这一问题时，仍然试图循着"法制建构主义"的解释路径展开，在已有研究基础上结合国内外最新法治实践经验重新审视我国现有核能利用安全保障法律体系和法律规范，有针对性地提出未来制度的形塑方向，以期推动这一领域研究的纵深发展。

从这一进路出发，本书将运用法学、国际关系学、社会学等多学科研究分析方法，从理论框架铺陈到规范结构构建并结合典型个案的分析展开论述。具体来看，对核能利用安全保障法律制度的概念特征、功能价值、性质定位等的分析将运用文献分析方法；对我国核能利用安全保障法律制度的检视与反思，

---

① 傅济熙老师的系列研究成果，如傅济熙著：《核损害的民事责任与赔偿》，原子能出版社2003年版；傅济熙：《可持续发展与核能利用》，载《中国核工业》1999年第2期。傅济熙、董保同：《浅谈第三方核责任法律制度》，载《中国核工业》1998年第3期。

② 陈刚主编：《核损害责任法律法规汇编》，法律出版社2018年版。

③ 阎政著：《美国核法律与国家能源政策》，北京大学出版社2006年版，第8页。

④ 陈俊：《我国核法律制度研究基本问题初探》，载《中国法学》1998年第6期。

⑤ 伏创宇老师的系列研究成果，如伏创宇著：《核能规制与行政法体系的变革》，北京大学出版社2017年版；伏创宇：《核能安全立法的调控模式研究——基于德国经验的启示》，载《科技管理研究》2013年第17期。

⑥ 胡帮达老师的系列研究成果，如胡帮达著：《核法中的安全原则研究》，法律出版社2019年版；胡帮达：《〈原子能法〉立法的功能定位和制度构建——兼评〈原子能法〉》，载《东南大学学报（哲学社会科学版）》2018年第6期；胡帮达：《安全和发展之间：核能法律规制的美国经验及其启示》，载《中外法学》2018年第1期；胡帮达：《中国核安全立法的进展、问题和对策》，载《科技导报》2017年第13期；胡帮达：《论核安全法的基本原则》，载《中国地质大学学报（社会科学版）》2017年第2期；胡帮达：《美国核安全规制模式的转变及启示》，载《南京工业大学学报（社会科学版）》2017年第1期；胡帮达：《中国核安全法制度构建的定位》，载《重庆大学学报（社会科学版）》2014年第4期；胡帮达等：《中国核安全法律制度的构建与完善：初步分析》，载《中国科学：技术科学》2014年第3期。

⑦ 伏创宇著：《核能规制与行政法体系的变革》，北京大学出版社2017年版，第19页。

将选取典型案例进行分析，探讨现存的主要问题及其成因；对我国核能利用安全保障法律制度的健全完善，主要运用法解释学方法，基于"制度-结构"的逻辑展开。

# 第二章 核能利用安全保障法律制度的一般认识

核能利用安全保障法律制度是规范核能利用活动，防治放射性污染，预防与应对核事故等的一系列法律规范的总称。它以实现社会可接受风险水平为目标，以政府、企业、专家、公众等多元主体共治为治理模式，以各类核设施、装置及其活动为调整对象，涵盖许可、审评、监督、执法全过程，是核安全风险治理的规则体系。本章将围绕该制度的概念特征、理论结构与功能价值进行论述，以形成对核能利用安全保障法律制度的基础认识。

## 第一节 核能利用安全保障法律制度的概念特征

从现有研究的用词看，一些研究使用了"核能生态安全保障法律制度"[1]的表述，还有一些研究使用了"核能利用安全保障法律制度"[2] 的表述。本书倾向于使用后者。一方面，核安全问题的产生都是围绕核能利用展开的，包括采矿和水冶、放射性材料运输、核设施运行、放射性废物和乏燃料管理、应急准备和响应等。使用"核能利用安全保障法律制度"这一表述能够较清晰呈现动态管理过程；另一方面，使用"核能利用安全保障法律制度"这一表述可以涵盖核能开发利用规范、污染防治、安全管理等诸多方面，而不像"核能生态安全保障"范畴那样重在防治生态破坏和放射性污染。在此，将围绕"核能""核能利用""核能利用安全""核能利用安全保障法律制度"等基本范畴的理解进行阐释。

---

[1] 例如，赵爽著：《民用核能生态安全保障法律制度研究》，法律出版社 2016 年版。刘春光等：《核能生态安全制度刍议——以核能生态安全检查监督制度为侧重》，载《法制博览（中旬刊）》2012 年第 6 期。

[2] 例如，谢青霞、谢晓晖：《我国核能开发利用安全保障法律问题研究综述》，载《长春工程学院学报（社会科学版）》2014 年第 1 期。

一、核能的概念界定

从法律和环境标准层面看,现有关于核能的定义出现在两个政策文件中。一是《核科学技术术语 核物理与核化学》(GB/T 4960.1—2010)。该标准规定,核能(nuclear energy)是指"核反应(通常指裂变和聚变)或放射性衰变释放出的能量"。① 二是《中华人民共和国原子能法(征求意见稿)》规定:"原子能,也称核能,是指核反应(裂变或聚变)或者核跃迁时释放的能量。"②

从上述定义可知:一方面,核能因核反应、核跃迁、放射性衰变等因素产生。根据《核科学技术术语 核物理与核化学》,"核反应"(nuclear reaction)是指,"由一种或多种原子核参与的,并导致原子核的质量、电荷或能量状态改变的现象。此术语也包括核子的弹性散射"。③ 其中,"核裂变"(nuclear fission)是指"一个重原子核分裂成两个(在少数情况下,可分成三个或更多个)质量为同一量级的碎片的现象。通常伴随发射中子及 γ 射线,在少数情况下也发射轻带电粒子"。"核聚变"(nuclear fusion)是指"两个轻核结合成一个较重核并释放能量的核反应"。④"核跃迁"(nuclear transition)则是指"核系统从一种量子能态转变为另一种量子能态的过程。例如通过 α 或 β 衰变,由一种核素转变为另一种核素的过程,或通过吸收(或放出)光子、轨道电子或电子对使系统的核能级发生变化的过程"。⑤"放射性衰变"(radioactive decay)是指"核放出粒子或 γ 辐射,或俘获轨道电子后放出 x 射线,或发生自发核裂变的一种自发核转变现象"。⑥

另一方面,从本质上说,核能是一种能量,在有效管控情况下是一种重要的清洁能源。核能的能流密度十分巨大。"1 公斤标准燃料(如优质煤),完全燃烧时可放出 700 千卡的能量;而 1 公斤铀-235 完全裂变反应,可释放的能量是 160 亿千卡,约相当于 2500 吨优质煤炭燃烧时释放的能量;而 1 公斤氘和氚完全聚变后可释放的能量是 810 亿千卡,约相当于 1 万多吨优质煤炭燃烧

---

① 中国标准出版社总编室编:《中国国家标准汇编》,中国标准出版社 1997 年版,等 624 页。
② 《中华人民共和国原子能法(征求意见稿)》第五十三条。
③ 《中国国家标准汇编》,中国标准出版社 1997 年版,等 635 页。
④ 《中国国家标准汇编》,中国标准出版社 1997 年版,等 624 页。
⑤ 《中国国家标准汇编》,中国标准出版社 1997 年版,等 624 页。
⑥ 《中国国家标准汇编》,中国标准出版社 1997 年版,等 624 页。

时释放的能量。"① 同时，开发核能的铀矿资源较为丰富，核能利用过程也相对经济环保。与传统燃煤火力发电相比，核电站不会向环境排放 $CO_2$、$SO_2$、$NO_2$ 等温室气体，在不发生核电站事故时对周围环境影响较小。②

## 二、核能利用的概念界定

核能利用（nuclear energy uses）是以核物理、辐射物理、放射化学、辐射化学和核辐射与物质的相互作用为基础，以加速器、反应堆、核辐射探测器和核电子学为支撑技术③使核能发挥效能的各项活动，属于清洁能源利用的重要组成部分④。

从20世纪40年代开始，核能利用在全球范围内迅速兴起。1942年，美国芝加哥大学成功启动了世界上第一座核反应堆。1954年，苏联建成了世界上第一座核电站——奥布灵斯克核电站。之后，核能开始广泛应用于工业、农业、医学、环境保护等领域。例如，在能源领域，利用重核裂变释放的能量建造核电站、空间堆电源、核供热堆及用于船舶或潜艇的核动力装置；在工业领域，将核技术应用于分析检测、辐射加工、同位素示踪等方面；在农业领域，主要应用于辐射育种、辐射不育防治虫害等方面；在医学领域，兴起了核医学诊断、治疗及生命科学研究；在环境保护领域，主要运用于利用加速器电子辐照的方法净化燃煤烟气，利用 γ 射线和电子射线等处理废水和难降解有机废物等方面⑤。应当指出的是，本论著所指称的核能利用是非军事目的的、民用性质的，而不包括军事用途的核能利用。

## 三、核能利用安全的概念界定

关于安全相关概念的界定，在《国际原子能机构安全术语》中主要表述为两个词语。

一是核安全（nuclear safety），是指"实现正常的运行工况，防止事故或

---

① 张纪生、张存生编著：《常规能源与新能源》，内蒙古人民出版社1985年版，第202页。

② 黄晞著：《中国近现代电力技术发展史》，山东教育出版社2006年版，第86页。

③ 罗顺忠主编：《核技术应用》，哈尔滨工程大学出版社2015年版，第3页。

④ 王松霖主编：《生态经济建设大辞典》，江西科学技术出版社2013年版，第256页。

⑤ 罗顺忠主编：《核技术应用》，哈尔滨工程大学出版社2015年版，第17~22页。

减轻事故后果，从而保护工作人员、公众和环境免受不当的辐射危害"。①

二是核保安（nuclear security），是指"防止、侦查和应对涉及核材料和其他放射性物质或相关设施的偷窃、蓄意破坏、未经授权的接触、非法转让或其他恶意行为"。"这包括但不限于防止、侦查和应对偷窃核材料或其他放射性物质（无论是否了解该物质的性质）、蓄意破坏和其他恶意行为、非法贩卖和未经授权的转让行为。""该定义中的应对要素是指为'扭转'未经授权的接触或行动的直接后果而采取的那些行动（如追回材料）。对随之可能发生的放射学后果采取对策被认为是安全的组成部分。"②

《国际原子能机构安全术语》指出："安全与保安这两个常用术语并无严格区别。一般来说，保安涉及可能对他人造成或威胁造成伤害的蓄意或疏忽行为；安全则涉及无论何种原因的辐射对人（或环境）造成危害这一更广泛的问题。安全与保安之间确切的相互关系取决于实际情况。"③ "安全和保安的协同作用关系到以下方面，例如：监管基础结构、设计和建造核装置和其他设施的工程方面的规定、核装置和其他设施的出入口控制、放射源的分类、源的设计、放射源和放射性物质管理保安、无看管源的回收、应急响应计划和放射性废物管理。安全问题是活动的本质特征，是透明的，并且实施概率安全分析。保安问题涉及蓄意行为，是保密的，并且采取基于威胁的判断。"④

此外，还有学者⑤指出，在核安全领域还存在核保障（nuclear safeguard）这一概念。核保障是指"国际原子能机构与一个或多个成员国缔结的载有该国或多个成员国承诺不利用某些物质推进任何军事目的和授权原子能机构监督

---

① 国际原子能机构：《国际原子能机构安全术语（核安全和辐射防护系列）2007年版》，载国际原子能机构网站：http：//www-ns.iaea.org/downloads/standards/glossary/safety-glossary-chinese2007-10-23.pdf.，2020年3月1日最后访问。

② 国际原子能机构：《国际原子能机构安全术语（核安全和辐射防护系列）2007年版》，载国际原子能机构网站：http：//www-ns.iaea.org/downloads/standards/glossary/safety-glossary-chinese2007-10-23.pdf.，2020年3月1日最后访问。

③ 国际原子能机构：《国际原子能机构安全术语（核安全和辐射防护系列）2007年版》，载国际原子能机构网站：http：//www-ns.iaea.org/downloads/standards/glossary/safety-glossary-chinese2007-10-23.pdf.，2020年3月1日最后访问。

④ 国际原子能机构：《国际原子能机构安全术语（核安全和辐射防护系列）2007年版》，载国际原子能机构网站：http：//www-ns.iaea.org/downloads/standards/glossary/safety-glossary-chinese2007-10-23.pdf.，2020年3月1日最后访问。

⑤ 汪劲、张钰羚：《论我国〈核安全法〉的调整范围》，载《中国地质大学学报（社会科学版）》2017年第2期。

履行这种承诺的协定"。①

从联系看,三者都是核安全领域关于安全的术语,其最终目的都是为了避免公众以及生态环境受到辐射的污染。从区别看,三者侧重点各有不同。核安全针对的对象是非军事用途的核设施和其他民用核技术,其目的在于让这些核设施和核技术利用装置正常运行,避免发生核事故;核保安针对的对象是核材料和其他放射性物质或相关设施,其目的是防范偷窃、蓄意破坏、非法转让等非法行为的干扰。核保障则强调核技术、核物质不被用于军事用途。本书使用的是核安全(nuclear safety)概念,突出非军事目的,强调避免发生核事故和辐射污染。

### 四、核能利用安全保障法律制度的概念

基于前述几个概念的分析,本书认为,核能利用安全保障法律制度是规范核能利用活动,防治放射性污染,预防与应对核事故等的一系列法律规范的总称。它以实现社会可接受的风险水平为制度目标,以政府、企业、专家、公众等多元主体共治为治理模式,以各类核设施、装置及其活动为适用对象,涵盖许可、审评、监督、执法等全过程,是核安全风险治理的规则体系。具体来看,核能利用安全保障法律制度的理论意涵体现在以下几个方面:

#### (一) 本质上是核安全风险治理规则体系

在现代意义上,风险是基于新技术发展而伴生的一种不确定性。"一旦这种不确定性风险转变为现实,就可能产生致命的无法挽回的损失。"1979年美国三里岛核电站事故、1986年苏联切尔诺贝利核泄漏事故、2011年日本福岛核电站事故等事件的爆发都清晰地印证了这一点。应对这样一些有可能"引致系统的甚至不可逆的伤害"②,需要基于风险规制原理构筑核安全风险防范与治理规则体系,包括进一步明确核风险规制的目标、原则、手段,界定各方主体权利义务,围绕核设施运行、民用核技术利用以及铀(钍)矿和伴生放射性矿开发利用等活动展开周密的制度规范设计,进一步构建完善许可证审批制度、审查制度、监督管理制度、应急准备和响应制度等。此外,还需要对责

---

① Doyle J, *Nuclear Safeguards, Security and Non-proliferation*, Oxford, Butterworth-Heinemann, 2008, p.26.

② [德]乌尔里希·贝克著:《风险社会》,何博闻译,译林出版社2004年版,第20页。

任主体、归责原则、责任限额、例外情况等核法律责任制度的内容作出明确规定。应当说，核能利用安全保障法律制度正是这些核安全风险治理规则的集合体，体现了核安全风险治理的法治化路径与选择。

(二) 规制目标是实现社会可接受的风险水平

核能利用安全保障法律制度实施的目标在于保障安全，即"防止事故或减轻事故后果，保护工作人员、公众和环境免受不当的辐射危害"。① 但这样的表述并不能具体回答"多安全才是安全"② 这一问题。那么，实践中核能利用风险管控究竟应以"较为保守的环境背景值或可忽略风险水平作为目标"，还是应当"以社会可接受水平为目标"？③ 事实上，环境风险规制领域的具体案例已经表明④，为了彻底消解"最后10%"的环境风险而采取的"零风险"处置方案可能会付出与收益并不相称的高昂代价。⑤ 进言之，"风险社会的时代特征与环境风险的特殊属性决定了现代环境法的主要基调：不是完全消除污染环境的行为或者被动阻止环境风险发生，而是以调适可能导致不合理环境风险的种种行为，并尽量公正分配环境风险责任为目标"。⑥ 这就要求将核能利用风险规制的目标界定的更为贴近现实、更富有效率，以社会可接受风险水平而不是零风险作为现实的规制目标。一方面，通过风险-利益管理方法量化评估核能风险的阈值范围，选用有效、便宜且具有高度灵敏度的调节

---

① 国际原子能机构：《国际原子能机构安全术语（核安全和辐射防护系列）2007年版》，载国际原子能机构网站：http://www-ns.iaea.org/downloads/standards/glossary/safety-glossary-chinese2007-10-23.pdf.，2020年3月1日最后访问。

② 伏创宇著：《核能规制与行政法体系的变革》，北京大学出版社2017年版，第5页。

③ 李奇伟：《域外城市污染场地治理制度的范式转换及其启示》，载《湖南师范大学社会科学学报》2018年第1期。

④ 在United States v. Ottati & Goss案中，当事人提起诉讼，诉称清除最后一点点废弃物的成本将达到930万美元。但有记录表明，即使不投入额外的支出，也可以让儿童在此玩闹70天，且不会受到显著的损害。而且由于此处是沼泽，儿童不会去玩。因此，布雷耶指出，花费930万美元来保护子虚乌有的吸入污染物的儿童就是所谓的"最后10%"问题。[美] 布雷耶著：《打破恶性循环 政府如何有效规制风险》，法律出版社2009年版，第86页。

⑤ 李奇伟：《域外城市污染场地治理制度的范式转换及其启示》，载《湖南师范大学社会科学学报》2018年第1期。

⑥ 杜辉、陈德敏：《环境公共伦理与环境法的进步——以共识性环境伦理的法律化为主线》，载《中国地质大学学报（社会科学版）》2012年第5期。

工具①展开规制；另一方面"摆脱单纯技术规制的窠臼，更多地回应核能风险的社会接受性问题"②，倾听公众对核能利用风险的感受，在技术标准中融入公众风险评价，从而使技术目标与社会目标相互融合。

(三) 涉及政府、企业、专家、公众等多元主体

"核能利用一般涉及多方，例如研究与发展组织、核材料加工商、核装置或电离辐射源制造商、医疗工作者建筑工程公司施工公司、核装置营运者、金融机构和监管机构。"③ 归纳起来，这些主体可以类型化为政府、企业、专家、公众等。其中，得到实施核能或电离辐射有关具体活动的授权的营运者或许可证持有者应当始终被确定为负主要责任的实体，应承担起确保其活动满足适用的安全、安保和环境保护要求的责任④。当然，营运者或许可证持有者的赔偿责任应当有限额，以平衡投资盈利与投资风险之间关系，鼓励社会资本积极参与到核能资源开发利用中；政府主要承担监督管理职责，通过发放许可，进行审查执法，采取强制措施，加强进出口控制等措施实施监督。同时，在特定情况下，政府需要承担补充责任对受害者予以补助；专家体系参与的必要性源于核能技术利用的科学性。这种技术性依赖不仅体现在核设施及其他设备的运行管理过程中，还体现在环评、选址、建设方案等风险决策中，并在核安全立法和相关标准制定过程反映出来。此外，公众参与的角色正逐步加强。"随着核能和平利用的发展，为使公众了解核技术和增加公众对核技术的信心，需要向公众、媒体、立法机关及其利益团体提供核相关技术对于社会和经济发展带来的风险与利益的相关信息。"⑤ 除了信息公开以外，邻避设施建设时的风险沟通，在透明原则基础上的公众参与以及社会监督、损害赔偿也应该是核安全法治建设的重要内容。

---

① 可能的调节工具包括标准公开、经济激励、风险控制合同等。李永林著：《环境风险的合作规制——行政法视角的分析》，中国政法大学出版社2014年版，第132页。

② 胡帮达：《美国核安全规制模式的转变及启示》，载《南京工业大学学报（社会科学版）》2017年第1期。

③ [美] 卡尔顿·施托伊贝尔等著：《核法律手册》，王玉荟等译，原子能出版社2010年版，第7页。

④ [美] 卡尔顿·施托伊贝尔等著：《核法律手册》，王玉荟等译，原子能出版社2010年版，第7页。

⑤ [美] 卡尔顿·施托伊贝尔等著：《核法律手册》，王玉荟等译，原子能出版社2010年版，第9页。

## (四) 适用对象为各类核设施、装置及其活动

核能利用安全保障法律制度的适用对象不仅包括各类核设施和装置,也包括运行各类核设施和装置产生的各项活动。《国际原子能机构安全术语》规定:"设施和活动(facilities and activities)通用术语,包括核设施、各种电离辐射源的使用、所有放射性废物管理活动、放射性物质运输和任何其他可能使人遭受天然存在的源或人工源的辐射照射的实践或环境。设施包括:核设施;辐照装置;铀矿开采等一些采矿和原料加工设施;放射性废物管理设施以及以需要考虑防护和安全的规模生产、加工、使用、处理、贮存或处置放射性物质(或安装辐射发生器)的任何其他场所。活动包括工业、研究和医用辐射源的生产、使用、进口和出口;放射性物质的运输;设施的退役;排放流出物等放射性废物管理活动;以及受过去活动残留物影响的场址在恢复方面的一些活动。"[①] 概言之,从事和平利用目的的各类核设施、装置和活动都应属于调整范围,只有对象的全覆盖、过程的全面监管才能实现核安全风险管控的目标。

## (五) 规制过程涵盖许可、审评、监管、应急响应等全过程

对核能利用活动进行风险规制应当遵循全过程管理原则。国际原子能机构认为,应实施"从摇篮到坟墓"的方案(cradle to grave approach),考虑设施、活动或产品生命周期所有阶段。[②] 在行政许可方面,包括采矿和水冶阶段的许可管理,核动力厂、研究堆、核燃料循环设施、工业医疗设施、研究设施、废物管理设施的许可等,并考虑制定申请许可及延续许可的相应法规、程序和导则;在审查、评估方面,为检验设施、设备和活动的合规性,监管机构应对核设施的选址、建造许可、调试、首次装料、运行许可、定期安全审查和退役进行审评,对核材料运输、核安全设备制造、核放射源安全管理等活动进行审评;在监督管理方面,监管机构应通过实施日常检查、例行检查和非例行检查收集、分析执法行动信息,对不符合项予以纠正,依据情况处于罚款、没

---

[①] 国际原子能机构发布:《国际原子能机构安全术语(核安全和辐射防护系列)2007年版》,载国际原子能机构网站:http://www-ns.iaea.org/downloads/standards/glossary/safety-glossary-chinese2007-10-23.pdf.,2020年3月1日最后访问。

[②] 国际原子能机构发布:《国际原子能机构安全术语(核安全和辐射防护系列)2007年版》,载国际原子能机构网站:http://www-ns.iaea.org/downloads/standards/glossary/safety-glossary-chinese2007-10-23.pdf.,2020年3月1日最后访问。

收放射源以及吊销或暂停许可证的处罚①；在应急准备和响应方面，营运者应编写核事故应急预案核辐射事故应急预案，监管机构应决定核事故响应的启动和终止，协调应急组织体系中各部门的响应，指导辐射监测工作，对营运单位采取的干预措施予以批准，协助审查和披露核事故相关的信息②。总之，核安全风险管理应贯穿核能利用活动的每一步骤和流程，涵盖许可、审评、监管、应急响应等环节，实现全过程监管。

## 第二节 核能利用安全保障法律制度的功能价值

核能利用安全保障法律制度在功能指向上具有安全、发展、秩序、公平等多重价值。这些价值在规范文本中体现、在制度实践过程中被促进，并对核能开发利用活动构成重要影响。

### 一、安全价值

安全价值始终是核能利用安全保障法律制度的首要价值。一方面，从立法形式看，无论是国际立法还是域外国家立法都紧紧围绕核安全法律保障展开。从国际立法情况看，在国际原子能机构领导下，制定了《核安全公约》《乏燃料管理安全和放射性废物管理安全联合公约》《及早通报核事故公约》《核事故或辐射紧急情况援助公约》等一系列有关核安全的国际公约；从国外立法情况看，一些国家直接以核安全为名展开立法。如1984年，德国制定了《核安全和核辐射防护法》；1996年，俄罗斯制定了《俄罗斯联邦居民辐射安全法》；2000年，加拿大通过了《核安全和控制法》（Nuclear Safety and Control Act）；2000年，英国通过了《核保障法》（The Nuclear Safeguards Act）；2004年，韩国制定过了《灾害与安全管理基本法》（Basic Act Management of Disasters and Safety）。

另一方面，从立法目的看，安全目标在一系列法律文件中得到体现。例如，《核安全公约》第一条规定：（i）通过加强本国措施与国际合作，包括适当情况下与安全有关的技术合作，以在世界范围内实现和维持高水平的核安

---

① 国际原子能机构发布：《中华人民共和国核与辐射安全监管综合评估报告》，环境保护部（国家核安全局）译，中国环境科学出版社2012年版，第74页。

② 国际原子能机构发布：《中华人民共和国核与辐射安全监管综合评估报告》，环境保护部（国家核安全局）译，中国环境科学出版社2012年版，第94页。

全；(ii) 在核设施内建立和维持防止潜在辐射危害的有效防御措施，以保护个人、社会和环境免受来自此类设施的电离辐射的有害影响；(iii) 防止带有放射性后果的事故发生和一旦发生事故时减轻此种后果。① 又如，《乏燃料管理安全和放射性废物管理安全联合公约》第一条规定：本公约的目标是：(i) 通过加强本国措施和国际合作，包括情况合适时与安全有关的技术合作，以在世界范围内达到和维持乏燃料和放射性废物管理方面的高安全水平；(ii) 在满足当代人的需要和愿望而又无损于后代满足其需要和愿望的能力的前提下，确保在乏燃料和放射性废物管理的一切阶段都有防止潜在危害的有效防御措施，以便在目前和将来保护个人、社会和环境免受电离辐射的有害影响；(iii) 防止在乏燃料或放射性废物管理的任何阶段有放射后果的事故发生，和一旦发生事故时减轻事故后果。

具体来看，理解核能利用安全保障法律制度的安全价值需要从两个方面入手：

### (一) 促进怎样的安全价值

从定位看，核能利用安全保障法律制度的安全价值应当定位于核安全 (nuclear safety) 领域，而不是核保安 (nuclear security) 和核保障 (nuclear safeguard) 范围；从内容看，核能利用安全保障法律制度的安全价值主要体现为"实现正常的运行工况，防止事故或减轻事故后果，从而保护工作人员、公众和环境免受不当的辐射危害"。② 换言之，此处的核安全要求的主要内容为：防止核辐射危害、确保不发生核事故以及减轻核事故危害。从属性看，核能利用安全保障法律制度的安全价值是风险管理意义上的安全价值。在此，所谓安全是与风险相对应的，而不是与危险相匹配。追求安全并不是完全排除危害或者将危害降低到天然本底值，而是基于相对安全观将规制目标定位于社会可接受水平，承认剩余风险存在的合理性，将安全理解为建立在剩余风险基础上的存在。进言之，核安全从属性上看是一种概率意义上的安全，是发生几率低于类似事件的安全，而不是说决然不会发生事故的安全。当然，坚持风险管理意义上的安全价值并不意味着容忍对公众身体健康和生态环境构成实质威胁

---

① 《核安全公约》第一条。
② 国际原子能机构：《国际原子能机构安全术语（核安全和辐射防护系列）2007 年版》，载国际原子能机构网站：http://www-ns.iaea.org/downloads/standards/glossary/safety-glossary-chinese2007-10-23.pdf.，2020 年 3 月 1 日最后访问。

的行为和伤害，而只是说通过风险管理可以将此类事件的发生几率降到很低，在发生事故后能将危害减轻。

(二) 怎样促进安全价值

从法治层面看，制度安全价值的实现需要从立法、执法、司法等各个层面入手。从立法层面看，需要通过立法明确各方主体，包括政府机构、营运者、专家、公众的权利义务，厘清核安全监督管理体制，规范核设施、核材料和放射性废物安全管理活动，明确核损害赔偿责任主体、责任原则、责任限额和例外情况。同时，还应该在立法目的中表明核安全价值，对安全管理标准予以原则表述，授权行政机关监管相关事务；从执法层面看，行政机关可以通过许可、审评、监管、应急响应过程具化安全标准，通过风险评估、管理、沟通活动展开风险决策以确定具体项目的安全限值；从司法层面看，为避免行政决定可能存在的问题，司法机关可以借助司法审查手段予以矫正。此外，仅仅从法治层面"机械地执行完善的程序和良好的工作方法是不够的"，还需要"正确地履行所有安全重要职责，具有高度的警惕性、实时的见解、丰富的知识、准确无误的判断能力和高度的责任感"[1]，也就是强调安全文化的重要性。

二、发展价值

核安全法律规制总是在保障安全基础上推动核能利用事业的发展，因此，发展价值或者说促进价值是核能利用安全保障法律制度的另一个重要价值目标。从已有立法情况看，许多国家在立法中已经明确了这一点。例如，日本《原子能法》规定："本法的目的是推动原子能的研究、开发和利用，从而确保将来的能源，谋求学术进步和产业的振兴、为增进人类社会的福利和提高国民生活水平而做出贡献。"[2] 韩国《原子能法》规定："本法旨在通过规定有关核能研究、开发、生产和利用及其安全控制的事项，并通过促进核工业的科学进步与发展，帮助改善人民的生活水平和提高社会福利，努力防止辐射造成

---

[1] International Atomic Energy Agency, "Safety Culture", https://www-pub.iaea.org/MTCD/publications/PDF/Pub882_web.pdf, November 6, 2019.
[2] 日本《原子能法》第一条。陈刚主编：《世界原子能法律解析与编译》，法律出版社2011年版，第79页。

的危害以确保公众的安全。"①

实践中存在的一个关键问题是如何协调安全与发展价值。安全和发展是核安全风险规制的一对主要矛盾。一方面，安全价值与发展价值共存于制度价值体系之中。核能技术利用既需要保障安全，又需要推动核能技术利用和事业发展。因此，"核能立法的一个基本特征就是既强调风险，也重视收益"②。另一方面，安全价值相对于发展价值具有优先性，安全是核能事业发展的先决条件，没有安全作为基础，片面强调核能利用的巨大收益容易引发事故进而影响核能技术利用和事业发展。例如，2011年福岛核泄漏事故之后，日本国内产生了"弃核"与"保核"的争论③，日本之外的一些国家，如德国也开始调整自己的核能发展战略。还应指出的是，超过限度的安全规制也不利于核能事业发展，它将使"核能对公平和可持续发展的贡献受到不适当的限制"④。

因此，为了克服安全与发展价值之间的张力，需要防范规制不足与规制过度两种情况。历史上曾经出现核电跃进式发展阶段。例如，在二十世纪六七十年代，美国为了推动核电发展，允许核电厂供应商采用"交钥匙"形式与客户签订合同从而导致许可证申请量翻倍。在这一阶段，为了促进核能事业发展，有关部门弱化了安全监管，只要求申请者提供合理保证，并未要求提交设备安全技术数据，从而为核事故埋下了安全隐患，最终导致1971年美国三里岛核电站事件。⑤ 恰恰相反，在另一些案例中，例如农场诉德国乌尔核电站一案中，德国弗赖堡行政法院基于绝对安全观要求乌尔核电站建设额外的破裂防

---

① 韩国《原子能法》第一条。陈刚主编：《世界原子能法律解析与编译》，法律出版社2011年版，第79页。

② [美]卡尔顿·施托伊贝尔等著：《核法律手册》，王玉荟等译，原子能出版社2010年版，第3页。

③ 2011年福岛核电站事件以后，时任首相菅直人曾经提议"弃核"，而且以安全检修等名义停运了日本国内40家核电站，54家核电站中只有14家核电站在运转，而且计划在2012年全部停运。但是，在野田佳彦首相上台以后，则发表了日本经济需要核电的看法，使得日本政府对核电的态度变得非常不确定。参见彭礼：《日本不堪"弃核"之重》，载《第一财经日报》2011年10月13日，第10版。

④ 国际原子能机构：《促进安全的政府、法律和监管框架》，载国际原子能机构网站：https://www.iaea.org/zh/publications/11039/governmental-legal-and-regulatory-framework-for-safety.，2020年3月1日最后访问。

⑤ 汪劲、耿保江：《论核法上安全与发展价值的衡平路径——以核管理机构的衡平责任为视角》，载《法律科学（西北政法大学学报）》2017年第4期。

护设施以排除剩余风险①。这样的做法实质上课予了核设施营运单位过重的安全义务。所以，如何衡平安全与发展价值，灵活地把握两者之间的尺度是非常关键的。

实践中，协调安全与发展价值矛盾可以依循两条路径。一是从正面通过确立"实践理性标准"或者建立风险管理指标体系确定剩余风险范围。例如，2010年德国对《原子能法》进行修订，提出将实践理性标准（die praktische vernunft）作为区分风险（Risio）与剩余风险（Restrisio）的依据②。由于超出实践理性范围的不确定性源于人类认知能力的局限性，属于无法避免的剩余风险，应当由全体民众承担。若依照相应的规制标准，损害能够得以实际排除则豁免国家权力的风险预防义务。③ 在美国，1986年美国制定《核电厂运行安全目标政策声明》中规定了定量指标来判断安全度。定量指标为：反应堆事故导致的核电厂附近的人均即时死亡风险不得超过美国人通常披露的其他事故的即时死亡总风险的千分之一；核电厂运行可能导致的核电厂附近区域人群癌症死亡风险不得超过其他原因导致的癌症死亡总风险的千分之一。④ 上述措施的目的在于从正面划定安全边界，进一步明确核电厂运行安全目标。

另一种思路则是从底线思维入手界分出不能侵害的利益，从而间接划定安全标准。例如，1986年美国《核电厂运行安全目标政策声明》规定了定性指标。定性安全目标为：保护公众中的个人成员免于核电厂运行带来的不利后果，使其不用承担显著的额外健康和生命风险；核电厂运行所带来的社会性的健康和生命风险应当小于或者和其他电力生产技术导致的风险相当，并且相对其他社会性的风险而言，没有带来显著的额外风险。⑤ 又如，国际原子能机构《基本安全原则》中提出的"原则6：限制对个人造成的危险。控制辐射危险

---

① 按照当时的预估，每年发生核反应堆压力容器破裂损害的可能性约为千万分之一。虽然发生概率很小，但法院仍然认为应该基于安全考量予以排除，而钢制的破裂防护属于最有效的安全防护措施所以营运单位应当加装。参见伏创宇著：《核能规制与行政法体系的变革》，北京大学出版社2017年版，第38~39页。

② 伏创宇著：《核能规制与行政法体系的变革》，北京大学出版社2017年版，第49页。

③ 伏创宇著：《核能规制与行政法体系的变革》，北京大学出版社2017年版，第48页。

④ 胡帮达：《美国核安全规制模式的转变及启示》，载《南京工业大学学报（社会科学版）》2017年第1期。

⑤ 胡帮达：《美国核安全规制模式的转变及启示》，载《南京工业大学学报（社会科学版）》2017年第1期。

的措施必须确保任何人都不会承受无法接受的伤害危险"。总之，协调安全与发展价值矛盾的路径和方法仍在不断探索中，通过双重路径、多样方法将有助于进一步明确、量化安全度问题，衡平安全与发展价值。

### 三、秩序价值

"与法律永相伴随的基本价值便是社会秩序。"① 在核安全法律规制领域，秩序价值主要体现为两个方面：一是法的关系秩序价值；一是法的行为秩序价值。②

从法的关系秩序价值看，主要表现为对社会关系的规范价值③，特别是对安全监督管理关系和核能利用活动关系。从核能利用活动关系看，主要表现为核设施营运单位与运输单位、核废料处置单位以及核损害被侵害人的关系。从安全监督管理关系看，主要表现为行政监督管理部门与核设施营运单位、运输单位、核废料处置单位等的关系。具体来看，表现为对监管体制的规定、监管机构职责和功能的规定，对行政许可、审评、监督、执法、跟踪评价等监管环节的规定。

从法的行为秩序价值看，主要表现为对各类主体行为的规范价值④，特别是对原子能研究、开发和利用活动的规范、放射性污染防治和核事故应急处置活动的规范三个方面。首先，规范和加强原子能研究、开发和利用活动。包括对科学研究与技术开发活动的规范，建立核燃料循环体系活动的规范，核燃料循环设施建设活动的规范，核材料和核燃料生产活动的规范，乏燃料贮存、运输和后处理活动的规范，核反应堆在动力、供热、海水淡化、制氢、同位素生产等领域综合应用的规范等。其次，规范和加强放射性污染防治活动。包括对核设施放射性污染防治活动的规范、对核技术利用放射性污染防治活动的规范、对铀（钍）矿和伴生放射性矿开发利用放射性污染防治活动的规范、对放射性废物管理的规范；最后，规范和加强核事故应急处置活动。包括编制核事故应急预案的规范、开展核事故应急演练的规范、展开核事故应急救援工作的规范、发布核事故应急信息的规范、协调核事故应急国际通报和国际救援工

---

① ［美］斯坦等著：《西方社会的法律价值》，王献平译，中国人民公安大学出版社1990年版，第97页。
② 周旺生：《论法律的秩序价值》，载《法学家》2003年第5期。
③ 周旺生：《论法律的秩序价值》，载《法学家》2003年第5期。
④ 周旺生：《论法律的秩序价值》，载《法学家》2003年第5期。

作的规范、核事故调查处理的规范等。

还应当说明的是,"核能规制对行政权的运用提出了更高的要求,面对核能法上开放的法律结构,行政机关面临着法律适用上的难题"。① 从法律秩序层面看,这一难题表现为规范的稳定性与动态性之间的关系。对于那些不涉及过多现代技术因素的管理事项,如管理体制、监测、运输等,其规范管理要素、管制结构大体上与非核安全管理活动一致,只需要按照正常的管理流程和要求展开即可。法律法规对管理活动的要求,环境标准对行为活动的规范以及程序性的规定已经为这一类活动提供了行动依据。而对于那些涉及现代技术因素的管理事项,如核电站选址、设计要求,风险评价,在充分考虑技术条件下的行政许可等事项,由于技术性因素的存在,很难通过立法的方式直接予以规范,只能通过不确定法律概念、开放的法律结构实现动态的基本权利保护②。换言之,从法规范秩序要求看,此时的法律规范只是一个原则性描述,而不是稳态的行为规范结构。在这种情况下,行政机关被寄予厚望。"环境法制的实施关键在于环境风险的规制,而环境风险的规制核心环节在于行政规制措施的效果。"③ 行政机关需要借助自身的专业判断将原则性规范转化为具体的量化标准,通过许可、审查、监督让管理相对人进一步明晰安全标准和行为准则。所以,从秩序价值角度理解,核能利用安全保障法律制度所追求的是一种稳态与动态相结合的秩序。

---

① 伏创宇著:《核能规制与行政法体系的变革》,北京大学出版社 2017 年版,第 6 页。
② 伏创宇著:《核能规制与行政法体系的变革》,北京大学出版社 2017 年版,第 31 页。
③ 刘超:《环境风险行政规制的断裂与统合》,载《法学评论》2013 年第 3 期。

# 第三章 核能利用安全保障法律制度的理论结构

就核能利用及其法律规制而言，首先，应回答核能利用的正当性问题，在风险-收益考量下回应核能利用实践或者干预的必要性；其次，应回答应对核能利用风险所持态度问题，是基于秩序行政进行危险防御还是基于风险规制展开风险预防；最后，应回答如何展开规制的问题，是依靠纵深防御策略还是基于概率风险论加强核安全管理。上述问题关涉到核能利用安全保障法律制度的理论构造，是展开规范建构的基础。

## 第一节 原点问题：核能利用的正当性理论

"核能立法的基本特性是既强调风险也重视收益"①，基于风险-收益考量作出核能利用管理决策是开展核能利用活动的正当性基础。国际原子能机构认为，正当性（判断）（justifcation）是指："1. 按照国际放射防护委员会放射防护系统的要求确定某一实践②在总体上是否有益即采用或继续进行该实践对个人和社会的益处是否超过该实践所导致危害（包括辐射危害）的过程；2. 按

---

① ［美］卡尔顿·施托伊贝尔等著：《核法律手册》，王玉荟等译，原子能出版社2010年版，第3页。
② 此处，"实践"具有特定含义。"实践"（practice）是指"任何引入附加照射源或照射途径或扩大对附加人员的照射范围或改变现有源照射途径的网络从而使人受到的照射或受到照射的可能性或受照人数增加的人类活动"。国际原子能机构：《国际原子能机构安全术语（核安全和辐射防护系列）2007年版》，载国际原子能机构网站：http://www-ns.iaea.org/downloads/standards/glossary/safety-glossary-chinese2007-10-23.pdf.，2020年3月1日最后访问。

照国际放射防护委员会放射防护系统的要求确定一项建议的干预①在总体上是否可能有益即采用或继续进行这种干预对个人和社会的益处（包括减少辐射危害）是否超过干预代价和干预所导致的任何危害或损害的过程。"② 也就是说，在国际原子能机构看来，无论是增加还是减少辐射照射或者辐射照射可能性的行为都应该进行风险-收益考量——"设施和活动要被认为具有合理性，其所产生的效益必须超过所带来的辐射危险"③，这是核能利用活动的正当性基础。

具体来看，核能利用的正当性理论可以作如下的理解。

首先，风险和收益是核能利用活动必须考虑的两个方面。两者天然的矛盾共存，实践中不应只单单看到其中的一面，单纯主张核能利用的收益、价值，或者单纯宣传核能利用的风险，而应该一方面理性看待核能利用风险，另一方面对核能利用风险进行社会意识启蒙。正如风险社会学家乌尔里希·贝克所言，在风险社会，"我们不再仅仅关心利用自然或者将人类从传统的束缚中解放出来这样的问题，而是也要并主要地关注技术发展本身产生的问题"。④ 在此情形下，"引导技术祛魅的一个关键问题在于如何透过社会风险意识启蒙褪去技术的'进步'光环，使对技术的考量不仅仅停留在经济社会效益基础之上，而是综合的关心技术收益与风险两个方面，促使人们在作出技术决策时首先考虑未来可能的风险因素"。⑤

其次，基于风险-收益观对不同类型、级别风险的活动实施分类管理。

---

① 此处，"干预"具有特定含义。"干预"（intervention）是指"任何旨在减少或避免不属于受控实践活动——部分的源或因事故而失控的源所致照射或照射可能性的行动"。国际原子能机构：《国际原子能机构安全术语（核安全和辐射防护系列）2007年版》，载国际原子能机构网站：http：//www-ns. iaea. org/downloads/standards/glossary/safety-glossary-chinese2007-10-23. pdf. ，2020年3月1日最后访问。

② 国际原子能机构：《国际原子能机构安全术语（核安全和辐射防护系列）2007年版》，载国际原子能机构网站：http：//www-ns. iaea. org/downloads/standards/glossary/safety-glossary-chinese2007-10-23. pdf. ，2020年3月1日最后访问。

③ 国际原子能机构：《基本安全原则》，载国际原子能机构网站：https：//www-pub. iaea. org/MTCD/Publications/PDF/Pub1273c_web. pdf. ，2020年3月1日最后访问。

④ [德]乌尔里希·贝克著：《风险社会》，何博闻译，译林出版社2004年版，第16页。

⑤ 王超、李奇伟：《"黄金大米"：风险时代技术理性的失范与规约，载《华南农业大学学报（社会科学版）》2014年第2期。

"法律应当反映风险的级别。"① 具言之，如果经过评估认为，该活动只会造成危害而不会带来收益，或者危害巨大而收益甚微，那么，就应当建立一种"禁止而不是监管的法律制度"②；反之，如果经过评估认为，该活动的辐射危害几乎不存在，就只需要"在有限的法律控制下采取基本技术安全措施"③。对于"造成重大辐射危害的活动应要求更为严格的技术安全措施以及法律安排"④，对于一般性的辐射危害活动则应采取与其风险相匹配的管理措施与制度安排，从而将有限的规制资源更多地集中到危害更为严重的事项之上。

最后，基于风险-收益观的考量应坚持安全优先价值。对于核设施和其他放射装置的建设或者活动并不是益处超过危害即为正当，两者不是简单的利害比较，而应建立在安全基础之上。"安全本身不是目的，而是当前和今后实现保护所有国家的人民和环境目标的一个先决条件。"⑤ "应采取适当步骤确保从事与核设施直接有关活动的一切组织为核安全制定应有的优先政策。"⑥ 进言之，风险-收益考量是保障核设施和活动安全基础上的合理衡量，而不是不顾安全风险的收益计算。"从核能规制追求的价值看，保护健康与环境的目标相较于促进核能利用的目标具有优先性。"⑦ 这种优先性不仅体现在立法目的上，还反映为安全优先价值法律原则表述，更体现在对核相关活动的谨慎管理中。唯有如此，核设施建设运行才具有合理的正当性。

---

① ［美］卡尔顿·施托伊贝尔等著：《核法律手册》，王玉荟等译，原子能出版社2010年版，第6页。
② ［美］卡尔顿·施托伊贝尔等著：《核法律手册》，王玉荟等译，原子能出版社2010年版，第6页。
③ ［美］卡尔顿·施托伊贝尔等著：《核法律手册》，王玉荟等译，原子能出版社2010年版，第6页。
④ ［美］卡尔顿·施托伊贝尔等著：《核法律手册》，王玉荟等译，原子能出版社2010年版，第6页。
⑤ 国际原子能机构：《促进安全的政府、法律和监管框架》，载国际原子能机构网站：https：//www.iaea.org/zh/publications/11039/governmental-legal-and-regulatory-framework-for-safety.，2020年3月1日最后访问。
⑥ 《核安全公约》第十条。
⑦ 伏创宇著：《核能规制与行政法体系的变革》，北京大学出版社2017年版，第58页。

## 第二节 何谓安全：相对安全理论

核能利用正当性理论为"管理给社会和经济发展带来危害和利益的活动"① 提供了原则性方法，但仅仅依赖这种原则性方法并不能解答何谓风险、何谓安全，多安全才算安全这些问题。而对这些问题的回答不仅从本源上与正当性判断连接，是确定风险收益比的重要条件，同时也与进一步是否应采取措施，如何采取措施，具体如何实现安全防护等操作层面问题相连接，具有重要理论意义。

从传统秩序行政视角看，对上述问题的回答应该坚持绝对安全观。所谓绝对安全是没有危险的状态和过程②，即消除能导致人员伤害，发生疾病、死亡或造成设备财产破坏、损失，以及危害环境的条件。③ 就核能利用活动而言，坚持绝对安全观意味着规制的理想目标是将"核设施建立和营运可能产生的任何损害都予以排除"④。这样的观点并没有考虑采取风险防范措施的成本，也未实际设想核安全风险发生的概率，更不愿意接受合理的剩余风险。在具体案例中则表现为按照损害大小与损害发生概率的反比例公式进行衡量，当损害程度越大，所要求的发生可能性的概率就越低；反之，损害程度越小，可能性的百分比就加重。⑤ 换言之，对于核能技术利用之类的高风险活动，由于一旦发生损害的后果非常严重，因此，需要将其发生的概率降到非常低。这也就意味着需要付出更多的成本来降低事故概率，即使在技术层面看这种概率发生的可能性很小。显然，"绝对安全"与核能利用活动潜在风险之间存在内在矛盾。在绝对安全观指导下，核能利用的巨大潜能将被扼杀，过于严苛的规制不仅不利于核能事业发展，也很难真正确保安全。

从风险行政的视角看，对上述问题的回答应该坚持相对安全观。相对安全

---

① ［美］卡尔顿·施托伊贝尔等著：《核法律手册》，王玉荟等译，原子能出版社2010年版，第4页。
② 王书明著：《煤矿安全投入系统分析及决策》，煤炭工业出版社2014年版，第11页。
③ 王志刚、廖建伟著：《事故预防大道理》，中国言实出版社2013年版，第214页。
④ 伏创宇著：《核能规制与行政法体系的变革》，北京大学出版社2017年版，第41页。
⑤ 伏创宇著：《核能规制与行政法体系的变革》，北京大学出版社2017年版，第44页。

观认为，安全是相对的，绝对安全是不存在的。在此观念下，安全被定义为："安全是被判断为不超过允许极限的危险性，也就是指没有受到损害的危险或损害概率低的通用术语"；"所谓安全系指判明的危险性不超过允许限度"；"安全意味着可以容许的风险程度，比较地无受损害之忧和损害概率低的通用术语"。① 在相对安全观看来，安全是客观事物的危险程度能够为人们接受的状态。安全本身并不是一个独立的概念，安全与危险相伴而生，两者是对立统一的整体。万事万物普遍存在着危险因素，不存在危险因素的事物几乎没有。因此，危险是绝对的，安全是相对的。安全的相对性表现在三个方面：第一，绝对安全的状态是不存在的，系统的安全是相对于危险而言的；第二，安全技术指标是相对于人的认识程度、技术发展水平及社会经济的承受力而言的；第三，人的认识是无限发展的，对安全机理和运行机制的认识，也在不断深化，即安全对人的认识发展而言具有相对性。②

从核能技术利用领域看，坚持相对安全观意味着核能技术利用不可能也没有必要排除一切危险。"当损害发生的概率小到几乎不可能发生的时候，就意味着采取了必要的损害预防措施。"③ 换言之，核技术利用领域承认剩余风险的存在，认为人们应当理性接受在可接受范围内的风险，其免于危险的客观程度即安全度④应当建立在人类的经验知识之上。从法律层面看，如何确定这种安全度是一大难题。现有的解决路径是在立法时使用不确定概念，如"值得信赖""必要知识"等予以灵活处理，然后，再授权行政机关依据"普遍承认的技术规范""技术的水平""科学与技术的水平"作为规制标准进行个案适用⑤。虽然这样的做法仍然不尽完善，但不管怎么样，从绝对安全观到相对安全观，从排斥危险到与风险共存，并试图据此作出标准式的客观判断仍然对于核能利用活动有正面促进意义，也在一定程度上对核能利用活动的规制提供了理解基点。

---

① 顾正洪著：《交通运输安全》，东南大学出版社2016年版，第9页。
② 王书明著：《煤矿安全投入系统分析及决策》，煤炭工业出版社2014年版，第11页。
③ 伏创宇著：《核能规制与行政法体系的变革》，北京大学出版社2017年版，第40页。
④ 王书明著：《煤矿安全投入系统分析及决策》，煤炭工业出版社2014年版，第11页。
⑤ 伏创宇著：《核能规制与行政法体系的变革》，北京大学出版社2017年版，第33~36页。

## 第三节 是否应采取措施：风险预防理论

就核安全规制而言，即使肯定相对安全理论，承认安全是一个建立在剩余风险之上的概念仍然是不够的，因为它还是未能解决剩余风险的界定标准问题，未能有效回答公权力是否应当介入以及介入的范围问题，对这些问题的回答需要在核安全规制领域确立风险预防原则。

一般认为，风险预防原则的提出源于20世纪60年代，该原则反映了"因不确定性导致的行动上的滞后性与环境保护的预防性需要之间的矛盾"①，之后，《伦敦宣言》《里约环境与发展宣言》对其进行了表述和确认。《伦敦宣言》指出，"为保护北海免受最危险物质的有害影响，即使没有绝对明确的科学证据证明因果关系之前，也应采取风险预防的措施以控制此类物质的进入，这是必要的"。《里约环境与发展宣言》指出，"为了保护环境，各国应按照本国的能力，广泛适用预防措施。遇有严重或不可逆转损害的威胁时，不得以缺乏科学充分确实证据为理由，延迟采取符合成本效益的措施防止环境恶化"。②此后，风险预防原则获得国际社会的广泛认可，并将适用范围扩展到诸多领域。

在核安全领域，一些案例，如爱尔兰诉英国MOX核电厂案③已经对风险预防原则进行了关联，核安全风险规制的特质也与风险预防理论内在契合。首

---

① 吕忠梅主编：《环境法原理》，复旦大学出版社2017年版，第78页。
② 《里约环境与发展宣言》原则15。
③ 英国核燃料公司1993年起在英国东北部的谢拉菲尔德计划建设一座新的用于轻水反应堆的MOX燃料核工厂，并于1993年10月发表了关于新建MOX核工厂的环境影响评价的声明。作为邻国的爱尔兰担心该核工厂会造成对爱尔兰海的核污染，随后向英国政府表达了对该核工厂的建设和运营的反对意见。1996年MOX核工厂建设完成后，英国核燃料公司根据英国政府的要求共进行了五轮关于MOX核工厂经济合理性的咨询论证，爱尔兰政府一再对该论证的环境合理性部分的准确性和规范性提出质疑，但英国政府仍然计划在2001年11月正式批准MOX核工厂的运营。2001年10月25日，爱尔兰书面通知英国，提出根据《联合国海洋法公约》第287条，将双方关于MOX核电厂及放射性物质跨界转移可能引起海洋环境污染的争端提交《公约》附件七规定的仲裁程序。爱尔兰还于2001年11月9日向国际海洋法法庭提出申请，请求法庭判令在仲裁程序开始前，采取临时措施，阻止MOX核工厂投入运营。国际海洋法法庭经过审理，驳回爱尔兰采取临时措施的请求。李毅：《从国际法角度探析日本排放核废液入海问题》，载《太平洋学报》2011年第12期。

先，在性质上，严重的核安全事件属于"严重或不可逆转损害的威胁"①，如切尔诺贝利核电站事故、日本福岛核电站事故等。其次，核安全风险虽然从发生概率角度看仍然不能确定，但可以被怀疑到一定程度②。"拉斯穆森报告认为，根据可能性和后果的不同，风险可以分为不同类型。从发生可能性看，事故可以分为高概率事件、低概率事件等类型；从后果的影响规模来看，可分为高影响事件和低影响事件等事故类型。核事故就属于典型的低概率、高度潜在危害后果的风险类型。"③ 最后，采取的风险预防措施符合成本-效益分析④。换言之，核能技术利用活动在采取了符合成本-效益的安全管控措施以后在总体上仍然具有正向价值。

基于风险预防原则，核安全风险规制应注重两个方面：

第一，应清晰表明，即使在核事故发生概率很低的情况下，仍然应当谨慎应对，"不得以缺乏科学充分确实证据为理由，延迟采取符合成本效益的措施"⑤。这种谨慎意味着对待核能利用活动的一种慎之又慎的严谨态度，不仅体现在核设施的选址、建设、运行、维护、核废料和乏燃料处置等方面，也体现在许可、审评、监管、应急响应等管理过程之中。当然，在实际应用过程中，谨慎应对仍然应该建立在成本效益原则基础之上，考虑规制的适当性和比例原则。

第二，适用风险预防原则需要清晰界定干预的边界范围。在相对安全观看来，安全是建立在承认剩余风险基础之上的，因此，实施干预需要首先确定哪些属于公众应承担的剩余风险范围，再根据这种界定确定公权力应该介入的范围。而剩余风险标准的界定不仅是一个技术判断过程，也是一个风险管理和社会评价过程，因此，其规范建构具有特殊性。一方面，规范建构过程将面临技术话语法制化的问题。立法机关在面对诸如吸收、可接受限值、行动水平、活化、活度、放射性浓度等技术词汇时，很难全盘照搬到法律条文中，只能通过不确定性概念如"值得信赖""必要知识"等进行规定，之后，再将规制权授予行政机关，借助行政机关的灵活性实现动态的风险预防。在这一过程中，规制机关应当根据科学专业判断展开风险评估，在综合考虑经验事实、前沿理论

---

① 《里约环境与发展宣言》原则 15。
② 吕忠梅著：《环境法原理》，复旦大学出版社 2017 年版，第 80 页。
③ 胡帮达著：《核法中的安全原则研究》，法律出版社 2019 年版，第 101 页。
④ 吕忠梅著：《环境法原理》，复旦大学出版社 2017 年版，第 80 页。
⑤ 《里约环境与发展宣言》原则 15。

发展趋势、多学科融合观点基础上依据谨慎行事原则予以分析判断。另一方面，规范建构过程将面临社会风险判断问题。信息公开、公众参与、社会监督需要立法确认，公众参与的程序性规定需要被实际遵循，这样才能使公众的社会风险评价融入核安全管理之中，实现管理的透明化。

## 第四节　如何采取措施：风险规制理论

在相对安全观与风险预防原则确立以后，还需要进一步明确如何对核安全风险进行管理这一问题，是采取以往的危险规制策略还是实施风险规制方案。在核安全风险规制的早期阶段①，危险规制策略居于主导，其法理基础源于国家危险防御（Gefahrenabwehr）义务，即为保障公众生命健康免于受到"具体危险"的侵害，政府对已经出现的环境损害或明确且显著的潜在危害有义务予以干预。② 在规制认识上，危险规制以基于"危害"的评价方法为知识基础③，强调因果关系的可证明性、以生活经验法则作为判断依据、以损害大小和损害发生概率作为判断要素④；在规制措施上，以危害防御思维规定应急响应机制；在规制目标设定上，以危害排除为目标选择修复行动和清理标准。⑤ 这种危险规制策略一方面排斥了对因果关系不确定情况下潜在核安全风险的规制，另一方面又提升了对确定程度较高的"危险"的规制要求，形成了"危险-防御-排除"的环境管制结构⑥，从而滑入了绝对安全观的泥沼。

为了改变这种情况，核安全规制需要实现从危险规制向风险规制的转变。风险规制是基于对核安全风险属性客观认识的基础上提出的一种规制框架形式，其要义在于从社会资源整体有限的前提出发对"如何应对核安全风险"

---

① 例如，在20世纪80年代以前，德国的核安全风险规制活动都以危险规制为主流。参见伏创宇著：《核能规制与行政法体系的变革》，北京大学出版社2017年版，第40页。

② 李奇伟：《域外城市污染场地治理制度的范式转换及其启示》，载《湖南师范大学社会科学学报》2018年第1期。

③ 李奇伟：《域外城市污染场地治理制度的范式转换及其启示》，载《湖南师范大学社会科学学报》2018年第1期。

④ 伏创宇著：《核能规制与行政法体系的变革》，北京大学出版社2017年版，第46页。

⑤ 李奇伟：《域外城市污染场地治理制度的范式转换及其启示》，载《湖南师范大学社会科学学报》2018年第1期。

⑥ 李奇伟：《域外城市污染场地治理制度的范式转换及其启示》，载《湖南师范大学社会科学学报》2018年第1期。

作出制度回应，以实现将核安全风险降低到社会可接受水平的规制目标。① 在规制认识上，以基于"风险"的评价方法为知识基础。承认核安全风险的不确定属性，以一种较为宽松的标准考虑风险疑虑和潜在担忧，借助科学专业知识而不只是经验事实展开启动干预的判断②；在规制措施上，以风险决策为核心实施场地风险管理；在规制目标设定上，以社会可接受水平为目标决定行动水平。③

在具体实施时，应当在风险调查、评估、决策基础上构筑"更富有弹性、更具诱因、以绩效评估为导向"的核安全风险规制系统。④ 首先是风险评价。通过有害性确认、剂量-反应评估、暴露评估、风险特征分析等步骤对核能利用涉及的潜在危害引起的风险在量或质上进行评价⑤；其次是风险管理。通过风险识别、风险估测、风险评价、选择风险管理技术、评估风险管理效果等过程⑥在危害与其收益之间进行比较进而采取相应的风险降低措施。最后是风险沟通。考虑不同的利益相关者，如企业、消费者、社区居民、地方政府等的立场和想法⑦就核安全风险问题进行沟通交流。

由于风险规制方法的引入，核安全风险治理制度发生了深层次变化。风险调查、评价、管理从纯粹的技术性、管理性议题上升为国家立法，成为具有法规范效力以强制力为保障的法律规范。⑧ 与此同时，一些环境标准和技术导则，如《设施和活动的安全评定》《放射性废物的处置前管理》《设施退役》《核或辐射应急的准备与响应》《核装置的厂址评价》《研究堆安全》《核燃料

---

① 李奇伟：《域外城市污染场地治理制度的范式转换及其启示》，载《湖南师范大学社会科学学报》2018年第1期。

② 伏创宇著：《核能规制与行政法体系的变革》，北京大学出版社2017年版，第50~51页。

③ 李奇伟：《域外城市污染场地治理制度的范式转换及其启示》，载《湖南师范大学社会科学学报》2018年第1期。

④ 李奇伟：《域外城市污染场地治理制度的范式转换及其启示》，载《湖南师范大学社会科学学报》2018年第1期。

⑤ [英] 费尔曼等著：《环境风险评价方法经验和信息来源》，寇文译，中国环境科学出版社2012年版，第2~3页。

⑥ 李奇伟著：《城市污染场地治理法律制度研究》，法律出版社2017年版，第35~37页。

⑦ 李奇伟著：《城市污染场地治理法律制度研究》，法律出版社2017年版，第37页。

⑧ 李奇伟：《域外城市污染场地治理制度的范式转换及其启示》，载《湖南师范大学社会科学学报》2018年第1期。

循环设施的安全》《放射性废物处置》《放射性物质安全运输条例》《放射源的分类》《核电厂安全分析报告的格式和内容》《核电厂厂址评估中的外部人为事件》《核电厂厂址评价和地基的岩土工程问题》《核电厂运行中的火灾安全》《核动力厂运行限值和条件及运行规程》《核电厂的修改》《核电厂的营运单位》等相继出现,为核能利用活动提供了具体指导,从而进一步调整完善了核安全风险规制体系。①

## 第五节　如何防止事故:纵深防御和概率风险理论

基于风险规制理论展开核安全规制还需要具体规定采取怎样的安全保障措施来防止核安全事故的发生。从域外情况看,主要分为纵深防御措施和基于概率风险论的规制两种类型。②

### 一、纵深防御理论

国际原子能机构认为,纵深防御是自开始核电计划发展以来为了确保核装置安全而适用的概念③,它被用于无论是组织工作方面的、行为方面的还是与设计有关的一切安全活动时④。它能确保这些活动受到相互重叠的多种措施的约束,使得故障一旦发生时能被适当的措施察觉、抵消或纠正⑤。在核电系统里,纵深防御主要分为五层体系:第一层防御的目的是防止偏离正常运行和防止系统故障;第二层防御的目的是探测和阻止对正常运行状态的偏离,以防止预计运行事件升级为事故工况;第三层防御应当提供能够防止对反应堆堆芯造成损坏或大量厂外释放并使电厂回到安全状态的固有和(或)专设安全设施、安全系统和程序;第四层防御的目的是处理可能超过设计基准的严重事故,并

---

① 李奇伟:《域外城市污染场地治理制度的范式转换及其启示》,载《湖南师范大学社会科学学报》2018 年第 1 期。
② 胡帮达:《美国核安全规制模式的转变及启示》,载《南京工业大学学报(社会科学版)》2017 年第 1 期。
③ 国际原子能机构:《福岛第一核电站事故》,载国际原子能机构网站:https://www.iaea.org/sites/default/files/gc/gc59-14_ch.pdf.,2020 年 3 月 1 日最后访问。
④ 国际原子能机构:《福岛第一核电站事故》,载国际原子能机构网站:https://www.iaea.org/sites/default/files/gc/gc59-14_ch.pdf.,2020 年 3 月 1 日最后访问。
⑤ 国际原子能机构:《福岛第一核电站事故》,载国际原子能机构网站:https://www.iaea.org/sites/default/files/gc/gc59-14_ch.pdf.,2020 年 3 月 1 日最后访问。

确保放射性释放量维持在尽实际可能低的水平；第五层也是最后一层防御的目的，是缓解事故工况下可能导致释放出的放射性物质的放射后果。不同防护层的独立效能是纵深防御的一个必要组成部分。① 如果某一层防护或屏障失效，后续防护层或屏障就应发挥作用。在实施得当时，纵深防御能够确保任何单一的技术故障、人为或组织失误都不会导致有害影响，并确保可能引起重要有害影响的叠加故障概率非常低②。

当然，纵深防御体系也遇到一些挑战。其中，最为严重的两次事件是1979 年美国三里岛核电站事件和 2011 年日本福岛核电站事件。在三里岛核电站事件中，堆芯应急冷却系统被人为错误操作导致发生了严重的反应堆堆芯融化事件，使原本被认为牢不可破的反应堆安全壳保护屏障受到质疑。在福岛核电站事件中，"多个安全系统的同时失灵导致了在设计电站时没有预计到的电站工况。由于没有充分考虑海啸等外部危害，致使由海啸引起的洪水危及纵深防御的前三个防护层，导致三个防护层的每一层的设备和系统发生共因故障。多个安全系统的共因故障导致了设计中没有预计到的电站工况。因此，旨在提供第四层纵深防御的防护手段（即防止严重事故发展和减轻严重事故后果）无法用于恢复反应堆冷却和维持安全壳的完整性。电源的全部丧失、因必要仪器仪表的不可用所致相关安全参数信息的缺乏、控制器件的丧失以及操作程序的不足，致使不能阻止事故发展和限制事故后果。每个纵深防御层不能提供充分的防护手段，导致 1 号、2 号和 3 号机组发生严重反应堆损坏，并导致这些机组发生大量的放射性释放"。③显然，福岛第一核电站事故表明，极端自然灾害有可能使纵深防御的多个防护层失效或受损。④

## 二、概率风险理论

纵深防御理论体现了一种确定论的思维，而与其相对应的是概率风险理论。"确定论方法的基本思想是根据反应堆纵深防御的原则，除了将反应堆设

---

① 国际原子能机构：《福岛第一核电站事故》，载国际原子能机构网站：https：//www.iaea.org/sites/default/files/gc/gc59-14_ch.pdf.，2020 年 3 月 1 日最后访问。
② 国际原子能机构：《基本安全原则》，载国际原子能机构网站：https：//www-pub.iaea.org/MTCD/Publications/PDF/Pub1273c_web.pdf.，2020 年 3 月 1 日最后访问。
③ 国际原子能机构：《福岛第一核电站事故》，载国际原子能机构网站：https：//www.iaea.org/sites/default/files/gc/gc59-14_ch.pdf.，2020 年 3 月 1 日最后访问。
④ 国际原子能机构：《福岛第一核电站事故》，载国际原子能机构网站：https：//www.iaea.org/sites/default/files/gc/gc59-14_ch.pdf.，2020 年 3 月 1 日最后访问。

计的尽可能安全可靠外,还设置了多重专设安全设施,以便在一旦发生最大假想事故情况下,依靠安全设施,能将事故后果减轻至最低程度。在确定安全设施的种类、容量和响应速度时,需要一个参考的假想事故作为设计基础,并将这一事故看作为最大可信事故,认为所设置的安全设施若能防范这一事故,就必能防范其他各种事故。"① "概率风险评估方法认为核电站事故是个随机事件,引起核反应堆事故的潜在因素很多,反应堆的安全性应由全部潜在事故的数学期望值来表示。"②

实施概率风险评价的方法主要是"故障树"和"事件树"组合。所谓故障树分析方法是把系统最不希望发生的状态作为系统故障的分析目标,然后寻找直接导致这一故障发生的全部因素,再跟踪追击找出造成下一级事件发生的全部直接因素,直至无须再深究其发生的因素为止。③ 所谓事件树分析是从一个初始事件开始,按顺序分析事件向前发展中各个环节成功与失败的过程和结果。如果这些环节事件都失败或部分失败,就会导致事故发生。④ 通过概率论安全评价,可以"确定对设施或活动所产生的辐射危险的所有重要贡献因子,并评估在多大程度上总体设计保持完美平衡并在已规定概率性安全标准的情况下满足这些标准"。⑤

从功能价值看,基于概率风险理论展开的规制有助于综合考虑导致故障发生的各种因素,特别是在纵深防御策略下容易被忽视的人为因素。在技术层层设防的同时加强核安全文化和操作人员管理。同时,依据"事件树"和"故障树"组合方法将有助于根据评估后数值的高低量化风险值,使核安全风险规制的重点进一步突出,从而将有限的规制资源投入到风险显著领域以提升核安全监管效率。⑥ 基于上述原因,在核安全风险规制中应该综合

---

① 成松柏等著:《第四代核能系统与钠冷快堆概论》,国防工业出版社 2018 年版,第 138 页。
② 成松柏等著:《第四代核能系统与钠冷快堆概论》,国防工业出版社 2018 年版,第 138 页。
③ 成松柏等著:《第四代核能系统与钠冷快堆概论》,国防工业出版社 2018 年版,第 139 页。
④ 张景林主编:《安全系统工程》,煤炭工业出版社 2019 年版,第 77 页。
⑤ 国际原子能机构:《福岛第一核电站事故》,载国际原子能机构网站:https://www.iaea.org/sites/default/files/gc/gc59-14_ch.pdf.,2020 年 3 月 1 日最后访问。
⑥ 胡帮达:《美国核安全规制模式的转变及启示》,载《南京工业大学学报(社会科学版)》2017 年第 1 期。

运用纵深防御和概率风险评价,通过"综合采用概率论方法、确定论方法和合理的工程判断确定可能导致严重事故的重要事件序列"①,以更好地保障核能利用活动。

---

① 国际原子能机构:《福岛第一核电站事故》,载国际原子能机构网站:https://www.iaea.org/sites/default/files/gc/gc59-14_ch.pdf.,2020年3月1日最后访问。

# 第四章　核能利用安全保障法律体系

核能利用安全保障法律体系是指由调整因规范核能利用活动，防治放射性污染，预防与应对核事故而产生的社会关系的法律规范所形成的有机统一整体。就我国而言，在展开核能利用安全保障法律体系设计时，需要考虑若干问题：是制定综合性核能法还是形成若干单行法组合，如何安排法律法规之间的层级机构，如何与外围法协调以及如何将国际条约转化为国内法等。本章将围绕上述问题展开，在阐释体系现状、问题基础上，探讨我国核能利用安全保障法律体系的重构路径。

## 第一节　核能利用安全保障法律体系的基本构成

核能利用安全保障法律体系是现行法律规范分类组合形成的有机联系的统一整体。那么，它由哪些部分组成？从国际法和国外法的角度看，它包含哪些主要法律文件，这些法律文件的切分逻辑怎样。这些问题都与核能利用安全保障法律体系的基本构成有关，它们是本节研究的重点。

### 一、国际核能利用安全保障法律体系的基本构成

有约束力的国际法律文书，如公约和其他相关国际法律文书是核能利用安全保障法律体系的重要组成部分。国际原子能机构①根据与自身的关系将此类文书区分为三类：

第一类是国际原子能机构主持下的条约，即在国际原子能机构秘书处的支持下，原子能机构成员国之间谈判缔结的国际协定。② 这些条约又可以具体分

---

① 由于相关国际多边、双边条约数量较多，此处限定了范围，只选取与国际原子能机构有关的国际条约。

② International Atomic Energy Agency, "Treaties under IAEA Auspices", https：//www.iaea.org/resources/treaties/treaties-under-IAEA-Auspices，March 6, 2020.

为关涉核安全的条约,如《核安全公约》《乏燃料管理安全和放射性废物管理安全联合公约》《尽早通报核事故公约》《核事故或辐射紧急情况援助公约》;关涉核保安的条约①,如《核材料实物保护公约》《核材料实物保护公约修正案》;关涉核法律责任的条约,如《维也纳核损害民事责任公约》、关于强制解决《关于核损害民事责任的维也纳公约》争端的任择议定书、修正《关于核损害民事责任的维也纳公约》的议定书、关于适用《维也纳公约》和《巴黎公约》的联合议定书、《核损害补充赔偿公约》;关于技术合作的条约,如《拉丁美洲和加勒比促进核科学和技术合作协定》《亚洲阿拉伯国家核科学技术研究、发展和培训合作协定》《核科学技术研究、发展和培训地区合作协定》《非洲区域核科学与技术研究,开发和培训合作协议》;关于科学和技术的条约,《关于成立联合实施国际热核实验堆项目国际热核实验堆国际聚变能组织的协定》《联合实施国际热核实验堆项目国际热核实验堆国际聚变能组织特权与豁免协定》②。

第二类是原子能机构作为缔约方的协定,即原子能机构作为国际组织在自己的权利范围内与单个国家或其他国际组织缔结的国际协定③。这些条约赋予原子能机构权利和义务。包括《阿根廷共和国、巴西联邦共和国、巴西-阿根廷核材料衡算和控制机构和国际原子能机构关于实施保障的协定》《泰国常驻代表团关于〈东南亚无核武器区条约〉的信函》《对〈拉丁美洲禁止核武器条约〉的修订(特拉特洛尔科条约)》《不扩散核武器条约》《非洲无核武器区条约》《南太平洋免税区条约》《国际原子能机构和欧洲原子能共同体之间的验证协议》《关于防止倾倒废物和其他物质造成海洋污染的公约》《国际海上人命安全公约》《禁止在大气层、外层空间和水下进行核武器试验的条约》《核能领域第三者责任巴黎公约》《布鲁塞尔公约巴黎公约的补充》等④。

第三类与原子能机构相关的条约,是指那些既不是在原子能机构主持下缔结的,原子能机构也不是缔约方,但与原子能机构的工作相关,并可能涉及原

---

① 核安保不是著述研究的重点,但为了保持完整性特在此列出。
② International Atomic Energy Agency, "Treaties under IAEA Auspices", https://www.iaea.org/resources/treaties/treaties-under-IAEA-auspices, March 6, 2020.
③ International Atomic Energy Agency, "Treaties under IAEA Auspices", https://www.iaea.org/resources/treaties/treaties-under-IAEA-auspices, March 6, 2020.
④ International Atomic Energy Agency, "IAEA-related Treaties", https://www.iaea.org/resources/treaties/iaea-related-treaties, March 6, 2020.

子能机构的作用和责任的国际协定。① 例如,《不扩散核武器条约》以及地区不扩散条约。

此外,国际原子能机构还主持制定了一系列的安全标准②。它由"安全基本法则""安全要求""安全导则"三部分构成。"安全基本法则"提出了基本的安全目标以及保护和安全原则,并为安全要求奠定基础。"安全要求"是一套统筹兼顾和协调一致的确保现在和将来保护人类与环境所必须满足的各项要求,分为一般安全要求和特定领域安全要求两大类。一般安全要求包括七部分,第一部分促进安全的政府、法律和监管框架;第二部分促进安全的领导和管理;第三部分辐射防护和辐射源安全;第四部分设施和活动的安全;第五部分放射性废物的处置前管理;第六部分退役核活动的终止;第七部分应急准备和响应;特定领域安全要求包括:核装置场址评价;核电厂安全设计、调试和运行;研究堆安全;核燃料循环设施的安全;放射性废物处置设施的安全;放射性物质的安全运输。"安全导则"就如何遵守安全要求提出建议和指导性意见,并表明需要采取建议的措施(或等效的可替代措施)的国际共识。③ "安全导则"介绍国际良好实践并且不断反映最佳实践,以帮助用户努力实现高水平安全。④

## 二、域外国家核能利用安全保障法律体系的基本构成

从域外国家看,随着"二战"后民用核能事业的开启,各国纷纷通过法律手段对核能利用活动进行规范,逐步形成了各自具备特色的法律法规体系。

---

① International Atomic Energy Agency, "IAEA-related Treaties", https://www.iaea.org/resources/treaties/iaea-related-treaties, March 6, 2020.

② 对于安全标准是否列入法制体系当中有不同说法。但考虑到这些安全标准是诸如辐射的医疗应用、核装置的运行、放射性材料的生产、运输和使用以及放射性废物管理等活动必须遵守的标准,所以,也列入其中。

③ 国际原子能机构:《促进安全的政府、法律和监管框架》,载国际原子能机构网站:https://www.iaea.org/zh/publications/11039/governmental-legal-and-regulatory-framework-for-safety.,2020 年 3 月 1 日最后访问。

④ 国际原子能机构:《促进安全的政府、法律和监管框架》,载国际原子能机构网站:https://www.iaea.org/zh/publications/11039/governmental-legal-and-regulatory-framework-for-safety.,2020 年 3 月 1 日最后访问。

## （一）美国

1954年，《原子能法》的出台为美国核安全管理确立了基本法律框架。①之后，1974年美国《能源重组法》、1985年美国《低放射性废物政策法》等立法先后通过，逐步形成了较为健全的核安全管理法律体系。根据美国核监管委员会（Nuclear Regulatory Commission，NRC）的《核监管法规汇编》，现有关于核能利用监管方面的立法主要包括三编内容，其中前两编内容与民用核能利用管理相关。

第一编包括：1. 委员任期：原子能委员会、美国核监管委员会；2. 1954年修订的《原子能法》；3. 1974年《能源重组法》；4. 1980年重组计划和NRC管辖权的其他相关文件；5. 低放射性废物管理立法，包括1985年《低放射性废物政策法》及其修正案、《阿巴拉契亚州低水平放射性废物紧凑同意法》《西南低级放射性废物处置紧凑同意法》《得克萨斯州低级放射性废物处置紧凑同意法》；6. 高放废物管理立法，包括1982年《核废料政策法》《能源政策法》的有关规定、1992年联邦环境保护法（环境保护标准）、国家国防授权法的有关规定、2005年废品处理相关规定；7. 铀厂尾矿管理立法，包括1978年铀矿尾矿辐射控制法、1992年能源政策法的有关规定（补救措施和铀振兴）、2001财政年度国家国防授权等。②

第二编包括：1. 危险物品的运输，包括1990年《统一安全法》《铁路安全改进法》；2. 经费，包括1952年《拨款法》、经修订的1990年《和解法》；3. 行政法法规，包括行政程序、《行政争议解决法》、经修订的《监管灵活性法》、司法审查、联邦咨询委员会法修正案、1998年《替代性争端解决法》；4. NRC拨款法；5. NRC授权法案；6. 首席财务官立法；7. 监察长总立法；8. 信息管理法规；9. 环境立法，包括《清洁空气法》的有关部分、《联邦水污染控制法》、1969年《国家环境政策法》、《西河谷示范项目法》；10. 其他国内立法和行政命令。③

概言之，美国核能利用安全保障法律体系主要由基本法——经修正的

---

① OECD Nuclear Energy Agency, "Regulatory and Institutional Framework for Nuclear Activities", http：//www.oecd-nea.org/law/legislation/, March 6, 2020.

② The U. S. Nuclear Regulatory Commission, "Nuclear Regulatory Legislation", https：//www.nrc.gov/reading-rm/doc-collections/nuregs/staff/sr0980/, March 6, 2020.

③ The U. S. Nuclear Regulatory Commission, "Nuclear Regulatory Legislation", https：//www.nrc.gov/reading-rm/doc-collections/nuregs/staff/sr0980/, March 6, 2020.

1954 年《原子能法》（*Atomic Energy Act of* 1954）、1974 年《能源重组法》（*Energy Reorganization Act*）、1980 年重组计划（Reorganization Plans）；核废料管理方面的立法，包括 1978 年《铀厂尾矿辐射控制法》（*Uranium Mill Tailings Radiation Control Act of 1978*）、1982 年《核废料政策法》（*Nuclear Waste Policy Act of 1982*）、1985 年《低放射性废物政策修正案》（*Low-Level Radioactive Waste Policy Amendments Act of 1985*）以及规范监管流程的立法，包括《行政诉讼法》（*Administrative Procedure Act*）等构成①。此外，还应包括核损害赔偿立法——1957 年《普莱斯-安德森法》等。

## （二）加拿大

根据加拿大核安全委员会（Canadian Nuclear Safety Commission）列举的法规清单，现行有效的加拿大核安全管理立法主要包括：

1. 《核安全和控制法》（*Nuclear Safety and Control Act*，NSCA）。2000 年《核安全与控制法》生效，其替代了 1946 年《原子能控制法》成为加拿大核安全管理领域基本法②。

2. 《通用核安全与控制条例》（*General Nuclear Safety and Control Regulations*）。提供有关许可证申请、续期、豁免，许可证持有者的义务的一般规定。③

3. 《行政罚款条例》（*Administrative Monetary Penalties Regulations*）。该条例列出了受 NSCA 管辖的违规清单，确定了罚款金额的方法和标准等内容。④

4. 《辐射防护条例》（*Radiation Protection Regulations*）。该条例定义了辐射剂量限值以及报告要求，规定了"尽可能合理地降低"（As Low As Reasonably Achievable，ALARA）原则和规定。⑤

---

① The U. S. Nuclear Regulatory Commission, "Governing Legislation", https：//www. nrc. gov/about-nrc/governing-laws. html, March 6, 2020.

② Canadian Nuclear Safety Commission, "List of Regulations", http：//www. nuclearsafety. gc. ca/eng/acts-and-regulations/regulations/index. cfm, March 6, 2020.

③ Canadian Nuclear Safety Commission, "List of Regulations", http：//www. nuclearsafety. gc. ca/eng/acts-and-regulations/regulations/index. cfm, March 6, 2020.

④ Canadian Nuclear Safety Commission, "List of Regulations", http：//www. nuclearsafety. gc. ca/eng/acts-and-regulations/regulations/index. cfm, March 6, 2020.

⑤ Canadian Nuclear Safety Commission, "List of Regulations", http：//www. nuclearsafety. gc. ca/eng/acts-and-regulations/regulations/index. cfm, March 6, 2020.

5.《Ⅰ类核设施条例》(Class I Nuclear Facilities Regulations)。该条例适用于：1A级和1B级核设施，包括核反应堆、大型粒子加速器、核加工厂、燃料制造厂和废物处理设施。①

6.《Ⅱ类核设施和规定的设备条例》(Class II Nuclear Facilities and Prescribed Equipment Regulations)。该条例适用于Ⅱ类设施和Ⅱ类规定的设备被许可人和申请人。②

7.《铀矿山和工厂条例》(Uranium Mines and Mills Regulations)。该条例适用于铀矿山和工厂的许可证持有者和申请人，规定铀矿山和工厂的场地准备、建设、运营、退役和废弃要求。③

8.《核物质和辐射装置条例》(Nuclear Substances and Radiation Devices Regulations)。该条例规定了核物质和辐射装置的许可和认证。④

9.《核物质包装和运输条例》(Packaging and Transport of Nuclear Substances Regulations, 2015)。该条例适用于运输或提供运输核物质的所有人员，包括核设施以及CNSC许可证持有者和申请人，规定了核物质运输、记录保存的要求以及特殊形式放射性物质和其他规定设备的包装设计和认证要求。⑤

10.《核保安条例》(Nuclear Security Regulations)。该条例适用于持有Ⅰ、Ⅱ和Ⅲ类核材料和场所的许可证持有者和申请人，规定了这些设施的许可和操作有关的安全要求。⑥

11.《加拿大核安全委员会成本回收费条例》(Canadian Nuclear Safety Commission Cost Recovery Fees Regulations)。该条例适用于所有核设施以及

---

① Canadian Nuclear Safety Commission, "List of Regulations", http：//www.nuclearsafety.gc.ca/eng/acts-and-regulations/regulations/index.cfm, March 6, 2020.

② Canadian Nuclear Safety Commission, "List of Regulations", http：//www.nuclearsafety.gc.ca/eng/acts-and-regulations/regulations/index.cfm, March 6, 2020.

③ Canadian Nuclear Safety Commission, "List of Regulations", http：//www.nuclearsafety.gc.ca/eng/acts-and-regulations/regulations/index.cfm, March 6, 2020.

④ Canadian Nuclear Safety Commission, "List of Regulations", http：//www.nuclearsafety.gc.ca/eng/acts-and-regulations/regulations/index.cfm, March 6, 2020.

⑤ Canadian Nuclear Safety Commission, "List of Regulations", http：//www.nuclearsafety.gc.ca/eng/acts-and-regulations/regulations/index.cfm, March 6, 2020.

⑥ Canadian Nuclear Safety Commission, "List of Regulations", http：//www.nuclearsafety.gc.ca/eng/acts-and-regulations/regulations/index.cfm, March 6, 2020.

CNSC 许可证持有者和申请人,规定了提供相关费用标准。①

12.《加拿大核安全委员会议事规则》(*Canadian Nuclear Safety Commission Rules of Procedure*)。该条例规定过了 CNSC 公开听证会的程序②。

13.《加拿大核安全委员会章程》(*Canadian Nuclear Safety Commission By-laws*)③。

此外,加拿大核能利用安全保障法律体系还应包括 1976 年生效的加拿大《核责任法》,该法案规定无过错原则为第三方核损害责任原则;④ 2002 年通过的《核燃料废物法》,该法案为加拿大核燃料废物的长期管理提供了基本框架。⑤

### (三) 英国

英国现行有效的核安全管理立法主要包括:

1. 1946 年《原子能法》(*Atomic Energy Act*)。该法赋予相关机构广泛权力以防止对易裂变材料的不当使用。⑥

2. 经修正的 1965 年《核设施法》(*The Nuclear Installations Act*)和根据该法制定的 1971 年《核设施条例》(*The Nuclear Installations Regulations*)。它们主要适用于规范核设施的建造和运营。⑦

3. 1991 年的《放射性物质(公路运输)法》(*The Radioactive Material (Road Transport) Act*)。该法取代了 1948 年《放射性物质法》对道路运输放

---

① Canadian Nuclear Safety Commission, "List of Regulations", http://www.nuclearsafety.gc.ca/eng/acts-and-regulations/regulations/index.cfm, March 6, 2020.

② Canadian Nuclear Safety Commission, "List of Regulations", http://www.nuclearsafety.gc.ca/eng/acts-and-regulations/regulations/index.cfm, March 6, 2020.

③ Canadian Nuclear Safety Commission, "List of Regulations", http://www.nuclearsafety.gc.ca/eng/acts-and-regulations/regulations/index.cfm, March 6, 2020.

④ 陈刚主编:《世界原子能法律解析与编译》,法律出版社 2011 年版,第 22 页。

⑤ OECD Nuclear Energy Agency, "Regulatory and Institutional Framework for Nuclear Activities", https://www.oecd-nea.org/law/legislation/, March 6, 2020.

⑥ OECD Nuclear Energy Agency, "Regulatory and Institutional Framework for Nuclear Activities", https://www.oecd-nea.org/law/legislation/, March 6, 2020.

⑦ OECD Nuclear Energy Agency, "Regulatory and Institutional Framework for Nuclear Activities", https://www.oecd-nea.org/law/legislation/, March 6, 2020.

射性物质进行了规定。①

4.1993年《放射性物质法》(*Radioactive Substances Act*)。该法案规定了放射性物质的保存使用以及放射性废物的处置,同时保护免受辐射影响。②

5.1999年修订的《电离辐射条例》(*The Ionizing Radiations Regulations*)适用于具有电离辐射的场所,包括通过铁路运输或公共场所转移放射性物质的活动。③

6.2001年《放射性管理(应急准备和公共信息)条例》(*The Radiation (Emergency Preparedness and Public Information)*)适用于保护工人和公众健康,防止电离辐射造成的危险。④

(四)德国

德国核能技术利用的法律基础源于宪法。《德意志联邦共和国基本法》第七十四条规定:为和平目的核能之生产与利用,为满足上述目的装备之设立与操作,因核能或放射线外泄及放射性物料处理所生危险之防护属于共同立法范围。⑤ 第八十七条规定:依第七十四条第十一款之一公布之法律,经联邦参议院之同意得规定该等法律由联邦委托各邦执行⑥。基于宪法的规定,1959年12月《和平利用原子能及其免受危害法》即《原子能法》制定出台,之后不断健全完善逐步形成了德国核安全规制法律体系。其现行有效的核安全管理法律法规主要包括:

1.1959年《原子能法》及其相关条例。这些条例包括:1992年《关于负责核安全和有关安全事件通知的条例》、1987年《关于防止X射线损坏条例》、1977年《核装置条例》、1977年《核金融安全条例》、1981年《核成本条例》、1982年《最终处置条例》、1998年《核废料运输条例》、1999年《核

---

① OECD Nuclear Energy Agency, "Regulatory and Institutional Framework for Nuclear Activities", https://www.oecd-nea.org/law/legislation/, March 6, 2020.
② OECD Nuclear Energy Agency, "Regulatory and Institutional Framework for Nuclear Activities", https://www.oecd-nea.org/law/legislation/, March 6, 2020.
③ OECD Nuclear Energy Agency, "Regulatory and Institutional Framework for Nuclear Activities", https://www.oecd-nea.org/law/legislation/, March 6, 2020.
④ OECD Nuclear Energy Agency, "Regulatory and Institutional Framework for Nuclear Activities", https://www.oecd-nea.org/law/legislation/, March 6, 2020.
⑤ 《德意志联邦共和国基本法》。
⑥ 《德意志联邦共和国基本法》。

可靠性评估条例》等;①

2. 1961 年《外贸法》;②

3. 1975 年《危险货物运输法》;③

4. 1986 年《辐射防护法》;④

5. 2002 年《关于有组织地逐步淘汰核能以商业化生产电力的法案》。⑤

相关法律则包括环境法、《水法》中有关将放射性污水处理到地表水中的保护和责任的规定、《采矿法》中关于寻找放射性矿物和设计用于地下放射性废物深层处置的规定、有关食品和药品的法律规定。⑥

### (五) 法国

法国虽然拥有高度发达的核电运营能力⑦,但其并未制定原子能基本法,"所适用的众多法律法规分散于不同的法律文件中⑧,没有系统化编撰",⑨ 并

---

① OECD Nuclear Energy Agency, "Regulatory and Institutional Framework for Nuclear Activities", https://www.oecd-nea.org/law/legislation/, March 6, 2020.

② OECD Nuclear Energy Agency, "Regulatory and Institutional Framework for Nuclear Activities", https://www.oecd-nea.org/law/legislation/, March 6, 2020.

③ OECD Nuclear Energy Agency, "Regulatory and Institutional Framework for Nuclear Activities", https://www.oecd-nea.org/law/legislation/, March 6, 2020.

④ OECD Nuclear Energy Agency, "Regulatory and Institutional Framework for Nuclear Activities", https://www.oecd-nea.org/law/legislation/, March 6, 2020.

⑤ OECD Nuclear Energy Agency, "Regulatory and Institutional Framework for Nuclear Activities", https://www.oecd-nea.org/law/legislation/, March 6, 2020.

⑥ OECD Nuclear Energy Agency, "Regulatory and Institutional Framework for Nuclear Activities", https://www.oecd-nea.org/law/legislation/, March 6, 2020.

⑦ 到 2018 年年底,法国有 58 座正在运行的核动力反应堆,并正在新建 1 座反应堆。2018 年,核电站的发电量为 393.2 TW·h,占法国总发电量的 71% 以上。International Atomic Energy Agency, "Country Nuclear Power Profiles", https://www-pub.iaea.org/MTCD/Publications/PDF/cnpp2019/pages/index.htm., March 6, 2020.

⑧ 例如,《水法》《空气和合理使用能源法》《公共卫生法》《劳动法》等。参见 OECD Nuclear Energy Agency, "Regulatory and Institutional Framework for Nuclear Activities", https://www.oecd-nea.org/law/legislation/, March 6, 2020.

⑨ 陈刚主编:《世界原子能法律解析与编译》,法律出版社 2011 年版,第 33 页。

且受到相关国际法律文件影响①。其现行有效的法律法规主要为：

1. 1942年第42-263号法令对危险品铁路、公路或内陆水路运输作出了规定。②

2. 1956年第56-838号法令《采矿法》规定了采矿制度。③

3. 1963年《关于核设施的第63-1228号法令》规定了主要核设施管理标准。④

4. 1968年第68-1045号法令规定了核动力船舶经营人第三者责任。⑤

5. 1980年第80-572号法令是关于保护和控制核材料的主要法律。该文件规定，核材料的进口、出口、制造、拥有、转让、使用和运输必须事先获得许可和控制。⑥

6. 1991年第91-1381号法令主要对放射性废物管理研究活动予以规范。⑦

7. 1992年第92-597号法令规定核工业产权应遵守《工业产权法》。⑧

8. 2003年第2003-296号法令规范保护工人免受电离辐射危险。⑨

9. 2001年第2001-270号法令规范医疗、工业或研究目的涉及人身遭受电

---

① 例如，法国《辐射防护标准》源自国际辐射防护委员会（ICRP）的建议书和欧盟发布的指令；1968年《核营运者责任法》源于1960年《巴黎公约》。参见OECD Nuclear Energy Agency, "Regulatory and Institutional Framework for Nuclear Activities", https：//www.oecd-nea.org/law/legislation/, March 6, 2020.

② OECD Nuclear Energy Agency, "Regulatory and Institutional Framework for Nuclear Activities", https：//www.oecd-nea.org/law/legislation/, March 6, 2020.

③ OECD Nuclear Energy Agency, "Regulatory and Institutional Framework for Nuclear Activities", https：//www.oecd-nea.org/law/legislation/, March 6, 2020.

④ OECD Nuclear Energy Agency, "Regulatory and Institutional Framework for Nuclear Activities", https：//www.oecd-nea.org/law/legislation/, March 6, 2020.

⑤ OECD Nuclear Energy Agency, "Regulatory and Institutional Framework for Nuclear Activities", https：//www.oecd-nea.org/law/legislation/, March 6, 2020.

⑥ OECD Nuclear Energy Agency, "Regulatory and Institutional Framework for Nuclear Activities", https：//www.oecd-nea.org/law/legislation/, March 6, 2020.

⑦ OECD Nuclear Energy Agency, "Regulatory and Institutional Framework for Nuclear Activities", https：//www.oecd-nea.org/law/legislation/, March 6, 2020.

⑧ OECD Nuclear Energy Agency, "Regulatory and Institutional Framework for Nuclear Activities", https：//www.oecd-nea.org/law/legislation/, March 6, 2020.

⑨ OECD Nuclear Energy Agency, "Regulatory and Institutional Framework for Nuclear Activities", https：//www.oecd-nea.org/law/legislation/, March 6, 2020.

离辐射风险的所有活动。①

10. 2006 年第 2006-686 号法令——《核透明与安全法》规定了法国在核安全规制领域的信息公开制度。②

（六）瑞典

2002 年，瑞典有 11 座正在运行的核动力反应堆，其发电量为 65.6 TW·h 时，约占当年瑞典总发电量的 45.9%；③ 到 2012 年，瑞典有 8 座正在运行的核动力反应堆，其发电量为 64.22TW·h，约占当年瑞典总发电量的 38% 以上。④ 为了规范民用核能利用活动，瑞典制定了一系列法律法规，主要包括：

1. 1984 年《核活动法》。该法主要涉及核安全和控制问题以及核活动的总体安全。⑤

2. 1998 年《环境法典》。该法在其他"环境危害活动"中列出了"核活动"。⑥

3. 1988 年《辐射保护法》。该法旨在保护人、动物和环境免受辐射的有害影响。⑦

4. 1992 年《废核燃料未来费用融资法》。该法涉及乏燃料处置、反应堆退役和核废料研究未来费用的规定。⑧

5. 1968 年《核责任法》。该法履行了瑞典作为 1960 年《巴黎公约》和

---

① OECD Nuclear Energy Agency, "Regulatory and Institutional Framework for Nuclear Activities", https：//www.oecd-nea.org/law/legislation/, March 6, 2020.

② 谢青霞、花明：《信息公开与核安全——以法国〈核透明与安全法〉（TSN）为视角》，载《华北电力大学学报（社会科学版）》2014 年第 1 期。

③ OECD Nuclear Energy Agency, "Regulatory and Institutional Framework for Nuclear Activities", https：//www.oecd-nea.org/law/legislation/, March 6, 2020.

④ International Atomic Energy Agency, "Country Nuclear Power Profiles", https：//www-pub.iaea.org/MTCD/Publications/PDF/cnpp2019/pages/index.htm, March 6, 2020.

⑤ OECD Nuclear Energy Agency, "Regulatory and Institutional Framework for Nuclear Activities", https：//www.oecd-nea.org/law/legislation/, March 6, 2020.

⑥ OECD Nuclear Energy Agency, "Regulatory and Institutional Framework for Nuclear Activities", https：//www.oecd-nea.org/law/legislation/, March 6, 2020.

⑦ OECD Nuclear Energy Agency, "Regulatory and Institutional Framework for Nuclear Activities", https：//www.oecd-nea.org/law/legislation/, March 6, 2020.

⑧ OECD Nuclear Energy Agency, "Regulatory and Institutional Framework for Nuclear Activities", https：//www.oecd-nea.org/law/legislation/, March 6, 2020.

1963 年《巴黎公约》补充公约缔约国的义务。①

6. 2000 年《双重用途产品和技术援助出口控制法》。该法规定了核材料和设备的出口。②

7. 2000 年《不扩散核武器国际协定》。该法与 2000 年《双重用途产品和技术援助出口控制法》一起规范核材料和设备的出口。③

8. 1992 年《药品法》。该法规定了放射性药物生产,进口和销售的许可义务的条款。

9. 1997 年《逐步淘汰核电法》。该法提出了在瑞典逐步终止核电的提案。④

(七) 西班牙

"二战"以后,西班牙意识到核能资源利用的重要性,因此,积极推动核能事业的发展。到 2016 年,西班牙拥有 7 座正在运行的商业核动力反应堆,核电站的发电量为 58.619TW·h,占西班牙总发电量的 21% 以上。⑤ 与核电发展相伴,西班牙核安全管理法律制度也逐步发展。

1. 1951 年 10 月 22 日法令。该法规定国家拥有国家领土上所有铀矿的所有权,由 Junta deEnergía 拥有独家采矿权。1958 年《采矿自由法》放宽了相关规定。⑥

2. 1964 年 4 月 29 日通过《核能法》。该法是西班牙核安全管理领域基本法。⑦

---

① OECD Nuclear Energy Agency, "Regulatory and Institutional Framework for Nuclear Activities", https://www.oecd-nea.org/law/legislation/, March 6, 2020.
② OECD Nuclear Energy Agency, "Regulatory and Institutional Framework for Nuclear Activities", https://www.oecd-nea.org/law/legislation/, March 6, 2020.
③ OECD Nuclear Energy Agency, "Regulatory and Institutional Framework for Nuclear Activities", https://www.oecd-nea.org/law/legislation/, March 6, 2020.
④ 常冰:《瑞典起草新的逐步终止核电的法案》,载《国外核新闻》2002 年第 6 期。
⑤ International Atomic Energy Agency, "Country Nuclear Power Profiles", https://www-pub.iaea.org/MTCD/Publications/PDF/cnpp2019/pages/index.htm, March 6, 2020.
⑥ OECD Nuclear Energy Agency, "Regulatory and Institutional Framework for Nuclear Activities", https://www.oecd-nea.org/law/legislation/, March 6, 2020.
⑦ OECD Nuclear Energy Agency, "Regulatory and Institutional Framework for Nuclear Activities", https://www.oecd-nea.org/law/legislation/, March 6, 2020.

3. 1969 年、1972 年《规章》完善了有关许可和民事责任的法律规定。①

4. 1986 年 4 月 14 日第 13 号法令。该法令规定 Junta deEnergíaNuclear 成立能源、环境与技术研究中心，承担研究与开发职责。②

5. 1980 年 4 月 22 日第 15 号法令。该法令授权核安全委员会（Consejo de Seguridad Nuclear）执行与核安全控制和辐射防护有关的任务。③

6. 1979 年 12 月 7 日第 2967 号法令。该法令授权 Empresa Nacional del Uranio SA - ENUSA 负责核燃料循环中的工业活动。④

7. 1994 年 12 月 30 日关于电力行业重组的第 40 号法令。该法令确认了一个核电厂建设项目的中止，并规定这些项目的所有者有权获得赔偿。⑤

8. 1997 年 11 月 27 日，议会通过了关于西班牙电力部门的第 54 号法令。该法代替了第 40/1994 号法，规定了与电能分配有关的活动，尤其是其生产、运输、分配和商业化。⑥

9. 1959 年 12 月 22 日命令。该命令包含防止电离辐射的标准。1964 年 4 月 29 日《关于核能的第 25 号法令》也包含了有关防止电离辐射的一般规定；1982 年 8 月 12 日第 2519 号皇家法令批准了《防止电离辐射实施细则》。1992 年，《防止电离辐射条例》将单一领域的现行法规合并为一个文书⑦。

（八）比利时

至 2002 年，比利时有 7 座正在运行的商业核动力反应堆，总装机容量为

---

① OECD Nuclear Energy Agency, "Regulatory and Institutional Framework for Nuclear Activities", https：//www. oecd-nea. org/law/legislation/, March 6, 2020.

② OECD Nuclear Energy Agency, "Regulatory and Institutional Framework for Nuclear Activities", https：//www. oecd-nea. org/law/legislation/, March 6, 2020.

③ OECD Nuclear Energy Agency, "Regulatory and Institutional Framework for Nuclear Activities", https：//www. oecd-nea. org/law/legislation/, March 6, 2020.

④ OECD Nuclear Energy Agency, "Regulatory and Institutional Framework for Nuclear Activities", https：//www. oecd-nea. org/law/legislation/, March 6, 2020.

⑤ OECD Nuclear Energy Agency, "Regulatory and Institutional Framework for Nuclear Activities", https：//www. oecd-nea. org/law/legislation/, March 6, 2020.

⑥ OECD Nuclear Energy Agency, "Regulatory and Institutional Framework for Nuclear Activities", https：//www. oecd-nea. org/law/legislation/, March 6, 2020.

⑦ OECD Nuclear Energy Agency, "Regulatory and Institutional Framework for Nuclear Activities", https：//www. oecd-nea. org/law/legislation/, March 6, 2020.

5 728 MW（e），提供了比利时总发电量的57％。①；到2016年，比利时核电站的发电量为43.52 TW·h，比2015年增加了17.4 TW·h，占比利时总发电量的50.9％。② 为了加强监管，比利时制定了一系列法律法规，主要包括：

1.1994年，比利时议会通过了《保护公众和环境免受辐射影响法》。该法是核安全管理领域的基本法律，它替代了1958年制定的《保护公众免受电离辐射危害的法》，对核装置许可、辐射防护、放射性废物管理、放射性物质的进口、运输进行了规定。③

2.2001年《保护公众、工人和环境免受电离辐射危害的总则》。该总则是1994年《保护公众和环境免受辐射影响法》的执行条例，替代了1963年制定的《保护公众和工人免受电离辐射危害的总则》。④

3.2003年《为工业生产电力而淘汰核能法》。该法对能源政策进行了重大修改，计划在核电厂服务40年后关闭核电厂。该法规定，过去无限期授予的工业用电经营许可证，在有关设施进入工业服务之日起40年内有效。但该法令第9条授权国王在不可抗力的情况下推迟原计划关闭核电站的计划，并在必要时授权建造新的核电站。⑤

4.2003年《关于拆除核电厂和对这类电厂中的辐照裂变材料进行管理的资金条例》。该条例为2003年《为工业生产电力而淘汰核能法》执行提供了资金保障。⑥

5.1985年《核能领域第三者责任法》。该法规定了第三者核损害赔偿责任制度。⑦

---

① OECD Nuclear Energy Agency, "Regulatory and Institutional Framework for Nuclear Activities", https：//www.oecd-nea.org/law/legislation/, March 6, 2020.

② International Atomic Energy Agency, "Country Nuclear Power Profiles", https：//www-pub.iaea.org/MTCD/Publications/PDF/cnpp2019/pages/index.htm, March 6, 2020.

③ OECD Nuclear Energy Agency, "Regulatory and Institutional Framework for Nuclear Activities", https：//www.oecd-nea.org/law/legislation/, March 6, 2020.

④ OECD Nuclear Energy Agency, "Regulatory and Institutional Framework for Nuclear Activities", https：//www.oecd-nea.org/law/legislation/, March 6, 2020.

⑤ OECD Nuclear Energy Agency, "Regulatory and Institutional Framework for Nuclear Activities", https：//www.oecd-nea.org/law/legislation/, March 6, 2020.

⑥ OECD Nuclear Energy Agency, "Regulatory and Institutional Framework for Nuclear Activities", https：//www.oecd-nea.org/law/legislation/, March 6, 2020.

⑦ OECD Nuclear Energy Agency, "Regulatory and Institutional Framework for Nuclear Activities", https：//www.oecd-nea.org/law/legislation/, March 6, 2020.

### (九) 意大利

"二战"以后，意大利开始发展核电。1964年拉蒂纳、加里利亚诺核电站投入运行。1965年特里诺·维切累斯核电站投产发电。自此以后直到1977年，意大利每年核电发电量均保持在 3.8 TW·h 左右。[1] 但1987年切尔诺贝利核电站事故改变了意大利核电政策。当年，意大利议会宣布暂停建造新电厂五年，之后虽有争议但禁令政策一直延续至今[2]。意大利主要的核安全管理立法为：

1. 1962年《关于和平利用核能的第1860号框架法》。该法规定了许可、通知等一系列程序，为意大利核安全管理确立了基本框架。[3]

2. 1995年第230号法令。该法令于1996年1月1日生效，主要涉及核装置安全以及保护工人和公众免受因和平利用核能而产生的电离辐射危害等问题。[4]

3. 2000年第241号法令。该法令于2001年1月1日生效，它修正并完善了第230/95号法令，同时考虑了欧盟理事会指令，要求保护工人和公众免受电离辐射危害。[5]

4. 2000年第187号法令。该法令执行了1997年6月30日的欧盟理事会指令97/43/Euratom，该指令针对与医疗照射有关的电离辐射防护。[6]

### (十) 日本

"二战"以后，日本被禁止从事与原子能有关的研究、开发。直到1952年旧金山条约生效，才逐步解禁。1954年，日本开始提出原子能研究开发预

---

[1] OECD Nuclear Energy Agency, "Regulatory and Institutional Framework for Nuclear Activities", https：//www.oecd-nea.org/law/legislation/, March 6, 2020.

[2] OECD Nuclear Energy Agency, "Regulatory and Institutional Framework for Nuclear Activities", https：//www.oecd-nea.org/law/legislation/, March 6, 2020.

[3] OECD Nuclear Energy Agency, "Regulatory and Institutional Framework for Nuclear Activities", https：//www.oecd-nea.org/law/legislation/, March 6, 2020.

[4] OECD Nuclear Energy Agency, "Regulatory and Institutional Framework for Nuclear Activities", https：//www.oecd-nea.org/law/legislation/, March 6, 2020.

[5] OECD Nuclear Energy Agency, "Regulatory and Institutional Framework for Nuclear Activities", https：//www.oecd-nea.org/law/legislation/, March 6, 2020.

[6] OECD Nuclear Energy Agency, "Regulatory and Institutional Framework for Nuclear Activities", https：//www.oecd-nea.org/law/legislation/, March 6, 2020.

算，1955年日本制定《原子能基本法》，之后逐步建立起核能利用法律保障制度。其主要的政策法规为：

1.1955年《原子能基本法》。该法为日本核安全管理确立了基本框架，它设立了原子能委员会和核安全委员会，对核原料开采、核燃料材料控制、核反应堆管理、辐射危害的防护以及损害赔偿作出了原则性规定。[1]

2.1957年《核原料、核燃料材料和反应堆管理法》（简称"管理法"）。该法规定了全面的许可证管理体系，涵盖核材料提纯、核燃料的生产与使用、反应堆建造、运行与退役、乏燃料的生产使用等用途。[2]

3.1957年《关于防止放射性同位素等引起的辐射危害的法律》（简称"防护法"）。该法的目的在于指导辐射防护管理，包括放射性同位素核辐射装置的使用、销售、租借和处置等，并规定了法律责任。[3]

4.1961年《核损害赔偿法》。该法与1962年《核损害赔偿法实施条例》《核损害赔偿补偿协议法》《核损害赔偿法补偿协议法实施条例》共同构成了日本核损害责任制度。

5.1997年《环境影响评价法》。该法建立了对大型项目的环境影响评估的通用程序，包括建设核电厂。[4]

6.1999年《核灾难应急准备特别法》（简称"特别法"）。该法旨在发生核事故时采取应急对策。[5]

7.2000年《高放废物最终处置法》。该法规定了高放射性废物的地质处置。[6]

（十一）韩国

1999年，韩国拥有16座核电站，发电量为120.16 TW·h，占韩国总发电

---

[1] OECD Nuclear Energy Agency, "Regulatory and Institutional Framework for Nuclear Activities", https：//www.oecd-nea.org/law/legislation/, March 6, 2020.

[2] 陈刚主编：《世界原子能法律解析与编译》，法律出版社2011年版，第59页。

[3] 陈刚主编：《世界原子能法律解析与编译》，法律出版社2011年版，第60页。

[4] OECD Nuclear Energy Agency, "Regulatory and Institutional Framework for Nuclear Activities", https：//www.oecd-nea.org/law/legislation/, March 6, 2020.

[5] OECD Nuclear Energy Agency, "Regulatory and Institutional Framework for Nuclear Activities", https：//www.oecd-nea.org/law/legislation/, March 6, 2020.

[6] OECD Nuclear Energy Agency, "Regulatory and Institutional Framework for Nuclear Activities", https：//www.oecd-nea.org/law/legislation/, March 6, 2020.

量的27.7%①；目前，韩国拥有24座正在运行的商业核动力反应堆，还有五座正在筹建。2017年核电站的发电量为148.43TW·h，占韩国总发电量的24%②。韩国主要核安全管理法律法规如下：

1. 1958年第483号关于原子能的框架法。之后该法经过了1982年、1986年、1995年、1996年、1999年、2001年、2003年、2008年等多次修订，确立了韩国核能利用法制的基本框架。③

2. 1969年《核损害赔偿法》。之后该法经过1975年、1982年、1986年、1987年、1995年、2001年等多次修订，确立了韩国核损害赔偿制度。④

3. 1972年《技术发展和促进法》。该法适用于控制与核有关的技术的出口。⑤

4. 1982年《采矿法》。该法涵盖了包括铀矿在内的所有矿石开采。⑥

5. 1986年《外贸法》。该法的目的在于防止核扩散而对核材料和设备进行进出口控制。⑦

6. 2008年第8852号法案《核装置的保障和实物保护法》。该法要求在反应堆、相关设施或核燃料循环设施周围建立禁区以保护人类健康、财产和公众免受电离辐射的危害。

## （十二）俄罗斯

目前，俄罗斯拥有36座正在运行的商业核动力反应堆。2018年核电站的发电量为107.36TW·h，占俄罗斯总发电量的18.7%，预计到2030年核电将

---

① OECD Nuclear Energy Agency, "Regulatory and Institutional Framework for Nuclear Activities", https：//www.oecd-nea.org/law/legislation/, March 6, 2020.

② International Atomic Energy Agency, "Country Nuclear Power Profiles", https：//www-pub.iaea.org/MTCD/Publications/PDF/cnpp2019/pages/index.htm, March 6, 2020.

③ OECD Nuclear Energy Agency, "Regulatory and Institutional Framework for Nuclear Activities", https：//www.oecd-nea.org/law/legislation/, March 6, 2020.

④ OECD Nuclear Energy Agency, "Regulatory and Institutional Framework for Nuclear Activities", https：//www.oecd-nea.org/law/legislation/, March 6, 2020.

⑤ OECD Nuclear Energy Agency, "Regulatory and Institutional Framework for Nuclear Activities", https：//www.oecd-nea.org/law/legislation/, March 6, 2020.

⑥ OECD Nuclear Energy Agency, "Regulatory and Institutional Framework for Nuclear Activities", https：//www.oecd-nea.org/law/legislation/, March 6, 2020.

⑦ OECD Nuclear Energy Agency, "Regulatory and Institutional Framework for Nuclear Activities", https：//www.oecd-nea.org/law/legislation/, March 6, 2020.

占据俄罗斯电力供应份额的25%~30%,到2050年达到45%~50%,到本世纪末达到70%~80%①。根据俄罗斯联邦环境、工业与原子能管理局网站的信息,俄罗斯相关立法主要包括:

1. 俄罗斯联邦总统法案:俄罗斯联邦总统令2010年6月23日第780号联邦环境、工业和核监督服务令。②

2. 联邦法律:1995年第170-FZ号法律《原子能利用法》;1996年《公共辐射安全法》;2011年第190-FZ号《放射性废物管理法》;2013年第159-FZ号《关于修订联邦法〈原子能利用法〉的第25条和第26条》。③

3. 俄罗斯联邦政府条例:2012年第373号法令《对核设施实行永久监督法令》;2012年第610-r号决议《批准封闭式核设施清单》;2012年第1044号《原子能领域联邦监管条例》;2013年第280号法令《原子能领域授权活动条例》;2013年第612号法令《原子能使用领域许可条例》;2013年第387号决议《批准作为合法授权国家安全生产监管机构的技术实体的法律资格的条例》;1997年第1511号法令《关于批准制定和批准使用原子能联邦规则和法规的规定》;2004年第401号法令《联邦环境、工业和核监督服务条例》;2012年第899号法令《批准放射性废物处置规定》;2013年第362号法令《国家制定和建立技术规章条例》;2012年第1185号文件《建立放射性废物管理统一状态系统的过程和时间表》;2012年第1188条《国家放射性废物核算和控制的程序》;2012年第1488号决议《关于批准在进行原子能使用领域中的活动时确保测量的统一性的特定功能的法规》;2013年第173号《关于针对与使用原子能有关产品(工作,服务)的特定安全标准条例》;2003年第794号法令《关于紧急情况的预防和清算统一状态系统条例》。④

---

① International Atomic Energy Agency, "Country Nuclear Power Profiles", https://www-pub.iaea.org/MTCD/Publications/PDF/cnpp2019/pages/index.htm, March 6, 2020.

② Federal Environmental, Industrial and Nuclear Supervision, "Nuclear legislation and regulatory documents", http://en.gosnadzor.ru/framework/nuclear/federal-laws/, March 6, 2020.

③ Federal Environmental, Industrial and Nuclear Supervision, "Nuclear legislation and regulatory documents", http://en.gosnadzor.ru/framework/nuclear/federal-laws/, March 6, 2020.

④ Federal Environmental, Industrial and Nuclear Supervision, "Nuclear legislation and regulatory documents", http://en.gosnadzor.ru/framework/nuclear/federal-laws/, March 6, 2020.

除此之外,还包括政策声明、联邦政府规章和程序、标准等内容。

(十三) 印度

目前,印度有22座正在运行的商业核动力反应堆。2014年,核电站的发电量为37.15 TW·h,占印度总发电量的3%左右。① 根据印度原子能部的信息,印度现行有效的法律法规主要包括:

1.1962年《原子能法》。该法是印度原子能基本法,其立法目的在于规范原子能开发、利用活动以为印度人民谋福祉。②

2.1983年《原子能(仲裁程序)规则》。

3.1984年《原子能规则(矿山与矿物开采及指定物质的处理)》。

4.1987年《原子能规则(安全处置放射性废物)》。

5.1996年《原子能规则(工厂)》。

6.2004年《原子能(辐射防护)规则》。

7.2010年《在和平利用原子能方面与其他国家合作的准则》。

8.2010年《核损害民事责任法》。

9.2012年《食品及相关产品的原子能辐射处理规则》。

10.2015年《核责任基金规则》。

11.2016年《核转让准则(出口)》。

## 第二节 核能利用安全保障法律体系设计的关键问题

在展开核能利用安全保障法律体系设计时,不能回避的关键问题是:究竟是制定综合性核能法还是若干单行法,如何安排法律法规之的层级机构,如何与外围法协调以及如何将国际条约转化为国内法等。本节将主要围绕这些问题展开探讨。

### 一、综合性核能法还是单行法

对于核能利用安全保障法律体系设计而言,"开始时的一个重要问题是,

---

① International Atomic Energy Agency, "Country Nuclear Power Profiles", https://www-pub.iaea.org/MTCD/Publications/PDF/cnpp2019/pages/index.htm, March 6, 2020.

② 陈刚主编:《世界原子能法律解析与编译》,法律出版社2011年版,第74页。

立法是将涵盖核能的所有方面,还是在若干单独的法律中涵盖不同的方面"。①换言之,立法者在进行核能利用安全保障法律体系设计时面临两种路径选择:制定综合性核能法还是制定若干单行法。

1. 综合性核能法

一是制定一部综合性核能法。在该法当中对核能法的立法目标、适用范围、关键术语、监管体制、许可制度、监督检查、营运者责任作出一般性规定,同时还就特定主题,包括辐射防护、放射性源和放射性物质、核设施的安全和退役、应急准备和响应、放射性物质的开采和加工、放射性物质的运输、放射性废物和乏燃料管理、核责任和责任范围、保障措施、进出口管制、核安全与实物保护等内容作出具体规定。②

制定一部综合性核能法的优势在于系统性。体系化的立法表达更容易为人所知晓,降低公众选择难度,改善主体对法律的认知。③ "它易于读懂,论述清晰,就其本质而言是大众化的,带来了法律安全以适应社会的变迁。"④ 同时,综合性核能法能尽量避免体系内的矛盾冲突。"如果将有关核电厂、研究反应堆核和其他核设施的许可证审评程序作为不同法律的修正案来制定,那么就无法实现透明性、简明性和易获取性这些目标。"⑤ 反之,如果将相关内容列入一部综合性核能法中,法律规范间的矛盾冲突会更早也更容易被发现,通过多次的立法审读、征求公众意见也有助于化解规范间的矛盾冲突,在法律制定出台时就实现内在协调一致。

当然,综合性核能法也存在一定缺陷,例如,很难在一部法当中对涉及辐射防护、放射性源和放射性物质、核设施的安全和退役、应急准备和响应、放射性物质的开采和加工、放射性物质的运输、放射性废物和乏燃料管理、核责任和责任范围、保障措施、进出口管制、核安全与实物保护等内容一一作出规

---

① [美]卡尔顿·施托伊贝尔等著:《核法律手册》,王玉荟等译,原子能出版社2010年版,第14页。

② International Atomic Energy Agency, "Handbook on Nuclear Law: Implementing Legislation", https://www.iaea.org/publications/8374/handbook-on-nuclear-law-implementing-legislation, March 6, 2020.

③ 石佳友:《论民法典的特征与优势》,载《南都学坛》2008年第2期。

④ Xavier De Roux, "Le Code Civil Reste un Outil Privilégié", *La Tribune* 12, 2004, pp. 3-18.

⑤ [美]卡尔顿·施托伊贝尔等:《核法律手册》,王玉荟等译,原子能出版社2010年版,第15页。

定。而且考虑到各国既有立法情况，制定一部综合性核能法相较于修订一部单行法其复杂程度要高很多，耗费的立法资源、时间都相对较多，加之对既有立法的系统性整合容易引发反对声音，这些都为制定一部综合性核能法增加了困难。

以综合性核能法的标准审视域外国家现有立法可以发现，已经有一些国家采取了制定综合性核能法的方案，只是各国贴合程度不一。美国《原子能法》、加拿大《核安全和控制法》、英国《原子能法》、德国《原子能法》、瑞典《核活动法》、西班牙《核能法》、比利时《保护公众和环境免受辐射影响法》、意大利《关于和平利用核能的第1860号框架法》、日本《原子能基本法》、韩国《原子能法》、俄罗斯《原子能利用法》、印度《原子能法》等都可以被称为核能基本法。但基本法只能说明该法在核法律体系中的地位和作用，确立了核能法的基本框架，并不意味着在内容上能够达到综合性要求。

仔细审视这些基本法的内容，与综合性核能法比较相似的是西班牙《核能法》和韩国《原子能法》。西班牙《核能法》的基本结构是：第一章目的和定义；第二章当局和行政机构；第三章核能研究与教育；第四章放射性矿产勘查、研究和开发；第五章核设施、放射性设施以及放射性物质的拥有和使用授权；第六章电离辐射的安全和防护措施；第七章核损害的民事责任；第八章核风险覆盖；第九章核损害赔偿；第十章核损害修复；第十一章核舰和飞机；第十二章与核能有关的专利、商标和发明；第十三章核不扩散和核材料的实物保护；第十四章核犯罪和刑罚；第十五章最后条款。该法不仅涵盖了核安全还包括了核保安、核保障，符合3"S"要求。同时，基本涵盖了辐射防护、放射性源和放射性物质、核设施的安全和退役、应急准备和响应、放射性物质的开采和加工、放射性物质的运输、放射性废物和乏燃料管理、核责任和责任范围、保障措施、进出口管制、核安全与实物保护等主要内容。

韩国《原子能法》的基本结构为第一章总则；第二章原子能委员会与核安全委员会；第三章核能研究与发展等综合核能促进计划的制定与实施；第四章核反应堆及相关设施的建造和运行；第五章已删除；第六章核燃料循环业务与核材料的使用；第七章放射性同位素与辐射发生装置；第八章处置和运输；第九章剂量计读取服务；第十章许可证和考核；第十一章监管和监督；第十二章补充规定；第十三章处罚规定。该法也体现了一定综合性，将许可、监管、核设施安全、核燃料循环业务与核材料的使用、放射性同位素与辐射发生装置安全、放射性物质的运输等内容整合于一部法律当中。

2. 若干单行法

除了制定综合性核能法以外,可以选择的另一路径是制定若干单行法。这些单行法可能涉及辐射防护、放射性源和放射性物质、核设施的安全和退役、应急准备和响应、放射性物质的开采和加工、放射性物质的运输、放射性废物和乏燃料管理、核责任和责任范围、保障措施、进出口管制、核安全与实物保护的某一领域。例如,美国制定了《低放射性废物政策法》《核废料政策法》《铀矿尾矿辐射控制法》《普莱斯—安德森法》等单行法;英国制定了《核设施法》《放射性物质(公路运输)法》《放射性物质法》;德国制定了《危险货物运输法》《辐射防护法》;瑞典制定了《辐射保护法》《废核燃料未来费用融资法》《核责任法》等;比利时制定了《核能领域第三者责任法》;日本制定了《核原料、核燃料材料和反应堆管理法》《关于防止放射性同位素等引起的辐射危害的法律》《核损害赔偿法》《核灾难应急准备特别法》《高放废物最终处置法》;韩国制定了《核损害赔偿法》《核装置的保障和实物保护法》;俄罗斯制定了《公共辐射安全法》《放射性废物管理法》等。

制定单行法的原因是多样的。可能是一国当时情境下的选择、突发核泄漏事件、国际立法进程影响或者是对已有立法的补强。例如,1954年,美国制定了《原子能法》。由于当时的乐观情绪,该法只对组织、研究、特种核材料的生产、原材料、副产物、原子能的军事应用、原子能许可证、国际活动、信息控制、专利和发明、取得私人财产的补偿、司法审查和行政程序、解约和补偿等问题作出了规定,却有意无意地忽略了核能利用活动一定会产生的放射性废物和乏燃料管理问题。直到1979年美国三里岛核泄漏事件爆发,才使美国社会全面审视核能利用安全问题,于1982年制定针对高放射性废物管理的《核废料政策法》,1985年制定针对低放射性废物管理的《低放射性废物政策修正案》。

当然,制定若干单行法的法制策略也具备优缺点。其优点在于,针对某一特定领域制定一部专门法,可以突出重点、强化对关键领域的重点规制;能够较综合性核能法具体详细,确立该领域特有的规章制度,以便于规范相关活动。但制定若干单行法的法制策略也存在一些缺陷。由于单行法处于特殊法地位,只适用于有限范围,如果仅仅依靠单行法,将使核法律一般性规则缺失,诸如监管体制、核法律基本原则、基本制度、法律责任等内容难以得到全面规定。① 而且单行法频频制定,一方面容易被诟病为"部门化立法",被打上深

---

① 所以,现实中各国核立法,大多采取的是基本法+单行法的模式展开,在综合性立法基础上配合单行法共同规制。

深的"部门法"印记①;另一方面,多部立法共同争抢有限的法制资源,在成本效益上并不高效。再加上单行法之间在"表现形式、内部结构、效力等级"等方面的立法冲突问题,不仅容易"在法律体系内产生了效力抵牾,也直接影响法制的运行实效,进而导致法律逆向调节效应"②。

总之,对于核能利用安全保障法律体系设计而言,一个初始问题就是立法路径选择问题。无论是制定一部综合性核能法还是制定若干单行法都有优缺点,都可以起到核能法律规制的作用,究竟应如何选择?需要"考虑国家的法律传统"③、现实需要,并结合各国实际进行具体分析展开,而且"无论采用统一方法还是单独方法,重要的是要检查所有相关的法律文书和规定,以避免不一致,混乱以及解释和适用上的问题"。④

## 二、法律规定原则还是具体

从法律位阶看,"核法律体系的层次结构主要由三个基本层级组成,最高的是宪法规范,其次是议会或立法机构的成文法律,再者是政府机构颁布的一系列详尽且通常是高度技术性的条例"。⑤ 国际原子能机构《核法律手册》指出,还可以再加上第四个层次非强制性指导文件⑥,这四个层次构成了核法律体系的纵向结构。现在的问题是,在设计核法律体系时哪些内容应被列入法律,哪些内容应被列入条例,也就是"国家法律应包括哪些内容?"⑦ 对于这

---

① 彭波:《立法岂能部门化》,载《人民日报》2014年11月19日,第18版。
② 秦鹏、李奇伟:《协调各方利益冲突 规范环境立法途径》,载《环境保护》2013年第13期。
③ [美]卡尔顿·施托伊贝尔著:《核法律手册》,王玉荟等译,原子能出版社2010年版,第15页。
④ International Atomic Energy Agency, "Handbook on Nuclear Law: Implementing Legislation", https://www.iaea.org/publications/8374/handbook-on-nuclear-law-implementing-legislation, March 6, 2020.
⑤ International Atomic Energy Agency, "Handbook on Nuclear Law: Implementing Legislation", https://www.iaea.org/publications/8374/handbook-on-nuclear-law-implementing-legislation, March 6, 2020.
⑥ [美]卡尔顿·施托伊贝尔等著:《核法律手册》,王玉荟等译,原子能出版社2010年版,第4页。
⑦ International Atomic Energy Agency, "Handbook on Nuclear Law: Implementing Legislation", https://www.iaea.org/publications/8374/handbook-on-nuclear-law-implementing-legislation, March 6, 2020.

一问题的直接回答并不容易,但如果从法律和条例的细致程度考察则有迹可循。

从域外国家立法情况看,存在两种情况。一种情况是立法机构制定的成文法律规定得较为详细且具体。例如美国、韩国等国家。单从条文数量看,美国1954年《原子能法》有381条①、韩国《原子能法》有122条。

另一种情况则是法律规定得较为原则,条例规定得较为细致。例如印度、意大利等国家。例如,1962年,印度《原子能法》只有32条,涉及适用范围、生效日期、定义和解释、中央政府的一般权力、有关铀或钍发现的通知、对含铀物质开采或富集的控制、对铀的处置、进入和检查的权力、开展找矿工作的权力、矿产经营权的强制收购、对矿山强制收购的补偿、某些合同的更新、对原子能生产和利用的控制、对用于提取铀或钍的任何物质的征用、对放射性物质的控制等诸多内容。② 为了弥补《原子能法》不够具体的缺陷,印度相继制定了《原子能规则(矿山与矿物开采及指定物质的处理)》《原子能规则(安全处置放射性废物)》《原子能规则(工厂)》《原子能(辐射防护)规则》《食品及相关产品的原子能辐射处理规则》《核责任基金规则》《核转让准则(出口)》等政府条例。

又如,1962年,意大利《和平利用核能法》只有36条,涉及定义、矿石和核设施、和平使用核能引起的第三方责任、专利、刑事责任等诸多内容。法律文本中多处使用了转引条款。例如,第五条第四款规定:"关于特殊裂变材料和放射性物质运输的法规在征得部长的建议后,经部长理事会咨询,并听取了国民议会的意见后由总统令发布。"③ 第八条规定:"核设施进行检查后,根据工业和贸易部长的法令,在征询了国家核能委员会意见后允许该核装置开始运行。"④ 同时,意大利也制定了一些关涉核安全管理的政府条例。例如,第31/2010法令《选址、建设和运行规则》;第185/2011号法令《建立有关核装置安全的共同体框架》;第45/2014号法令《建立负责任地和安全管理乏

---

① 有学者称美国1954年《原子能法》为百科全书式的详细规范型。参见胡帮达著:《核法中的安全原则研究》,法律出版社2019年版,第257页。
② 印度1962年《原子能法》。参见陈刚主编:《世界原子能法律解析与编译》,法律出版社2011年版,第538-553页。
③ *Law 1860 of 31 December 1962 Peaceful Use of Nuclear Energy.*
④ *Law 1860 of 31 December 1962 Peaceful Use of Nuclear Energy.*

核燃料和放射性废物的共同体框架》①等。

概言之,对于核能利用安全保障法律体系设计而言,不仅需要考虑是制定一部综合性核能法还是制定若干单行法的问题,还需要考虑宪法规范、法律、政府法令、非强制性指导文件的关系问题,回答"国家法律应包括哪些内容"②这一具体问题。虽然对于这一问题仍然没有确定答案,但应该清晰的是需要结合各国法律文化、历史传统和现实需要进行具体分析,以找到更为符合实际的法制策略。

### 三、核法、能源法还是环境法

对于核能利用安全保障法律体系设计而言,除了需要考虑体系内横向、纵向关系以外,还需要考虑核法律与相关法(非核法律)之间的关系。"当核法律处于起草中时,立法者必须考虑非核领域的国家法律可能对核立法目标表现的影响",③特别是回答核法律与关系密切的能源法、环境法等的关系问题。

客观地说,由于核法律涉及环境保护、能源、职业安全、运输、知识产权、税收、保险、应急处置、核材料进出口、行政管理等诸多事项,它与非核法律之间的关系是既联系又区隔的。

一方面,核法律具有特殊性。核能的高度技术性和风险性决定了对其法律规制的特殊性。从调整对象上看,核法律主要指向各类设施及其活动。"设施包括:核设施;辐照装置;铀矿开采等一些采矿和原料加工设施;放射性废物管理设施以及以需要考虑防护和安全的规模生产、加工、使用、处理、贮存或处置放射性物质(或安装辐射发生器)的任何其他场所。活动包括工业、研究和医用辐射源的生产、使用、进口和出口;放射性物质的运输;设施的退役;排放流出物等放射性废物管理活动;以及受过去活动残留物影响的场址在

---

① OECD Nuclear Energy Agency, "Regulatory and Institutional Framework for Nuclear Activities", https://www.oecd-nea.org/law/legislation/, March 6, 2020.
② International Atomic Energy Agency, "Handbook on Nuclear Law: Implementing Legislation", https://www.iaea.org/publications/8374/handbook-on-nuclear-law-implementing-legislation, March 6, 2020.
③ [美]卡尔顿·施托伊贝尔等著:《核法律手册》,王玉荟等译,原子能出版社2010年版,第18页。

恢复方面的一些活动。"① 这些设施和活动因为核的高度风险性而特殊化，又因其特殊化而不得不采取有别于非核法律的积极风险管控措施，通过课予相对人谨慎义务、强化监管机关行政许可与监督管理以及对公众的透明公开实现其特殊规制。基于上述认识，有观点认为，20 世纪 60 年代后期以来，"核法"或者"原子能法"作为一个新的法律分支已经诞生。②

另一方面，核法律与非核法律之间有交叉包容关系。"就核装置而言，相关法律清单至少包括以下有关法律：（a）当地土地使用控制；（b）环境问题（例如空气和水的质量以及野生动植物保护）；（c）电力公司的经济规章；（d）工作人员的职业健康与安全；（e）政府机关的一般行政管理程序；（f）运输；（g）核材料进出口；（h）知识产权；（i）非核损害责任；（j）应急措施；（k）税收。"③ 为了避免核法律与非核法律之间在适用时的冲突和混乱，全面了解各种关系特别是与能源法、环境法的关系是非常重要的。④

从域外国家立法情况看，核法律与能源法的关系非常密切。核能的运用可以为能源生产、科学研究等领域带来重要利益，因此，有关促进或发展核能或电离辐射的制度安排通常涉及商业和能源政策方面的考虑。⑤ 而且从法律属性上看，核能是重要的清洁能源。自然，核能法制也属于能源法领域。基于此，一些国家直接在能源法中对核能技术利用活动予以规范。例如，1974 年，美国《能源重组法》（*Energy Reorganization Act*）新设了核监管委员会（NRC）替换了原子能委员会（AEC）负责许可和监管；1992 年，美国《能源政策法》适用于高放射性废物管理，并规定州对辐射的监管权力低于核管会的相应权力。⑥ 2004 年，英国《能源法》规定："本法旨在制定核活动所使用或所污染

---

① 国际原子能机构：《国际原子能机构安全术语（核安全和辐射防护系列）2007 年版》，载国际原子能机构网站：http://www-ns.iaea.org/downloads/standards/glossary/safety-glossary-chinese2007-10-23.pdf.，2020 年 3 月 1 日最后访问。

② Kruse, H., "Legal Aspects of the Peaceful Utilization of Atomic Energy", *International & Comparative Law Quarterly* 11, 1962, pp. 1247-1249.

③ [美] 卡尔顿·施托伊贝尔等著：《核法律手册》，王玉荟等译，原子能出版社 2010 年版，第 18 页。

④ [美] 卡尔顿·施托伊贝尔等著：《核法律手册》，王玉荟等译，原子能出版社 2010 年版，第 18 页。

⑤ International Atomic Energy Agency, "Handbook on Nuclear Law: Implementing Legislation", https://www.iaea.org/publications/8374/handbook-on-nuclear-law-implementing-legislation, March 6, 2020.

⑥ 陈刚主编：《世界原子能法律解析与编译》，法律出版社 2011 年版，第 11 页。

的核装置和核场址的退役和清理规定;制定与民用核工业有关的规定;制定关于放射性废物的规定。"①

核法律与环境法的调整范围也有交叉。一些国家的核基本法就以"环境"命名。例如,1994年,比利时议会通过了《保护公众和环境免受辐射影响法》。该法是核安全管理领域的基本法律,对核装置许可、辐射防护、放射性废物管理、放射性物质的进口、运输进行了规定。②还有一些国家在环境法中规定了放射性污染防治问题。例如,美国《国家环境政策法》《清洁空气法》《联邦水污染控制法》;德国在《水法》中规定了放射性污水处理问题;③日本在《环境影响评价法》中规定过了核电厂的环境影响评估程序。④此外,更密切联系的是放射性废物管理领域。例如,美国1982年《核废料政策法》、1985年《低放射性废物政策法》,英国1993年《放射性物质法》,俄罗斯2011年第190-FZ号《放射性废物管理法》。此类立法兼具核法律和环境法的特征。

那么,究竟核法律是能源法还是环境法?是否具有独立部门法的属性?应当说,作为新兴法律集合的核法律有其特殊之处,与一般性的能源法或者环境法既有联系也有区别。从结果导向看,只要"现有立法能够高效地处理由将来的核相关活动引起的问题"⑤,就不需要太担心他们之间的关系。当然,"为了避免法律适用中的冲突和混乱,全面了解各种关系避免在国家法律框架内重复处理问题也很重要"。⑥

## 四、直接适用还是转为国内法

对于核能利用安全保障法律体系设计而言,考虑到大量国际核法律文件存

---

① 2004年英国《能源法》。转引自陈刚主编:《世界原子能法律解析与编译》,法律出版社2011年版,第330页。

② OECD Nuclear Energy Agency, "Regulatory and Institutional Framework for Nuclear Activities", https://www.oecd-nea.org/law/legislation/, March 6, 2020.

③ OECD Nuclear Energy Agency, "Regulatory and Institutional Framework for Nuclear Activities", https://www.oecd-nea.org/law/legislation/, March 6, 2020.

④ OECD Nuclear Energy Agency, "Regulatory and Institutional Framework for Nuclear Activities", https://www.oecd-nea.org/law/legislation/, March 6, 2020.

⑤ [美]卡尔顿·施托伊贝尔等著:《核法律手册》,王玉荟等译,原子能出版社2010年版,第18页。

⑥ [美]卡尔顿·施托伊贝尔等著:《核法律手册》,王玉荟等译,原子能出版社2010年版,第18页。

在的现实,基于履行国际法义务的要求,还必须考虑国际法与国内法衔接问题。换言之,缔约国应该接受国际法律文书所规定的义务限制,同时为内部实施这些义务作出相应的法律安排①。那么,究竟该如何适用?从国际法原理看,主要有转为国内法和直接适用两种路径。

大多数国家采取了第一种方案——将其转换为国内法。例如,1991年,爱尔兰通过修订《辐射防护法》使其国内法规定与《核事故或辐射紧急情况援助公约》和《关于及早通报核事故公约》相衔接;② 1986年,法国在维也纳签署了《核事故或辐射紧急情况援助公约》《关于及早通报核事故公约》。之后,这两项公约分别由1988年12月30日第88-1252号法和1989年6月2日第89-361号法令公布,于1989年4月6日生效。③ 1987年,澳大利亚制定《核不扩散(保障)法》(《保障法》)以履行《核不扩散条约》和《核材料实物保护公约》;④ 2006年,瑞典制定了《危险货物运输法》以及《危险货物运输的条例》,将《关于铁路危险货物运输的国际条例》《关于铁路危险货物运输的国际公约》《关于国际道路危险货物运输的欧洲协定》《国际海上人身安全公约》《国际海事危险货物规则》《国际民航组织ICAO协议》等国际条约纳入了瑞典法律。⑤ 总体上,这种衔接方法"实际上已转变为国内法,将由法院和行政机关直接适用,并将成为所有相关组织和个人的强制性要求。按照这种方式,国际文书的规定不能直接在该国内部适用,只可以作为解释的指南"。⑥

一些国家则采用了直接适用的方法。例如,根据德国法律,1960年《关于核能领域第三者责任的巴黎公约》、1963年《布鲁塞尔公约》、1971年《关

---

① [美]卡尔顿·施托伊贝尔等著:《核法律手册》,王玉荟等译,原子能出版社2010年版,第19页。

② OECD Nuclear Energy Agency, "Regulatory and Institutional Framework for Nuclear Activities", https://www.oecd-nea.org/law/legislation/, March 6, 2020.

③ OECD Nuclear Energy Agency, "Regulatory and Institutional Framework for Nuclear Activities", https://www.oecd-nea.org/law/legislation/, March 6, 2020.

④ OECD Nuclear Energy Agency, "Regulatory and Institutional Framework for Nuclear Activities", https://www.oecd-nea.org/law/legislation/, March 6, 2020.

⑤ OECD Nuclear Energy Agency, "Regulatory and Institutional Framework for Nuclear Activities", https://www.oecd-nea.org/law/legislation/, March 6, 2020.

⑥ International Atomic Energy Agency, "Handbook on Nuclear Law: Implementing Legislation", https://www.iaea.org/publications/8374/handbook-on-nuclear-law-implementing-legislation, March 6, 2020.

于海上核材料运输领域民事责任的布鲁塞尔公约》、1988年《关于适用〈维也纳公约〉和〈巴黎公约〉的联合议定书》等国际条约可以直接在德国境内适用①,也就是"自动有效"而无须采取进一步的立法行动②。奥地利将《欧洲国际公路危险货物运输协定》《国际铁路危险货物运输条例》《国际铁路危险货物运输公约》《关于内陆水运国际运输危险货物的欧洲协定》《国际海上人命安全公约》《国际民用航空公约》《国际民航组织关于安全运输危险货物的技术细则》等国际条约直接适用于奥地利境内,以规范本国和国际危险货物运输。③应当指出的是,直接适用的优势在于"可减少必须起草的法律文本数量;能借助有经验的组织或国家的技术和法律知识;能有助于国家在遵守国际原子能机构要求时,获得国际原子能机构的支持"。④但其缺陷也很明显,例如,"国际规约是否适应本国法律结构,并且如何适应;文本翻译是否准确;国家监管当局或许可证申请者、持有者可能不太容易获得包含外部法规的文件;外部法规(例如国际文书)有可能定期有所变化"。⑤

此外,还有一种特殊情况,一些国家原本不是公约缔约国却也参照相关国际条约制定了国内法。例如,加拿大不是任何有关核第三方责任国际公约的缔约国,但加拿大1970年《核责任法》主要基于1960年经修订的《巴黎公约》和经修订的1963年《维也纳核损害民事责任公约》;⑥韩国也如此,韩国当前关于核损害赔偿的第8852号法令、第2094号法令引入了2001年《修正维也纳核损害民事责任公约》议定书的内容,将赔偿金额定为3亿元特别提款权,并扩大了核损害的定义。⑦

---

① OECD Nuclear Energy Agency, "Regulatory and Institutional Framework for Nuclear Activities", https://www.oecd-nea.org/law/legislation/, March 6, 2020.

② [美]卡尔顿·施托伊贝尔等著:《核法律手册》,王玉荟等译,原子能出版社2010年版,第19页。

③ OECD Nuclear Energy Agency, "Regulatory and Institutional Framework for Nuclear Activities", https://www.oecd-nea.org/law/legislation/, March 6, 2020.

④ [美]卡尔顿·施托伊贝尔等著:《核法律手册》,王玉荟等译,原子能出版社2010年版,第20页。

⑤ [美]卡尔顿·施托伊贝尔等著:《核法律手册》,王玉荟等译,原子能出版社2010年版,第20页。

⑥ OECD Nuclear Energy Agency, "Regulatory and Institutional Framework for Nuclear Activities", https://www.oecd-nea.org/law/legislation/, March 6, 2020.

⑦ OECD Nuclear Energy Agency, "Regulatory and Institutional Framework for Nuclear Activities", https://www.oecd-nea.org/law/legislation/, March 6, 2020.

总之，究竟是制定综合性核能法还是若干单行法，如何安排法律法规之的层级机构，如何与外围法协调以及如何将国际条约转化为国内法等问题是展开核能利用安全保障法律体系设计时不能回避的主要问题。它不仅对于域外国家法制体系建设具有重要意义，对构建完善我国核法律体系也提供了思考维度。

## 第三节　我国核能利用安全保障法律体系的审视重构

就我国核能利用安全保障法律体系设计而言，需要基于3"S"概念展开体系设计，加强综合性核基本法建设、从横向纵向结构关系以及加强国内法与国际法衔接等方面入手实现体系重构，逐步形成层次清晰、功能互补的核法律体系。

### 一、我国核能利用安全保障法律体系的现状审视

一般而言，一国核能利用安全保障法律体系主要包括以下几个方面，分别是：《宪法》中有关法律规范；综合性核基本法；单行法律、法规；地方性法规、规章；其他部门法中法律规范；我国参加和批准的国际法中的法律规范；相关标准。如果根据内容来划分，则可以分为通用系列规定和特殊领域规定两个方面：

1. 通用系列规定。通用系列包括两部法律、一部行政法规、三部部门规章。两部法律为《放射性污染防治法》《核安全法》；一部行政法规为《民用核设施安全监督管理条例》；三部部门规章为《核设施的安全监督》《核与辐射安全监督检查人员证件管理办法》《核动力厂、研究堆、核燃料循环设施安全许可程序规定》。[①]

2. 特殊领域规定。特殊领域规定可以具体分为九个部分。

第一部分核动力厂系列规定，包括一部行政法规，九部部门规章。一部行政法规为《核电厂事故应急管理条例》；九部部门规章为《核电厂安全许可证件的申请和颁发》《核电厂操纵人员执照颁发和管理程序》《核电厂营运单位报告制度》《核电厂营运单位的应急准备和应急响应》《核电厂质量保证安全规定》《核电厂厂选择安全规定》《核动力厂设计安全规定》《核动力厂运行

---

① 本书编写组编：《中华人民共和国核与辐射安全法律法规规章全书》，法律出版社2017年版，第1页。

安全规定》《核电厂换料、修改和事故停堆管理》。①

第二部分研究堆系列规定，包括四部部门规章，分别是《研究堆营运单位报告制度》《研究堆安全许可证件的申请和颁发规定》《研究堆设计安全规定》《研究堆运行安全规定》。②

第三部分非堆核燃料循环设施系列规定，包括两部部门规章，分别是《核燃料循环设施的报告制度》《民用核燃料循环设施安全规定》。③

第四部分放射性废物管理系列规定，包括一部行政法规，两部部门规章。一部行政法规是《放射性废物安全管理条例》；两部部门规章为《放射性废物安全监督管理规定》《放射性固体废物贮存和处置许可管理办法》。④

第五部分核材料管制系列规定，包括一部行政法规，一部部门规章。行政法规为《核材料管制条例》；部门规章为《核材料管制条例实施细则》；⑤

第六部分民用核安全设备监督管理系列规定，包括一部行政法规，五部部门规章。行政法规为《民用核安全设备监督管理条例》；部门规章为《民用核安全设备设计制造安装和无损检验监督管理规定》《民用核安全设备无损检验人员资格管理规定》《民用核安全设备焊工焊接操作工资格管理规定》《进口民用核安全设备监督管理规定》《民用核安全设备焊接人员资格管理规定》。⑥

第七部分放射性物品运输管理系列规定。包括一部行政法规，两部部门规章。行政法规为《放射性物品运输安全管理条例》；部门规章为《放射性物品运输安全许可管理办法》《放射性物品运输安全监督管理办法》。⑦

第八部分放射性同位素和射线装置监督管理系列规定。包括一部行政法

---

① 本书编写组编：《中华人民共和国核与辐射安全法律法规规章全书》，法律出版社2017年版，第1~2页。

② 本书编写组编：《中华人民共和国核与辐射安全法律法规规章全书》，法律出版社2017年版，第2~3页。

③ 本书编写组编：《中华人民共和国核与辐射安全法律法规规章全书》，法律出版社2017年版，第3页。

④ 本书编写组编：《中华人民共和国核与辐射安全法律法规规章全书》，法律出版社2017年版，第3页。

⑤ 本书编写组编：《中华人民共和国核与辐射安全法律法规规章全书》，法律出版社2017年版，第4页。

⑥ 本书编写组编：《中华人民共和国核与辐射安全法律法规规章全书》，法律出版社2017年版，第4页。

⑦ 本书编写组编：《中华人民共和国核与辐射安全法律法规规章全书》，法律出版社2017年版，第4~5页。

规、两部部门规章。行政法规为《放射性同位素与射线装置安全和防护条例》；部门规章为《放射性同位素与射线装置安全许可管理办法》《放射性同位素与射线装置安全和防护管理办法》。①

第九部分辐射环境系列规定，包括两部部门规章，分别为《电磁辐射环境保护管理办法》《建设项目环境影响评价分类管理名录》。②

此外，我国参加和批准的相关国际法律文件③、核与辐射安全标准包括通用系列④和特殊领域标准⑤等也是我国核能利用安全保障法律体系的重要组成

---

① 本书编写组编：《中华人民共和国核与辐射安全法律法规规章全书》，法律出版社2017年版，第5页。

② 本书编写组编：《中华人民共和国核与辐射安全法律法规规章全书》，法律出版社2017年版，第5~6页。

③ 我国参加和批准的相关国际法律文件主要包括《核安全公约》《乏燃料管理安全和放射性废物管理安全联合公约》《核材料实物保护公约》《及早通报核事故公约》《核事故或辐射紧急情况援助公约》《制止核恐怖主义行为国际公约》等。

④ 通用系列标准主要包括：《核临界事故剂量测定》《核电厂应急计划与准备准则 第1部分：应急计划区的划分》《核电厂应急计划与准备准则 场外应急职能与组织》《核电厂应急计划与准备准则 场外应急设施功能与特性》《核电厂应急计划与准备准则 场外应急计划与执行程序》《核电厂应急计划与准备准则 第5部分：场外应急响应能力的保持》《核电厂应急计划与准备准则 场内应急响应职能与组织机构》《核电厂应急计划与准备准则 场内应急设施功能与特征》《核电厂应急计划与准备准则 场内应急计划与执行程序》《核电厂应急计划与准备准则 场内应急响应能力的保持》《核电厂应急计划与准备准则 核电厂营运单位应急野外辐射监测、取样与分析准则》《核电厂应急计划与准备准则 第11部分：应急响应时的场外放射评价准则》《核电厂应急计划与准备准则 第12部分：核应急练习与演习的计划、准备、实施与评估》《核燃料循环设施应急相关参数》《研究堆应急相关参数》《压水堆核电厂应急相关参数》。参见生态环境部（国家核安全局）：《中国核与辐射安全管理体系总论》，载生态环境部网站：http：//www.mee.gov.cn/ywgz/hyfsaqjg/hyfsaqgltx/202003/P020200319611093673046.pdf.，2020年3月1日最后访问。

⑤ 特殊领域标准主要包括：《低、中水平放射性固体废物暂时贮存规定》《高水平放射性废液贮存厂房设计规定》《低、中水平放射性废物固化体性能要求》《水泥固化体》《低、中水平放射性固体废物包装安全标准》《低中水平放射性固体废物的岩洞处置规定》《放射性废物管理规定》《低、中水平放射性废物固化体性能要求》《沥青固化体》《放射性废物近地表处置的废物接收准则》《低中水平放射性固体废物的浅地层处置规定》《铀矿冶设施退役环境管理技术规定》《铀、钍矿冶放射性废物安全管理技术规定》《核设施流出物监测的一般规定》《低、中水平放射性废物近地表处置场环境辐射监测的一般要求》《核设施流出物和环境放射性监测质量保证计划的一般要求》《反应堆退役环境管理技术规定》《核设施环境保护管理导则放射性固体废物浅地层处置环境影响报告书格式与内（转下页）

## 第四章 核能利用安全保障法律体系

部分。

从立法现状看,虽然我国已经制定出台了一系列核法律,逐步构建起由法律、行政法规、部门规章、国际条约、核与辐射安全标准等组成的核能利用安全保障法律体系。但也应该看到,这一体系仍然不完善。在全国人大及其常委会制定的法律层面,综合性核基本法仍然缺位。现有《核安全法》《放射性污

---

(接上页)容》《低、中水平放射性废物近地表处置设施的选址》《放射性物质安全运输规程》《放射性物质运输包装质量保证》《放射性物质安全运输包装的泄漏检验》《放射性物质包装的内容物和辐射的泄漏检验》;放射性同位素和射线装置系列包括《γ辐照装置的辐射防护与安全规范》《操作非密封源的辐射防护规定》《安装在设备上的同位素仪表的辐射安全性能要求》《密封放射源的泄漏检验方法》《密封放射源 一般要求和分级》《粒子加速器辐射防护规定》《电子直线加速器工业 CT 辐射安全技术规范》;辐射环境系列包括《电离辐射防护与辐射源安全基本标准》《电磁环境控制限值》《核动力厂环境辐射防护规定》《核辐射环境质量评价一般规定》《电离辐射监测质量保证一般规定》《环境核辐射监测规定》《核设施水质监测采样规定》《气载放射性物质取样一般规定》《辐射环境监测技术规范》《核设施环境保护管理导则研究堆环境影响报告书格式与内容》《辐射环境保护管理导则核技术利用建设项目环境影响评价文件的内容和格式》《辐射环境保护管理导则电磁辐射环境影响评价方法与标准》《辐射环境保护管理导则电磁辐射监测仪器和方法》《环境影响评价技术导则输变电工程》《建设项目竣工环境保护验收技术规范输变电工程》《交流输变电工程电磁环境监测方法(试行)》《环境影响评价技术导则核电厂环境影响报告书的格式和内容》《拟开放场址土壤中剩余放射性可接受水平规定》《铀加工及核燃料制造设施流出物的放射性活度监测规定》《核设施的钢铁、铝、镍和铜再循环、再利用的清洁解控水平》《拟再循环、再利用或作非放射性废物处置的固体物质的放射性活度测量》《铀矿冶辐射环境影响评价规定》《可免于辐射防护监管的物料中放射性核素活度浓度》《铀矿地质勘查辐射防护和环境保护规定》《有色金属矿产品的天然放射性限值》《铀矿冶辐射环境监测规定》《铀矿冶辐射防护和环境保护规定》《环境样品中微量铀的分析方法》《海洋沉积物中放射性核素的测定 γ 能谱法》《生物样品中放射性核素的 γ 能谱分析方法》《生物样品灰中锶-90 的放射化学分析方法离子交换法》《放射性核素的 α 能谱分析方法》《α 粒子发射率的测量 大面积正比计数管法》《土壤中放射性核素的 γ 能谱分析方法》《环境地表 γ 辐射剂量率测定规范》《环境空气中氡的标准测量方法》《空气中碘-131 的取样与测定》《水中镭-226 的分析测定》《水中镭的 α 放射性核素的测定》《水中钍的分析方法》《水中钾-40 的分析方法》《水中氚的分析方法》《水中镍-63 的分析方法》《水中铁-59 的分析方法》《水中钴-60 的分析方法》《水中放射性核素的 γ 能谱分析方法》《水、牛奶、植物和动物甲状腺中碘-131 的分析方法》《水和生物样品灰中铯-137 的放射化学分析方法》《水和生物样品灰中锶-90 的放射化学分析方法》《水和土壤样品中钚的放射化学分析方法》《水中钋-210 的分析方法》。参见生态环境部(国家核安全局):《中国核与辐射安全管理体系总论》,载生态环境部网站:http://www.mee.gov.cn/ywgz/hyfsaqjg/hyfsaqgltx/202003/P020200319611093673046.pdf.,2020 年 3 月 1 日最后访问。

染防治法》与未来的《原子能法》《核损害赔偿法》之间缺乏清晰定位。亟待出台的《原子能法》在核领域基本法模式①和核能发展法模式②之间徘徊；核与辐射安全标准体系也亟待健全完善。这些都要求基于清晰的设计思路对我国核能利用安全保障法律体系进行重构。

## 二、我国核能利用安全保障法律体系的重构路径

我国核能利用安全保障法律体系未来如何重构。回答这一问题，需要基于3"S"概念展开体系设计，加强综合性核基本法建设，加强国内法与国际法衔接，逐步形成层次清晰、功能互补的核法律体系。

### （一）基于3"S"概念展开体系设计

对我国核法律体系进行科学设计其着眼点并不在于确定某一部立法的定位，也不在于简单地查漏补缺，而在于厘清系统设计背后的逻辑和思路，并循着这一思路展开清晰明确的体系构建。基于以上考虑，可以从核法律中一个新兴概念——3"S"出发展开我国核法律体系的顶层设计。

3"S"这一术语"反映了建立适当的立法和监管框架以确保和平利用核能、防止电离辐射以及核扩散需要解决的三个关键技术领域：核安全、核安保和核保障"。③ 所谓3"S"指的是"Safety""Security""Safeguard"三个相关词语。其中，核安全（Nuclear Safety），是指"实现正常的运行工况，防止事

---

① 有学者指出，从域外立法的实践中可以看出，原子能法主要包括核领域基本法模式和核能发展法模式。将原子能法定位于核领域基本法，意味着在一国的核法体系中原子能法处于中心地位，其在调整范围上全面涵盖原子能开发利用行为，包括军用方面和民用方面；在内容上对核能利用和安全规制的制度进行了顶层设计，其他单行的核立法都是在《原子能法》的基础上的具体化或者深化规定；而在功能上发挥了对核能发展利益和安全利益的冲突进行协调或者平衡的作用。胡帮达著：《核法中的安全原则研究》，法律出版社2019年版，第256页。

② 有学者指出，将原子能法定位核能发展法，是指将原子能法定位于以促进核能产业发展为目的的立法模式。此时，原子能法在调整的对象范围上可能会涵盖原子能开发利用行为的各个方面，但是在制度设计上将专注于核能产业发展法律关系的规范或调整，而不涉及核能安全规制的内容。胡帮达著：《核法中的安全原则研究》，法律出版社2019年版，第257页。

③ International Atomic Energy Agency, "Handbook on Nuclear Law: Implementing Legislation", https://www.iaea.org/publications/8374/handbook-on-nuclear-law-implementing-legislation, March 6, 2020.

故或减轻事故后果,从而保护工作人员、公众和环境免受不当的辐射危害"。①核保安(Nuclear Security),是指"防止、侦查和应对涉及核材料和其他放射性物质或相关设施的偷窃、蓄意破坏、未经授权的接触、非法转让或其他恶意行为"。核保障(Nuclear Safeguard)是指"国际原子能机构与一个或多个成员国缔结的载有该国或多个成员国承诺不利用某些物质推进任何军事目的和授权原子能机构监督履行这种承诺的协定"。②

基于3"S"概念展开体系设计,其作用在于为核法律体系划分确定了一个相对清晰的标准。从外部效果看,核安全法、核安保法和核保障法成为了公众认知核法律体系的一个窗口,也成为核法律与其他相关法律相区别的判断方法;从内部效果看,原本体系庞杂、内容涉及面广泛的核法律体系因为三个子系统的切分而变得相对清晰。核安全法调整非军事用途的核设施和其他民用核技术的相关活动;核安保法调整核材料和其他放射性物质或相关设施的保护活动;核保障法则调整和防范核扩散行为。它们的调整范围和规范对象相对清晰,有助于厘清核法律体系内部边界。

同时,基于3"S"概念展开体系设计更重要的意义在于体现核法律规制的综合趋向。它"强调核安全、安保、保障之间的互补性"③,认为"为解决某一关键领域安全问题而采取的措施也将有助于确保其他领域安全目标的实现。例如,采取核材料实物保护措施不仅有助于确保核材料的安全使用,也有助于防止核材料的非法转移。一国健全的安全基础设施监管包括精心设计和执行的核材料核算和控制国家体系(SSAC),不仅可以确保放射性物质的安全,也有助于防范那些未经授权的核武器非法运输行为"。④ 因此,"应当以综合的方式设计和实施安全措施和保安措施,以避免不利的相互作用"。⑤

---

① 国际原子能机构:《国际原子能机构安全术语(核安全和辐射防护系列)2007年版》,载国际原子能机构网站:http://www-ns.iaea.org/downloads/standards/glossary/safety-glossary-chinese2007-10-23.pdf.,2020年3月1日最后访问。

② 汪劲:《论〈核安全法〉与〈原子能法〉的关系》,载《科技与法律》2014年第2期。

③ Bean, Robert Speer et al. "Safeguards-by-Design: An Element of 3S Integration." Engineering 2, 2009, pp. 1-11.

④ International Atomic Energy Agency, "Handbook on Nuclear Law: Implementing Legislation", https://www.iaea.org/publications/8374/handbook-on-nuclear-law-implementing-legislation, March 6, 2020.

⑤ Bean, Robert Speer et al. "Safeguards-by-Design: An Element of 3S Integration." Engineering 2, 2009, pp. 1-11.

具体到我国，基于3"S"概念对我国核法律体系进行设计，应注意以下几个方面：

（1）基于3"S"概念确立我国核法律体系的基本框架

"立法应该提供对3'S'概念所有三个元素的必要控制。"[1] 通过核安全法律规制防止事故发生，并采取适当的措施减轻事故的后果，以保护执业者、公众和生态环境免受不必要的辐射危害；通过核安保法律规制对未经授权的进入、非法转移或其他恶意行为作出积极反应；通过核保障法律规制及时发现利用核材料非法制造武器、爆炸装置的行为，并阻止相关转移活动。在展开我国核法律体系设计时，应当兼顾以上三部分，避免出现某一领域法制空白形成规制真空局面。从目前情况看，在核安全法领域，我国已经制定了两部法律《放射性污染防治法》《核安全法》、五部行政法规、多部部门规章，相对成型；在核安保法领域，《核安全法》当中包含了"核材料核放射性废物安全"一章，国务院制定了《核材料管制条例》；在核保障法领域，1991年12月29日，全国人民代表大会常务委员会作出关于加入《不扩散核武器条约》的决定。未来，在继续加强核安全法体系建设的同时，也应进一步考虑如何加强核安保法和核保障法制建设。具体作法可以是单独立法如制定《核不扩散（保障）法》，或者将相关内容融入已有立法当中，像《核安全法》那样实现综合立法。

（2）基于3"S"概念构建内部协调一致的核法律体系

从实质看，3"S"概念更多的是提供了一个整体性视角，呈现出核安全法、核安保法和核保障法之间的互补性，强调以一体化法律规制的方式实现核安全风险管理目标。在此意义上，一国完整的核法律体系与核安全法、核安保法和核保障法等子系统之间是整体与局部的关系。它们相互依存，核法律体系由三个子系统构成，离开了子系统，核法律体系就失去了核心内容；离开了核法律体系整体，子系统就不成其为部分。同时，它们又相互影响，核法律体系整体功能状态及其变化会影响到子系统，子系统的功能及其变化也会对核法律体系的功能起重要影响。因此，构建一个层次清晰、内部协调一致的核法律体系对于一国核法律规制而言具有重要意义。

就我国而言，基于3"S"概念展开体系设计应在确保三个子系统在相对

---

[1] Hanks, D. H, "Managing Safety, Security, and Safeguards (3S) Relationship: A National Regulatory Authority Perspective United States Nuclear Regulatory Commission", US Nuclear Regulatory Commission Office of Nuclear Material Safety and Safeguards 6, 2013, pp.16-22.

完整的基础上避免"法律中的空白、重叠和不一致",防止出现"可能造成解释或者适用问题的过分复杂或者组织不良法律"①。从具体方法上看,可以从预防、排除、消解三个层面着手建立法律冲突消解机制,保障法制统一。从预防层面来看,法律冲突的根源是权力分配的不适当,应该进一步明确各机构之间的立法权范围,并通过立法批准制度和备案制度从源头上消除法律冲突诱因;从排除冲突角度来看,需要按照《立法法》的有关规定确立法律冲突的适用规则,依据上位法优于下位法、特别法优于普通法、新法优于旧法等原则判定法律法规效力高低。在消解冲突方面,应积极展开法律清理活动,从已有的法规清理活动中总结经验,采取定期与不定期相结合的方式实现法律清理的常态化。另外,应该建立实施法规审查制度与改变、撤销制度。②

(3) 基于3"S"概念重新整合我国核法律体系

"鉴于它们的相辅相成作用,从长远角度探讨整合与核安全、核安保、核保障有关的法律规制活动,可能会产生潜在的协同效应、提升规制效率。"③就我国而言,基于3"S"概念重新整合我国核法律体系需要思考以下几个方面问题:首先,引入一体化法治理念。以3"S"概念为立法起草提供指导,需要将其内蕴的一体化法治理念体现出来。具体来看,在我国制定《原子能法》《核损害赔偿法》时不能只考虑对原子能开发利用活动的规范、对核法律责任制度的规定,而应该从核法律体系整体出发,考虑制定这些法律规范可能对核保安和核保障领域活动的影响,在立法评估时分析法律实施后与核法律体系整体目标的促进或者背离关系。例如,对核损害赔偿限额的规定就不能单纯考虑赔偿公平问题,也需要考虑核能的发展价值,寻求安全与发展价值之间的衡平。其次,核法律的整合。我国目前尚缺乏一部综合性核基本法律。那么,未来我国是否应制定综合性核基本法,是改造目前的《核安全法》还是将《原子能法》视为核基本法,究竟制定一部怎样的综合性核基本法等。这些都需要从3"S"概念角度认真思考。最后,核监管体制的整合。从3"S"概念可以引申出,"由一个组织对核安全、安保和保障措施实施监管控制,在系统

---

① International Atomic Energy Agency, "Handbook on Nuclear Law: Implementing Legislation", https://www.iaea.org/publications/8374/handbook-on-nuclear-law-implementing-legislation, March 6, 2020.

② 秦鹏、李奇伟:《协调各方利益冲突规范环境立法途径》,载《环境保护》2013年第13期。

③ Bean, Robert Speer et al. "Safeguards-by-Design: An Element of 3S Integration." Engineering 2, 2009, pp. 1-11.

的有效性和效率方面具有优势"。① 那么,如何实现这种一体化保障,需要从中央到地方、纵向与横向等多层面展开机构的整合,以获得切合实际的改进方案。

(二) 稳步推进综合性核能基本法建设

从法制体系层面看,即将制定的《原子能法》、未来可能制定的《核损害赔偿法》以及现有的《放射性污染防治法》《核安全法》,这样的立法体例安排究竟属于制定了综合性核基本法还是属于制定了若干单行法尚无定论。如果说制定了综合性核基本法,那么,《原子能法》或者《核安全法》其中必有一部应担当重任。但遗憾的是2018年生效的《核安全法》只专注于核安全管理却没有对核能事业发展做出规定,只局限于核安全、核安保领域却未涉及核保障领域。一些主题如辐射防护、放射性物质开采和加工、放射性物质运输、进出口管制等《核安全法》也未涉及。如果冠以"综合性核基本法"之名,难以名副其实。亟待出台的《原子能法》曾被寄予厚望,但从2018年《原子能法》征求意见稿的内容看,也达不到"综合性核基本法"的要求。②

如果按照制定了若干单行法组合的角度考察,也存在一些问题。一方面,体系不完整。《原子能法》《核损害赔偿法》《放射性污染防治法》《核安全法》四部法的内容并不能涵盖核法律体系的主要内容。如果坚持以单行法组合体系的形式展开,至少还应该制定《核保障法》《核保安法》《进出口管制法》《采矿法》《核设施法》《核事故应急准备法》《放射性物质运输法》《辐射保护法》等法律。另一方面,设计逻辑有冲突。客观地说,这四部法律当中单行法意味较强的只有《放射性污染防治法》一部。《核安全法》《原子能法》的切分逻辑是核能发展与核安全管理。根据这一逻辑展开的规范设计必然涉及广泛内容,而不是单行法要求的对某一重点内容的专门规制。所以,我

---

① International Atomic Energy Agency, "Handbook on Nuclear Law: Implementing Legislation", https://www.iaea.org/publications/8374/handbook-on-nuclear-law-implementing-legislation, March 6, 2020.

② 《原子能法》征求意见稿主要包括以下章节内容:第一章总则;第二章科学研究与技术开发;第三章核材料与核燃料循环;第四章原子能利用;第五章安全监督管理;第六章核进出口与国际合作;第七章法律责任。该征求意见稿对辐射防护、核设施的安全和退役、应急准备和响应、放射性物质的开采和加工、放射性物质的运输、放射性废物和乏燃料管理、进出口管制等内容未作出具体规定。

国现有的以及正在规划制定的核法律既不是综合性核法模式也不是单行法组合模式。如果按照现有的立法思路延展下去，即使不断有新法出台也很难避免体系内在不协调、规范冲突不断等问题。

基于此，应该从现实出发重新构想和设计我国核法律体系。

一方面，应排斥单行法组合模式。单行法组合模式的问题在于缺乏对核法律一般性规则如监管体制、基本原则、基本制度的规定，而这些内容正是确立核法律体系所必需的。而且就我国实际情况而言，《核安全法》以及即将制定的《原子能法》也包含单独领域的内容，陆续制定单行法将面临如何避免规范冲突与防范体系不协调的问题。

另一方面，应排斥形成核安全法和原子能法并行的立法模式。有学者指出："由于加拿大和韩国都是核能大国，因此他们的原子能法与核安全法并行立法的模式非常值得我国借鉴。"[1] 而事实上，两法并行的立法模式也存在一定问题。"我国核安全法和原子能法的内容可能存在一定程度的交叉关系。我国原子能法可能包含部分核安全内容，同时，它又不能完全涵盖核安全法的内容。"[2] 而且更为根本的问题是，一部法律保障核能发展，一部法律保障核安全。看似合理，事实上却绝对化了两者的关系。两者并不是并行价值。安全价值相对于发展价值具有优先性，安全是核能事业发展的先决条件，没有安全作为基础，片面强调核能利用的巨大收益容易引发事故进而影响核能技术利用和事业发展。进言之，《原子能法》不是单纯为了追求核能发展，而是为了规范核能资源开发利用活动，其内在基础仍然是安全。因为"安全本身不是目的，而是当前和今后实现保护所有国家的人民和环境目标的一个先决条件"。[3] 所以，坚持核安全法和原子能法并行的立法模式也将面临定位矛盾问题。

基于上述分析，可行的立法模式应是稳步推进综合性核能基本法建设。"基于3'S'概念，对于决定使用核材料或放射性材料及相关技术的国家而

---

[1] 汪劲：《论〈核安全法〉与〈原子能法〉的关系》，载《科技与法律》2014年第2期。

[2] 汪劲：《论〈核安全法〉与〈原子能法〉的关系》，载《科技与法律》2014第2期。

[3] 国际原子能机构：《促进安全的政府、法律和监管框架》，载国际原子能机构网站：https://www.iaea.org/zh/publications/11039/governmental-legal-and-regulatory-framework-for-safety.，2020年3月1日最后访问。

言，全面的方法都具有明显优势。"① 而全面方法的实现需要制定一部综合性核法律再辅之以一系列行政法规、部门规章进行补充。

第一，就立法而言，确立综合性核法律应对《核安全法》进行修订。

就我国而言，确立一部综合性核法律的路径主要是两种：一是新制定一部综合性核法律，二是选择对《核安全法》或者《原子能法》进行重新定位。从现实性看，新制定一部综合性核法律或者出台重新定位的《原子能法》都将面临如何处理与《核安全法》的关系问题。客观地说，如果按照以上路径展开，《核安全法》将面临存废考验，对现有核法律体系影响将较大。因此，对《核安全法》进行大修应该是比较现实的一种选择。它避免了与《原子能法》的冲突，实质性地加强了《核安全法》而不是削弱该法，其修订阻力会相对较小。而且，域外国家的立法例如法国《核领域透明与安全法》、加拿大《核安全与控制法》、格鲁吉亚《核与辐射安全法》② 等已经表明，从核安全管理出发制定综合性核基本法具备现实可能性。

第二，就命名而言，应当赋予综合性核法相对宽泛的名称。

将《核安全法》界定为综合性核基本法除了内容要进行较大调整以外，还应当赋予其相对宽泛的名称。"不应赋予综合性法律以过分狭窄的标题（例如，《辐射保护法》），而应该反映该法律的更广泛范围（例如，《安全、可靠和和平利用核能法》）或简称为《原子能法》）。"③ 同时，在法的标题使用上，使用"核"而不是"原子"是更好且更现代的实践。这个问题既有技术层面的，也有历史层面的。从科学的角度看，电离辐射涉及在原子粒子"核"中发生的反应。因此，使用"核"似乎更为准确。但是，基于历史或公众的认识，许多文书，包括《国际原子能机构规约》，都认为"原子"一词更为合适。简单的答案是，该术语是国家优先事项。④ 我们认为，确实应该赋予综合

---

① International Atomic Energy Agency, "Handbook on Nuclear Law: Implementing Legislation", https://www.iaea.org/publications/8374/handbook-on-nuclear-law-implementing-legislation, March 6, 2020.

② 汪劲：《论〈核安全法〉与〈原子能法〉的关系》，载《科技与法律》2014 第 2 期。

③ International Atomic Energy Agency, "Handbook on Nuclear Law: Implementing Legislation", https://www.iaea.org/publications/8374/handbook-on-nuclear-law-implementing-legislation, March 6, 2020.

④ International Atomic Energy Agency, "Handbook on Nuclear Law: Implementing Legislation", https://www.iaea.org/publications/8374/handbook-on-nuclear-law-implementing-legislation, March 6, 2020.

性核法相对宽泛的名称，但将《核安全法》改为《原子能法》并不是优先选项，建议使用《核安全与管理法》的名称，在改动不多的情形下完成《核安全法》的转型。

第三，就内容而言，应当包括一般性规则和特定事项规则。

《核安全与管理法》一方面应当对核能法的立法目标、适用范围、关键术语、监管体制、许可制度、监督检查、营运者责任等一般性规则作出规定；另一方面，应当对特定事项，包括辐射防护、放射性源和放射性物质、核设施的安全和退役、应急准备和响应、放射性物质的开采和加工、放射性物质的运输、放射性废物和乏燃料管理、核责任和责任范围、保障措施、进出口管制、核安全与实物保护等内容作出规定。① 当然，"这种综合性立法方案并不意味着某些非核心的与核相关主题不可以在单独立法中处理。如果某些主题（例如工作人员防护或废物处置）在单独立法下能得到更加有效而一致的处理，那么把这些问题纳入综合性的核立法中就是不必要的，也是没有成效的"。②

总之，稳步推进综合性核能基本法建设是有必要的，但应该排斥形成核安全法和原子能法并行的立法模式或者单行法组合模式，而制定一部综合性核法律再辅之以一系列行政法规、部门规章进行补充较为可行。就立法而言，确立综合性核法律应对《核安全法》进行修订；就命名而言，应当赋予综合性核法相对宽泛的名称；就内容而言，应当包括一般性规则和特定事项规则。

### （三）逐步形成层次清晰、功能互补的核法律体系

首先，我国核法律体系应该由综合性核基本法、单行法、行政法规、部门规章、地方性法规规章、核与辐射安全标准、我国参加和批准的国际条约等构成。其中，最为重要的是综合性核基本法——《核安全与管理法》以及单行法。未来，《核安全与管理法》是适应核能技术利用的相关性、核安全问题的复杂性和核安全管理对策的综合性和科技性的需要而出现的，是对国家核安全方针、政策、原则、制度和措施的基本规定。③ 单行法主要指《放射性污染防治法》等法律，它们由全国人大常委会制定，只针对核安全管理局部和特定

---

① International Atomic Energy Agency, "Handbook on Nuclear Law: Implementing Legislation", https://www.iaea.org/publications/8374/handbook-on-nuclear-law-implementing-legislation, March 6, 2020.

② ［美］卡尔顿·施托伊贝尔等著：《核法律手册》，王玉荟等译，原子能出版社2010年版，第15页。

③ 韩德培主编：《环境保护法教程》，法律出版社2018年版，第51页。

领域，因而谓之单行法，而与上一层次的综合性基本法相区别。①

其次，综合性核基本法与其他法律法规之间在功能定位上应该有区分。综合性核基本法涉及全局，确定国家核安全监管基本体制、基本原则、基本制度，明确各类主体权利、义务，规定法律责任；而其他法律法规侧重于局部，适用于特定领域，只规定具体制度、具体规范。由于功能定位不同，其法律规范特征也不一样。我国综合性核基本法的法律规范特点应该是原则性和综合型，而其他法律法规的规范特点是具体的和分散的。"由于核监管的技术性很强，因此以更原则的术语制定法律，而将更多的技术要求留给附属立法是相对合理的。立法需要指出总体政策目标，并向相关行为者（包括监管机构、其他政府机构以及核和放射性物质及相关技术的使用者）分配基本的机构角色和职责。分配了此类职能后，监管机构的职责就是在其职责范围内制定详细的技术和行政规则。这种方法可以更有效，更及时地适应环境的变化。"②

最后，应不断充实完善法律法规逐步健全我国核法律体系。一方面，应加快综合性核基本法的立法进程，在考虑成熟情况下推动《核安全法》向综合性核基本法转型，通过对《核安全法》的重大修订尽快完成这一重要任务；另一方面，应查漏补缺针对法制空白领域展开立法。研究修订《核电厂核事故应急管理条例》，指导和规范地方核与辐射安全法规制修订工作，做好与国家法律法规体系的衔接，制定放射性废物分类办法等部门规章，制定核动力厂营运单位核应急演习等技术导则。加强核安全标准顶层设计与管理，建立核与辐射安全标准体系，加快制定一批核安全标准，强化核安全标准立项审查，提高标准与法规的衔接性。③

（四）协调与相关法律关系、加强国内法与国际法衔接

一方面，应协调与相关法律的关系，特别是拟议中的《能源法》。"从2007年第一版《能源法（征求意见稿）》推出，到2015年《能源法（送审稿）》修改工作重新启动，再到2020年新版征求意见稿再度面世，作为能源

---

① 韩德培主编：《环境保护法教程》，法律出版社2018年版，第51页。

② International Atomic Energy Agency, "Handbook on Nuclear Law: Implementing Legislation", https://www.iaea.org/publications/8374/handbook-on-nuclear-law-implementing-legislation, March 6, 2020.

③ 《核安全与放射性污染防治"十三五"规划及2025年远景目标》。

领域基础性法律的《能源法》起草文本历经数轮修改。"① 从 2020 年 4 月国家能源局发布的《能源法（征求意见稿）》的内容看，已经有关于核能利用的内容。该征求意见稿将核能定义为非化石能源，并在第四条〔结构优化〕、第四十三条〔加快发展非化石能源〕、第四十九条〔核电开发〕、第五十条〔核电安全〕等多处对核能利用作出了规定。② 这些规定与拟议中的《原子能法》在内容上有重合之处。它其实为我们提供了一种可能性思路。如果将《核安全法》转型为《核安全与管理法》，那么，拟议中的《原子能法》再制定出台的意义就会削弱。在这种情况下，实际上可以考虑将拟议中的《原子能法》的部分内容归并到《能源法》当中，单独设置一章而不是用现在一节两条的篇幅进行规定。这样一来，原子能科学研究与技术开发、核材料与核燃料循环、原子能利用、核进出口与国际合作等内容就有了出处，使偏重于民事核能事业发展的内容获得法律的肯认。

另一方面，应积极履行国际法义务，加强国际法与国内法衔接。由于我国已经批准加入了一系列国际核领域条约，基于履行国际法义务的要求，还必须考虑国际法与国内法衔接问题。从目前情况看，核领域相关国际条约在我国的适用方式主要是转化为国内法。这种情况既与核领域国际条约偏重国际公法有关，也与一些条约自身的要求有关。《核安全公约》《核材料实物保护公约》《制止核恐怖主义行为国际公约》等都要求在国内法体系内采取为履行公约规定义务所必需的立法。因此，该领域尚且没有如《民法通则》第 142 条、《民事诉讼法》第 238 条、《商标法》第 17 条等这样的并入或采纳规定。

那么，未来是否可以在直接适用上有所突破？"一种常见的方法是，创建相关领域的规则和规章的立法基础并授权监管当局将外部法规作为约束性规则或规章。第二种方法（在有关放射性物质的数量或放射性水平的要求时经常使用）是在法律的技术附录或附件中明确说明相关法规。如果这种做法在立法中获准，这些技术附录或附件就可以通过行政管理程序进行修订，而不需要修正法律。第三种方法是由国家法律授权监管当局把外部法规直接作为对许可证持有者具有约束力的许可条件。"③ 此外，在我国法治实践中，也有直接制

---

① 高歌：《十三年间几易其稿，我们需要什么样的〈能源法〉？》，载《经济观察报》网站，https：//baijiahao.baidu.com/s？id＝1664204598928370120&wfr＝spider&for＝pc.，2020 年 3 月 1 日最后访问。

② 《能源法（征求意见稿）》。

③ ［美］卡尔顿·施托伊贝尔等著：《核法律手册》，王玉荟等译，原子能出版社 2010 年版，第 20 页。

定适用国外有关标准的规定。例如,《放射性污染防治法》规定:"进口核设施,应当符合国家放射性污染防治标准;没有相应的国家放射性污染防治标准的,采用国务院环境保护行政主管部门指定的国外有关标准。"[1] 通过这些具体措施将有助于相关国际法在我国的适用,应积极履行国际法义务。

总之,对我国核法律体系进行重构需要从理念上、从综合性核基本法建设、从横向纵向结构关系以及加强国内法与国际法衔接等方面入手,基于3"S"概念展开体系设计,推动《核安全法》转型为核基本法,协调与相关法律关系、加强国内法与国际法衔接,逐步形成层次清晰、功能互补的核法律体系。

---

[1] 《放射性污染防治法》第二十二条。

# 第五章　核安全监督管理体制

核安全监督管理体制是指核安全监督管理机构的设置以及这些机构之间监管权限的划分。① 它涉及监管体系内横纵向关系、监管机构与咨询机构、监管机构与国际组织间关系等多重维度，需要思考监管机构的组织形式、多部门协调和有效独立性等因素。就我国而言，应基于有效独立性原则展开体制设计，逐步形成职责法定、上下联动的纵向监管体系，构建完善分工配合、内在协调的横向监管体系，推动形成良好合作、独立负责的咨询服务关系以构建完善我国核能利用安全保障监督管理体制。

## 第一节　域外核安全监督管理体制

从域外国家看，为了有效保障核安全，美国、加拿大、德国、日本等国家在其立法中对核安全监督管理体制作出了规定，并在经过一段较长时间的发展以后，逐步形成了各具特色的核能利用安全保障监管体制。

### 一、美国

1974年以前，美国主要的核安全监管部门是美国原子能委员会（the Atomic Energy Commission，AEC），其职责涵盖军用、民用两个方面。1974年，美国《能源重组法》废除了原子能委员会，继而以核监管委员会（the Nuclear Regulatory Commission，NRC）和能源研究与发展管理局（the Energy Research and Development Administration，ERDA）两个机构取而代之。能源研究与发展管理局后来又被美国能源部代替。因此，现在负责美国核能利用安全保障的主要监管部门是核监管委员会和能源部。②

---

① 韩德培主编：《环境保护法教程》，法律出版社2018年版，第29~30页。
② OECD Nuclear Energy Agency,"Regulatory and Institutional Framework for Nuclear Activities", https：//www.oecd-nea.org/law/legislation/, March 6, 2020.

从性质上看，美国能源部是一个联邦行政机构。它主要负责与核裂变和聚变燃料循环有关的各项开发利用活动，包括研究、开发和示范、培训、教育、技术转让等。具体包括：支持先进裂变反应堆的开发以及将核聚变能作为潜在商业动力的生产、加工和利用技术；结果可用于转化的基础核物理研究；高放射性废物和乏核燃料的管理以及对国家低放射性废物计划的支持；为确保核安全，防止核扩散并在危急情况下确保稳定的能源供应而进行的国际合作；核材料的安全运输；支持其他联邦机构包括国防部和美国国家航空航天局（NASA）核电系统的生产和应用。从性质上看，美国核监管委员会则是一个独立机构。它由五名委员组成，其宗旨在于确保民用核能利用活动安全，保护人类健康和生态环境。美国核监管委员会的监管范围包括反应堆①、核材料②和核废料③，它通过许可、检查和强制执行来规范商业性核电站和其他用途的核材料。

除了上述两个部门以外，还有一些部门会参与到核安全监管当中。例如，美国劳工部全面负责工人的福利和安全；美国交通运输部与美国核监管委员会合作，规范放射性物质的安全运输；美国环境保护局发布标准和指南以限制人体暴露于辐射中的量值，测量辐射的环境水平，评估辐射对人和环境的影响，建立放射性废物处置标准。④

此外，还有一些政府机构和组织也参与到核安全事务当中。这些政府机构包括农业部、商务部、国防部、卫生与公共服务部、内政部、联邦紧急事务管理局、国家航空航天局、田纳西流域管理局等；组织包括美国国家标准学会、美国国家科学院、全国辐射防护与测量理事会、国家核数据中心等。有时候，它们的作用仅仅是提出建议。例如，农业部向能源部和核监管委员会提供在农村地区和森林服务局控制的土地上进行核设施选址潜在影响的建议。⑤

在地方，美国各州政府会对核应急计划承担责任。此外，到2016年，已经有37个州与美国核监管委员会达成协议，接受核监管委员会授权对某些核材料和核活动进行管辖。这类协议规范的内容比较广泛，可以涵盖核材料、放

---

① 用于发电的商业反应堆以及用于研究、测试和培训的研究堆。
② 在医疗、工业和研究中核材料的使用。
③ 核材料和废物的运输、储存和处置，以及核设施退役。
④ OECD Nuclear Energy Agency, "Regulatory and Institutional Framework for Nuclear Activities", https://www.oecd-nea.org/law/legislation/, March 6, 2020.
⑤ OECD Nuclear Energy Agency, "Regulatory and Institutional Framework for Nuclear Activities", https://www.oecd-nea.org/law/legislation/, March 6, 2020.

### 第五章 核安全监督管理体制

射性废物、乏燃料等内容。① 当然，一些事项是地方不能管辖的，包括联邦法律和行政法规管理的核设施许可证审批、高放射性废物的处置、放射性材料的运输、原子能的军事利用等。②

#### 二、加拿大

加拿大的主要监管机构包括总督会同行政局（Governor in Council）、自然资源部（Minister of Natural Resources）、加拿大核安全委员会（Canadian Nuclear Safety Commission，CNSC）；其他参与到核安全事务当中的政府机构和组织包括：国家研究委员会（National Research Council）、自然科学与工程研究理事会（Natural Sciences and Engineering Research Council）、加拿大原子能有限公司（Atomic Energy of Canada Ltd.）③ 等。

总督会同行政局有权制定实施《核安全与控制法》所需的法规，批准核安全委员会制定的规章，任命委员会成员，并指定其中一名为委员会主席；自然资源部是《核安全和控制法》和《核责任法》规定的管辖部门，加拿大核安全委员会和原子能有限公司均应向自然资源部提交年度报告；

核安全委员会是加拿大最重要的监管机构。根据 2000 年《核安全与控制法》，核安全委员会代替了 1946 年成立的前原子能控制委员会（the Atomic Energy Control Board，AECB）。它被授权规范核能和材料的使用以保护公众健康和生态环境，履行加拿大关于和平利用核能的国际承诺，并向公众传播客观的科学技术和法规信息。④ 在实际运行中，核安全委员会拥有广泛的监管权力，委员会有权规范涉及加拿大核能开发、生产和使用的各种活动，包括从铀矿的开采到核设施建设、核废料处置以及核材料的进出口、运输等各方面。⑤

---

① OECD Nuclear Energy Agency,"Regulatory and Institutional Framework for Nuclear Activities", https：//www.oecd-nea.org/law/legislation/, March 6, 2020.

② 陈刚主编：《世界原子能法律解析与编译》，法律出版社 2011 年版，第 8 页。

③ 加拿大原子能有限公司成立于 1952 年，是 CANDU 技术的设计者和制造商。根据《加拿大商业公司法》保持公司法人地位，是加拿大政府全资拥有的公司，主要为世界各地的核电公司提供服务。OECD Nuclear Energy Agency,"Regulatory and Institutional Framework for Nuclear Activities", https：//www.oecd-nea.org/law/legislation/, March 6, 2020.

④ The Canadian Nuclear Safety Commission,"The Commission", https：//www.nrc.gov/about-nrc.html., March 6, 2020.

⑤ OECD Nuclear Energy Agency,"Regulatory and Institutional Framework for Nuclear Activities", https：//www.oecd-nea.org/law/legislation/, March 6, 2020.

应指出的是，核安全委员会是一个独立机构。从构成看，核安全委员会最多有七个常任理事，由总督会同行政局根据其资格和专门知识任命。这些常任理事虽然是兼职的，但确是永久任职的，只能因故罢免。他们必须恪守最高道德标准和利益冲突准则并公正地履职。该委员会虽然需要向自然资源部提交年度报告，但其决定与政府相关部门无关，也与核工业领域没有关系。委员会可以通过听证会征求利益团体和公众意见，也会下到社区了解居民相关情况，并将相关信息发布在网络上便于公众获取。然后，委员会根据专家建议①、公众意见等信息在明确的议事规则指导下公开地作出决定。② 同时，从资金方面看，它们的经费来自议会的拨款。③

### 三、德国

德国核安全管理组织体系分为监管机构、咨询机构和其他机构三部分。中央监管机构包括联邦环境、自然保护与核安全部、联邦教育与研究部、联邦财政部、联邦运输、建筑和城市事务部、联邦经济技术部、联邦国防部、联邦辐射防护局、联邦经济与出口控制局等。咨询机构包括反应堆安全委员会、辐射防护委员会、处置委员会、核技术委员会等；其他机构包括技术监视协会、卡尔斯鲁厄研究中心、于利希研究中心、GKSS 研究中心、马克斯-普朗克等离子体物理研究所、重离子研究公司、罗森多夫核技术与分析协会等。④

联邦环境、自然保护与核安全部根据《原子能法》负责核安全和辐射防护。它有权下达指令，并监督《原子能法》《辐射防护条例》的执行。同时，环境、自然保护和核安全部有权确定剂量水平，并通过与其他有关联邦部长共同颁布的法令来实施。联邦环境、自然保护与核安全部下设联邦辐射防护办公室，它负责政府对核燃料的保管；联邦设施的建设和运营，以安全地控制和最

---

① 委员会得到 800 多名科学技术和专业人员的支持。这些员工根据监管要求审查许可证申请，向委员会提出建议，并遵守《核安全与控制法》和其他法律法规的要求。The Canadian Nuclear Safety Commission, "The Commission", https：//www.nrc.gov/about-nrc.html., March 6, 2020.

② The Canadian Nuclear Safety Commission, "The Commission", https：//www.nrc.gov/about-nrc.html., March 6, 2020.

③ OECD Nuclear Energy Agency, "Regulatory and Institutional Framework for Nuclear Activities", https：//www.oecd-nea.org/law/legislation/, March 6, 2020.

④ OECD Nuclear Energy Agency, "Regulatory and Institutional Framework for Nuclear Activities", https：//www.oecd-nea.org/law/legislation/, March 6, 2020.

终处置放射性废物；颁发核燃料运输许可证；颁发核燃料存储的许可证；撤回或撤销运输和仓储许可证；建立和维护职业暴露人员辐射暴露记录。此外，联邦教育与研究部负责核科学研究；联邦财政部和海关负责监督核燃料和其他放射性物质的进出口；联邦运输、建筑和城市事务部指定的铁路局负责监督德国境内通过铁路和轮船运输放射性物质的情况；联邦经济技术部长负责国际核合作，特别是与国际原子能机构、经合组织核能机构和欧洲原子能机构的合作。联邦经济与出口控制局负责核材料的进出口许可证颁发。①

德国设置了四个咨询机构——反应堆安全委员会、辐射防护委员会、处置委员会、核技术委员。这些咨询机构为联邦环境、自然保护与核安全部提供咨询建议。一般而言，这些委员会都由该领域专家构成，人员相对固定。例如，反应堆安全委员会由代表涉及核安全专业领域的十二名成员组成，委员会负责就有关核装置安全和放射性废物管理领域的事项向联邦环境、自然保护与核安全部提供咨询意见。委员会成员由联邦环境、自然保护和核安全部任命，任期三年，通常可连任。委员会成员是独立的，应根据科学技术原理客观评价，而不受任何上级机构的指示。经过审议，在委员会三分之二多数同意情况下，就核设施的选址、设计和调试或乏燃料中间存储设施提出建议。②

## 四、瑞典

瑞典核安全监督管理主要由环境部、企业能源与通信部、司法部、外交部等部委构成。企业、能源与通信部处理与商业部门、能源、信息技术、通信和基础设施以及工业区域发展有关的事务；司法部负责起草和执行民事和刑事法律；外交部负责起草和执行有关军民两用产品的立法；环境部负责制定和执行有关核安全的立法，包括核材料保护、辐射防护、核责任等，还负责协调政府在可持续发展方面的工作。③

2008 年 7 月，瑞典将核电监察局和辐射防护局合并，成立了综合性监管机构——瑞典辐射安全局。辐射安全局是保护公众和环境免受电离和非电离辐射有害影响、保障核活动安全和核不扩散问题的中央行政当局。其责任领域涵

---

① OECD Nuclear Energy Agency, "Regulatory and Institutional Framework for Nuclear Activities", https：//www.oecd-nea.org/law/legislation/, March 6, 2020.

② OECD Nuclear Energy Agency, "Regulatory and Institutional Framework for Nuclear Activities", https：//www.oecd-nea.org/law/legislation/, March 6, 2020.

③ OECD Nuclear Energy Agency, "Regulatory and Institutional Framework for Nuclear Activities", https：//www.oecd-nea.org/law/legislation/, March 6, 2020.

盖了所有与核活动有关的领域。辐射安全局应积极促进辐射安全环境的改善,防止放射性事故,确保核活动和废物处理安全运行;最小化风险并优化医疗暴露程度;最大限度地减少职业风险;最小化自然来源暴露风险;提高国际间辐射安全水平。此外,辐射安全局还被授权在活动领域内发布具有约束力的法规,处理相关财务问题,并与核废料基金保持联系;负责电离辐射国家计量实验室,管理国家剂量登记簿并签发许可;促进核活动领域内国家能力的发展;向公众提供信息;处理核活动领域内的国际问题;协调活动区域内的国家应急准备工作;在紧急情况下提供有关辐射防护建议;在紧急情况下维护和管理国家专家组织;向主管当局提供技术建议,以在紧急情况下采取保护措施。①

## 五、西班牙

西班牙涉核事务的运行主要依靠监管机构、其他机构以及若干公司展开。监管机构包括生态转型和人口挑战部,工业、旅游和贸易部,内政部,经济和财政部,环境与农村和海洋事务部等;其他机构包括核安全委员会、能源相关的环境与技术研究中心、国家能源委员会;公司包括 Enusa Industrias Avanzadas 等。②其中,最主要的机构是生态转型和人口挑战部以及核安全委员会。

根据 2017 年 10 月 13 日第 903 号皇家法令,生态转型和人口挑战部是负责核能发展的国家部门。该部门在核能方面的主要职责为:制定规章并提出放射性废物管理政策;颁发核设施和放射性设施、放射性物质运输以及核材料贸易和商业的许可证;在某些特定情况下,吊销许可证并制裁违法行为;为履行核不扩散、实物保护和核损害赔偿责任等国际承诺而采取后续行动;管理核项目行政登记册。③

核安全委员会是西班牙负责核安全和放射防护事务的组织。该委员会由五名成员组成,成员名单由生态转型和人口挑战部提议,政府任命并须得到议会 3/5 多数的同意。目前,理事会的技术人员约有 460 人。它在每个站点都有两名常驻检查员。理事会的主要任务是:发布安全报告;进行检查,在有风险的情况下发出中止活动指令;向政府提出有关核安全和放射防护的建议;向生态

---

① International Atomic Energy Agency, "Country Nuclear Power Profiles", https://www-pub.iaea.org/MTCD/Publications/PDF/cnpp2019/pages/index.htm., March 6, 2020.

② OECD Nuclear Energy Agency, "Regulatory and Institutional Framework for Nuclear Activities", https://www.oecd-nea.org/law/legislation/, March 6, 2020.

③ International Atomic Energy Agency, "Country Nuclear Power Profiles", https://www-pub.iaea.org/MTCD/Publications/PDF/cnpp2019/pages/index.htm., March 6, 2020.

## 第五章 核安全监督管理体制

转型和人口挑战部建议在核安全和辐射防护方面的处罚措施；向核设施和放射性设施的经营者颁发许可证；对公众进行宣传；每年向议会报告活动。①

### 六、比利时

比利时涉核事务的运行主要依靠监管机构、其他机构和咨询机构进行。监管机构包括联邦核控制局，联邦内政公共服务局，联邦经济、中小企业、自由职业者和能源公共服务部，联邦就业、劳工和社会对话服务部，联邦国防公共服务局，联邦外交部，联邦科学政策公共规划局。其他机构包括公共卫生科学研究所、核研究中心、无线电元素研究所、高等应急规划学院、放射性废物和丰富的易裂变材料机构等；咨询机构包括联邦原子能机构电离辐射控制委员会、卫生理事会、安全、卫生和改善工作场所高级理事会、核不扩散咨询委员会、电力和天然气监管委员会等。②

这些机构当中最主要的监管部门是联邦核控制局。联邦核控制局根据1994年4月15日颁布的《保护公众和环境免受辐射影响法》设立，其目的在于确保有效保护公众和环境免受电离辐射的危害。从职权范围看，联邦核控制局可以向政府提出法律法规建议，审查相关许可申请；参与制定指令、建议以及工作计划；管理比利时辐射监测网络；在核应急计划中发挥作用，特别是在评估事故的放射后果以及与公众和媒体的交流方面；鼓励研究开发等。③ 应当指出的是，联邦核控制局是一个具有法人资格的公共机构，由议会直接赋予它任务和权力，保证其独立性。它可以在其法定权限内作出独立的监管判断，可以组织内部决策，并可以充分自主地招聘工作人员，在必要时还可以出庭捍卫自己的立场。④

### 七、日本

在2011年福岛核电站事故发生以前，日本负责核设施和核活动许可审核

---

① International Atomic Energy Agency, "Country Nuclear Power Profiles", https://www-pub.iaea.org/MTCD/Publications/PDF/cnpp2019/pages/index.htm., March 6, 2020.

② OECD Nuclear Energy Agency, "Regulatory and Institutional Framework for Nuclear Activities", https://www.oecd-nea.org/law/legislation/, March 6, 2020.

③ OECD Nuclear Energy Agency, "Regulatory and Institutional Framework for Nuclear Activities", https://www.oecd-nea.org/law/legislation/, March 6, 2020.

④ International Atomic Energy Agency, "Country Nuclear Power Profiles", https://www-pub.iaea.org/MTCD/Publications/PDF/cnpp2019/pages/index.htm., March 6, 2020.

的机构是经济、贸易和工业部下属的核工业安全局。在反思核事故经验教训时,"监管机构缺乏独立性被认为是事故的原因之一"。① 日本国会核事故独立调查委员会的报告指出:"监管机构没有尽职监督核安全,推迟相关法规的实施,因缺乏专业知识而导致'监管捕获'。监管机构通过让运营商自愿实施法规来避免直接责任,在监管机构和运营商之间关系不独立情况下,很难实现对核电安全的专业知识承诺。"② 为了改变这一局面,日本采取了一系列措施。首先,将安全监管部门与经济产业发展部门分开,建立了新的监管机构——核监管局。核监管局成为环境省的外部机构,其主席和委员由内阁大臣在国会同意后任命;其次,将原本由其他部门负责的核和辐射安全管理事项整合并入核监管局。例如,《反应堆管理法》规定的核安全事务,《辐射危害预防法》规定的辐射安全事务,《核应急法》规定的核应急准备事务。最后,强调核监管局的独立性。《国家核监管局建立法》明确指出,核监管局基于专业知识,以中立和公平的立场独立履行其职责。③

除了核监管局负责核安全事务以外,经济产业省负责核能开发利用,包括制定政策和推动核技术发展;国土交通省负责放射性物质运输;教育、文化、体育和科学技术部负责促进核能研究与开发,其下属核责任司负责核第三方责任,以帮助复兴受福岛第一核电站灾难影响的社区。此外,还有一些咨询机构,如原子能委员会、反应堆安全审查委员会、核燃料安全审查委员会、辐射委员会等,提供政策建议。④

## 八、俄罗斯

俄罗斯主要的监管部门是联邦环境、工业和核监督局。它依据《核安全公约》《乏燃料管理安全和放射性废物管理安全联合公约》产生,并且是《核实物保护公约》修正案规定的俄罗斯联邦主管机构,其主要负责民用原子能使用安全管理。具体包括对原子能利用活动进行许可审批、经理和专家(雇

---

① OECD Nuclear Energy Agency, "Regulatory and Institutional Framework for Nuclear Activities", https://www.oecd-nea.org/law/legislation/, March 6, 2020.

② International Atomic Energy Agency, "Country Nuclear Power Profiles", https://www-pub.iaea.org/MTCD/Publications/PDF/cnpp2019/pages/index.htm., March 6, 2020.

③ OECD Nuclear Energy Agency, "Regulatory and Institutional Framework for Nuclear Activities", https://www.oecd-nea.org/law/legislation/, March 6, 2020.

④ OECD Nuclear Energy Agency, "Regulatory and Institutional Framework for Nuclear Activities", https://www.oecd-nea.org/law/legislation/, March 6, 2020.

员）职位的资格手册，定义从业人员资格要求；在发生事故时，组织和支持核设施控制系统恢复功能；创建、开发和支持自动化信息和分析服务系统以监测俄罗斯联邦境内辐射情况；制定、批准和颁布原子能使用安全手册；参加原子能使用领域的认证活动。根据俄罗斯联邦法律，联邦环境、工业和核监督局对原子能用途领域的活动进行许可，并对涉及该局权限的其他类型的活动进行许可。①

### 九、印度

1983 年 11 月，印度成立了原子能管理委员会。根据法律规定，原子能管理委员会拥有主管当局的权力，可根据《原子能法》实施有关辐射安全的法规，也有权按照《工厂法》的规定保障核工业安全。原子能管理委员会负责所有核设施的安全监管，通过深入审查避免核活动对公众和工厂人员造成放射风险。原子能管理委员会有权管理核设施审批、建设、调试、操作、退役等各种活动。同时，原子能管理委员会拥有用于选址、设计审查和授权的咨询委员会。咨询委员会在核设施的设计和调试阶段进行详细安全评估。然后，原子能管理委员会根据咨询委员会的建议发布许可。工厂运营期间的安全评估由运营工厂安全委员会进行。原子能管理委员会还要求所有核设施都建立应急准备程序和组织。②

## 第二节　核安全监督管理体制设计的关键问题

"为确保对核设施进行有效的安全监管，至关重要的是监管机构必须独立并且拥有法律授权、技术能力和强大的安全文化。"③ 为了实现这一要求，在展开核安全监督管理体制设计时，需要重点考虑监管机构的独立性、组织模式和多部门协调因素。本节将主要围绕这些问题展开探讨。

---

① Federal Environmental, Industrial and Nuclear Supervision, "Basic Activities of Federal Environmental, Industrial and Nuclear Supervision Service", http://en.gosnadzor.gov.ru/activity/, March 6, 2020.

② International Atomic Energy Agency, "Country Nuclear Power Profiles", https://www-pub.iaea.org/MTCD/Publications/PDF/cnpp2019/pages/index.htm., March 6, 2020.

③ International Atomic Energy Agency, "Ensuring Robust National Nuclear Safety Systems — Institutional Strength in Depth", https://www-pub.iaea.org/MTCD/Publications/PDF/P1779_web.pdf, March 6, 2020.

## 第二节 核安全监督管理体制设计的关键问题

### 一、监管机构的组织形式

虽然基于3"S"理念,"由一个组织对核安全、安保和保障措施实施监管控制,在系统有效性和效率方面具有优势"①,但这只是一种理想方案。实践中,核安全监管体制设计受到诸如法律基础结构、历史文化传统、政府组织形式、技术因素、财政和人力资源等诸多因素影响②,很难按照一种固定模式展开。从国外情况看,关于核安全监管机构的设计安排主要存在以下两种类型:

第一种类型——核安全监管机构的性质是政府行政部门。在这种类型下,核安全监管机构是政府所属部门,在法律授权下从事核安全事务监督管理,与运营者之间是管理与被管理关系。它又可以具体分为两种形态。第一种形态是专门成立一个部门对核有关事务进行监管。例如,1986年,前苏联成立了核动力工业部;1994年,比利时根据《保护公众和环境免受辐射影响法》设立联邦核控制局;2001年,斯洛伐克成立了核监管局③;2002年,法国重组成立了核安全与辐射防护总局④等。第二种形态是将监管机构设置于一个母组织中。⑤ 这个母组织可能是核能开发利用部门,如,2011年福岛核电站事故发生以前,日本核安全监管部门核工业安全局设在经济、贸易和工业部下;也可能是生态环境部门,如德国联邦环境、自然保护与核安全部下设联邦辐射防护办公室;瑞典环境部下设辐射安全局等。从趋势看,下设在生态环境部门的情况越来越多的,其原因在于可以保持机构独立性,避免核安全监管与核能开发利用归属于一个部门管理。例如,2012年,日本成立核监管局替代了核工业安全局,并从经济、贸易和工业部下属司局转变为环境省下属司局。

第二种类型——核安全监管机构的性质属于独立机构。它们一般以委员会、理事会命名。如美国核监管委员会、加拿大核安全委员会、西班牙核安全

---

① International Atomic Energy Agency,"Handbook on Nuclear Law: Implementing Legislation",https://www.iaea.org/publications/8374/handbook-on-nuclear-law-implementing-legislation, March 6, 2020.

② [美]卡尔顿·施托伊贝尔等著:《核法律手册》,王玉荟等译,原子能出版社2010年版,第23页。

③ OECD Nuclear Energy Agency,"Regulatory and Institutional Framework for Nuclear Activities",https://www.oecd-nea.org/law/legislation/, March 6, 2020.

④ 陈刚主编:《世界原子能法律解析与编译》,法律出版社2011年版,第35页。

⑤ [美]卡尔顿·施托伊贝尔等著:《核法律手册》,王玉荟等译,原子能出版社2010年版,第24页。

委员会、印度原子能管理委员会等。有些委员会或者理事会履职时直接对总统或者总理负责。如美国核监管委员会直接对总统负责；1945年法国设立的原子能委员会直接对总理负责。组成人员的任命一般比较慎重。例如，美国核监管委员组成人员由总统在参议院建议情况下任命；加拿大核安全委员会组成人员由总督会同行政局任命。此外，为了保持机构独立性，一些国家对委员任职年限、资格作出了规定。例如，加拿大核安全委员会常任理事是永久性的、兼职的，只能因故罢免。他们必须恪守最高道德标准和利益冲突准则并公正地履职。[1]

这两种模式各有优劣。第一种模式下监管机构属于行政序列中的一员，可以依循行政组织管理原则进行分工安排，明确监管职责，实施行政许可审批、检查和处罚，便于对营运者进行监管。其不足之处在于偏重行政化，技术支撑亟待加强，仍然需要借助外部组织，如咨询机构提供专业建议和意见。同时，监管机构有时会面临平衡安全监管与核能发展目标的困境。例如，1954年美国《原子能法》赋予了原子能委员会探索和平利用核能的责任，但面临协调监管和能源开发职责的矛盾[2]，之后该委员会被拆分为两个机构。核监管委员会负责安全监管，能源部负责规范能源开发利用。同样的情况也发生在日本。2012年以前，日本将核工业安全局设在经济、贸易和工业部。福岛核电站泄漏事故调查指出，"监管机构缺乏独立性被认为是事故的原因之一"。[3] 之后，日本不得不新设核安全监管机构并将其置于环境省。第二种模式也有优缺点。优点是监管机构相对独立，受到其他政府机关、企业等的影响较少，能够根据科学知识依凭专业判断作出合理决策。不足之处则在于，决策和执行可能分离，检查、强制执行立法、处罚等措施仍然需要其他机构配合；由于不是行政机关，需要新建一整套规范其运行的程序、救济措施等。

事实上，"现有方案中没有哪一个方案对所有国家都适合"[4]。在这种情况下，相对于比较两种模式的优劣，更重要的是两个方面：一方面是不管哪种

---

[1] OECD Nuclear Energy Agency, "Regulatory and Institutional Framework for Nuclear Activities", https：//www.oecd-nea.org/law/legislation/, March 6, 2020.

[2] International Atomic Energy Agency, "Country Nuclear Power Profiles", https：//www-pub.iaea.org/MTCD/Publications/PDF/cnpp2019/pages/index.htm., March 6, 2020.

[3] OECD Nuclear Energy Agency, "Regulatory and Institutional Framework for Nuclear Activities", https：//www.oecd-nea.org/law/legislation/, March 6, 2020.

[4] ［美］卡尔顿·施托伊贝尔等著：《核法律手册》，王玉荟等译，原子能出版社2010年版，第23页。

模式都应该保证监管机构的独立性，确保"关键的监管职能和决策存在必要和有效的分开和独立性"。① 无论监管机构是政府部门还是独立机构，都应确保安全监管决定不会受到外在因素的干扰。另一方面则是"确保机构能够履行义务以及高效、独立地执行职能"。② 它不仅需要确保监管机构配备充分的人员、资金、办公条件、信息技术、支持服务及其他资源，还需要建立符合监管机构使命的强大安全文化，包括独立、公正、透明、客观和基于证据展开决策；基于科学和技术方法对安全的承诺；为公共利益行事，对决定负责任；在监管机构的所有活动中都应尊重、公平和礼貌；与公众和其他有关方面打交道的开放性和透明度，以增强对监管机构的信任。③

## 二、监管机构的独立性

在面对安全与发展价值权衡时，监管机构应当坚持安全优先原则，而监管机构的有效独立性是确保安全的关键因素。一些国际法律文件中已经对监管机构的独立性作出了规定。如，《核安全公约》规定："每一缔约方应采取适当步骤确保将监管机构的职能与参与促进或利用核能的任何其他机构或组织的职能有效地分开。"④《乏燃料管理安全和放射性废物管理安全联合公约》规定："每一缔约方应依照其立法和监管框架采取适当步骤，以确保在几个组织同时参与乏燃料或放射性废物管理和控制的情况下监管职能有效独立于其他职能。"⑤ 国际原子能机构安全标准《促进安全的政府、法律和监管框架 一般安全要求》指出："监管机构独立于政府；必须确保监管机构在安全相关决策上的有效独立，并确保监管机构与拥有可能不适当地影响其决策之职责或利益的实体在职能上分离。"⑥

---

① ［美］卡尔顿·施托伊贝尔等著：《核法律手册》，王玉荟等译，原子能出版社2010年版，第25页。
② ［美］卡尔顿·施托伊贝尔等著：《核法律手册》，王玉荟等译，原子能出版社2010年版，第23页。
③ International Atomic Energy Agency, "Organization, Management and Staffing of the Regulatory Body for Safety", https：//www-pub.iaea.org/MTCD/Publications/PDF/P1801_web.pdf., March 6, 2020.
④ 《核安全公约》第八条。
⑤ 《乏燃料管理安全和放射性废物管理安全联合公约》第二十条。
⑥ 国际原子能机构：《促进安全的政府、法律和监管框架》，载国际原子能机构网站，https：//www.iaea.org/zh/publications/11039/governmental-legal-and-regulatory-framework-for-safety.，2020年3月1日最后访问。

理解监管机构的独立性可以从正反两方面入手。从肯定性内涵看，所谓监管独立性主要表现为监管机构在科学和可靠技术以及相关经验的基础上独立作出决定，与明确的安全目标以及相关的法律和技术标准相一致，并保持决策的透明度和可追溯性①，"即监管机构应当能够在法律政治框架内纯粹出于确保公众得到适当保护目的独立作出决定"②。进言之，监管机构的独立性是为了保障决策的科学性、程序性和公开性所作的必要规定，独立性要求不是终极目标而是实现决策科学性、合理性并为公众所接受的手段。从排斥性内涵看，监管独立性意味着在一定程度上不受干扰，其目的是将监管机构的职能与促进或利用核能有关的任何其他机构或组织职能进行有效区分。③ 它具体表现为：监管机构应有效地独立于政府部门和机构，特别是那些管理核能开发利用事务的部门；监管机构也应有效地独立于促进或反对核技术的利益集团，包括核设施营运者、产业协会、反核组织等。

事实上，为了实现监管独立性要求，一些国家对原有的监管机构已经作出了调整。例如，日本在福岛核电站事故以后，将原本设在经济、贸易和工业部下的核工业安全局调整为核工业安全局，并归属于环境省管理；美国将原子能委员会拆分为两个机构，核监管委员会负责安全监管，能源部负责规范能源开发利用；20世纪60年代初，法国政府成立了核管理局，负责监督核设施运行安全，把核电站运营单位和核安全监督机构的职能分开④。还有一些国家则因为监管机构独立性不够而受到批评。例如，2012年，印度主计审计长公署在向印度国会提交的一份报告中指出，与国际标准相比，印度的核监管体系存在严重缺陷以及大量问题。⑤ 在印度，核安全监管机构原子能监管委员会下属于原子能委员会，而原子能委员会主席兼任印度原子能部部长，既是核电政策的制定者又是核设施安全的监管者。这种缺陷导致原子能监管委员会"不能有效地

---

① International Atomic Energy Agency, "Independence in Regulatory Decision Making INSAG-17", https：//www-pub.iaea.org/MTCD/Publications/PDF/Pub1172_web.pdf., March 6, 2020.

② [美] 卡尔顿·施托伊贝尔等著：《核法律手册》，王玉荟等译，原子能出版社2010年版，第24页。

③ International Atomic Energy Agency, "Independence in Regulatory Decision Making INSAG-17", https：//www-pub.iaea.org/MTCD/Publications/PDF/Pub1172_web.pdf., March 6, 2020.

④ 陈刚主编：《世界原子能法律解析与编译》，法律出版社2011年版，第34页。

⑤ 伍浩松：《印度核监管体系存在严重缺陷》，载《国外核新闻》2012年第9期。

制定有关核安全与辐射安全的规章。自其于 1983 年正式组建以来,该委员会从来没有编制可于为各种较低辐射水平制定辐射安全规划的核安全与辐射安全总政策。该委员会无权设定各种违规行为的罚款数额,其自身也无权实施任何罚款"。①

当然,监管机构的独立性也不是绝对的。"监管机构不能在政府其他各方面绝对独立:就像其他政府组织一样,它必须在国家法律体系内并且在预算约束下运作。"② 因此,要求监管机构与其他政府机构完全隔离是不现实的。监管机构所追求的独立性并不是"绝对独立性",而应是"有效独立性"③。负责任的监管决策的作出需要政府机构与非政府机构以合法的形式适当参与,但是监管机构必须能够行使其关键监管职能,包括标准制定、授权、检查、执行等,开展这些工作不会受到不适当的压力或约束,能够保证监管和非监管职能的机构分离;监管官员任职期限相对固定;拥有独立的预算和雇佣权限;与上级组织之间没有相互冲突的职责;持续保持公开与透明等。④

实现监管机构的独立性需要接受来自外部和内部的挑战。国际原子能机构认为,这些外部干扰可能来自政治利益、工业利益和其他利益团体,它们通过不必要的互动试图影响单个决策者和政治团体、被许可人以及诸如非政府组织之类的参与者的态度。内部挑战则包括缺乏明确的安全目标和标准、能力不足、对个人决策者的过度依赖、缺乏明确的任命标准等⑤。化解这些挑战需要多方面的努力,其具体措施可以分为三个层次:建立规范监管活动及其相关目标、原则和价值的法律框架,包括为监管活动提供充足和稳定资金的法律基础;建立和实施明确定义的监管决策程序;为监管机构制订和实施明确定义的能力管理计划,其中包括人力资源内部管理计划,并提供必要的手段

---

① 伍浩松:《印度核监管体系存在严重缺陷》,载《国外核新闻》2012 年第 9 期。
② International Atomic Energy Agency, "Independence in Regulatory Decision Making INSAG-17", https://www-pub.iaea.org/MTCD/Publications/PDF/Pub1172_web.pdf., March 6, 2020.
③ International Atomic Energy Agency, "Handbook on Nuclear Law: Implementing Legislation", https://www.iaea.org/publications/8374/handbook-on-nuclear-law-implementing-legislation, March 6, 2020.
④ International Atomic Energy Agency, "Handbook on Nuclear Law: Implementing Legislation", https://www.iaea.org/publications/8374/handbook-on-nuclear-law-implementing-legislation, March 6, 2020.
⑤ International Atomic Energy Agency, "Independence in Regulatory Decision Making INSAG-17", https://www-pub.iaea.org/MTCD/Publications/PDF/Pub1172_web.pdf., March 6, 2020.

## 第五章 核安全监督管理体制

以确保获得独立的科学和技术支持。其中，建立规范监管活动及其相关目标、原则和价值的法律框架可以细分为明确监管机构的法律地位和权力①、设定一般安全目标②、建立申诉机制③和问责制④、实现财务的保证⑤；建立和实施明确定义的监管决策程序可以细分为确保信息完整性⑥、保存文献资

---

① 国际原子能机构认为，必须在较高政治级别如议会或者中央政府制定的国家法律文书中明确定义一个或多个监管机构的独立法律地位和决策权。特别是，监管机构必须有权通过或制定安全法规，以实施立法机关通过的法律。监管机构还必须有权作出决定，包括有关执法行动的决定。International Atomic Energy Agency, "Independence in Regulatory Decision Making INSAG-17", https://www-pub.iaea.org/MTCD/Publications/PDF/Pub1172_web.pdf., March 6, 2020.

② 国际原子能机构认为，有关机构通过的核安全法律或其他类型的法律文书，需要从总体上规定由监管机构监管要实现的安全目标。International Atomic Energy Agency, "Independence in Regulatory Decision Making INSAG-17", https://www-pub.iaea.org/MTCD/Publications/PDF/Pub1172_web.pdf., March 6, 2020.

③ 国际原子能机构认为，监管决策的独立性并不会消除法律救济程序的必要性。在申诉程序中，被许可人和其他利益相关者被赋予通过适当法律程序质疑监管决策的合法权利。需要有针对监管决定进行上诉的特定法律机制，并且必须满足预定义的条件才能考虑诉讼。International Atomic Energy Agency, "Independence in Regulatory Decision Making INSAG-17", https://www-pub.iaea.org/MTCD/Publications/PDF/Pub1172_web.pdf., March 6, 2020.

④ 国际原子能机构认为，监管决策的独立性并不能消除问责制的必要性。可以通过以下几种方法来提供这种责任制，例如，通过定期向政府和议会进行公开报告，以及通过专业认可的审计和同行评审程序。如果此类审核和同行评审程序表明监管机构的专业表现不合格，则议会和政府有责任和权力确保采取适当的纠正措施。International Atomic Energy Agency, "Independence in Regulatory Decision Making INSAG-17", https://www-pub.iaea.org/MTCD/Publications/PDF/Pub1172_web.pdf., March 6, 2020.

⑤ 国际原子能机构认为，法律应明确规定筹资机制。如果要从被许可方那里收回监管活动的成本，则需要设计融资机制，以防止被许可方滥用该机制，从而降低监管独立性。监管机构的预算不应由负责开发或推广核技术的政府部门决定或批准，也不应依靠从被许可方处以的罚款。此外，预算程序的设计应使监管机构的合法财务需求和资金不足的后果引起决策者的注意。International Atomic Energy Agency, "Independence in Regulatory Decision Making INSAG-17", https://www-pub.iaea.org/MTCD/Publications/PDF/Pub1172_web.pdf., March 6, 2020.

⑥ 国际原子能机构认为，用作监管决策基础的信息应当是相关且足够完整的，必须考虑实现这一目标的几种机制，例如内部磋商、外部科学和技术专家与咨询机构的磋商，以及从被许可人和其他利益相关者那里获取更多信息。International Atomic Energy Agency, "Independence in Regulatory Decision Making INSAG-17", https://www-pub.iaea.org/MTCD/Publications/PDF/Pub1172_web.pdf., March 6, 2020.

料①、开放透明②、对受监管行业和社会变化进行回应③、审查和审核监管绩效④等内容;为监管机构制定和实施明确定义的能力管理计划可以细分为加强监管机构中的人力资源管理⑤、获得独立的外部专业知识和研究支持⑥等。

---

① 国际原子能机构认为,应保留记录(最好是书面文件),以保留制定决策时实际使用的所有相关信息。International Atomic Energy Agency, "Independence in Regulatory Decision Making INSAG-17", https://www-pub.iaea.org/MTCD/Publications/PDF/Pub1172_web.pdf., March 6, 2020.

② 国际原子能机构认为,监管机构不仅要有权力和义务将其监管决定及其基础文件传达给有关的被许可人,而且还应尽可能向公众公开此信息。公众获取信息后,监管决策的独立性接受公众审查。International Atomic Energy Agency, "Independence in Regulatory Decision Making INSAG-17", https://www-pub.iaea.org/MTCD/Publications/PDF/Pub1172_web.pdf., March 6, 2020.

③ 国际原子能机构认为,要在监管机构的决策中保持独立性,就必须在早期阶段就能够确定其监管的行业和社会中可能存在安全隐患的结构性变化,并在必要时通过修改其监管活动来应对。International Atomic Energy Agency, "Independence in Regulatory Decision Making INSAG-17", https://www-pub.iaea.org/MTCD/Publications/PDF/Pub1172_web.pdf., March 6, 2020.

④ 国际原子能机构认为,一项针对监管绩效的专业审查和审核的系统程序,对于促进监管机构决策的独立性以及总体绩效的提升是一个有用工具。需要参加各种类型的国际专业合作与比较活动,以检查各种监管活动中使用的方法、模型和数据是否符合国际公认的惯例;系统地和有条理地使用外部和独立的科学技术建议和审查,特别是在制定更重要的监管决策时;定期进行正式的内部质量审核和自我评估;由外部同行审查特定监管活动或问题或监管机构整体的绩效。重要的是,必须公开此类审查和审核的结果,结论和建议以及监管机构的回应。International Atomic Energy Agency, "Independence in Regulatory Decision Making INSAG-17", https://www-pub.iaea.org/MTCD/Publications/PDF/Pub1172_web.pdf., March 6, 2020.

⑤ 国际原子能机构认为,监管机构决策的独立性在很大程度上取决于员工的能力。需要三种能力:具有运用法律程序、道德原则和行为守则的能力;监管被许可人的设施、组织和活动的能力;在相关科学技术领域的能力。International Atomic Energy Agency, "Independence in Regulatory Decision Making INSAG-17", https://www-pub.iaea.org/MTCD/Publications/PDF/Pub1172_web.pdf., March 6, 2020.

⑥ 国际原子能机构认为,为了深入评估和审查科学和技术上复杂的安全问题,监管机构通常需要获得在相关科学技术领域具有专业能力的独立外部专家。即使是当监管机构本身具有相当的科学和技术能力时,也是如此。为此类科学和技术支持职能提供充足、稳定的资金,对于确保这些支持职能的可用性和独立性至关重要。International Atomic Energy Agency, "Independence in Regulatory Decision Making INSAG-17", https://www-pub.iaea.org/MTCD/Publications/PDF/Pub1172_web.pdf., March 6, 2020.

## 三、监管机构间的协调

除了主要的监管机构以外,由于核能开发利用与安全监管涉及跨领域健康、安全和环境影响,因此,监管体制设计还需要处理监管机构与其他部门、外部组织之间的协调问题。这些需要协调的关系包括监管机构自身的横向与纵向关系;与国际组织之间的关系;与外部咨询委员会之间的关系以及与营运者之间的关系等。

### (一) 监管体系内的横向与纵向关系

从纵向层面看,主要是中央和地方在核安全监管权力上的分配问题。一般而言,由于核安全管理的特殊性,中央政府在核安全监管上更具话语权。例如,关于核活动,《墨西哥宪法》规定,战略领域的发展将是公共部门的专有责任,而联邦政府将始终保持对为此目的建立的公共机构的所有权和控制权,与铀矿和核发电有关的事项在战略领域之内。[1] 在德国,2006年《基本法修正案》将核安全领域的立法权专门授予联邦政府;[2] 在美国,中央和地方关系会更有弹性。联邦政府承担了核安全监管的主要责任。地方各州可以在联邦政府未被授权的方面作出规定,制定比联邦政府更为严格的管理标准,还可以与美国核监管委员会达成协议管理核材料及其副产品。达成协议后,美国核监管委员会应将部分监管权限交给达成协议的州,但该州的管理计划必须与核监管委员会标准兼容。到2016年,已经有37个州与美国核监管委员会达成协议,接受核监管委员会授权对某些核材料和核活动进行管辖。[3] 在俄罗斯,自治地方机关也具有一定权限。《俄罗斯联邦原子能法》第十二条规定:自治地方机关参与讨论与决定在其管辖领土内的核装置、放射源和保存地的分布问题;作出属于自治组织所有的在其管辖领土内的放射源、放射性物质和不含核材料的放射性废物的分布与建造的决定;参与进行用于在其管辖领土内建造核装置、放射源和保存地的原子能利用设施设计的生态评估;通过大众媒

---

[1] OECD Nuclear Energy Agency, "Regulatory and Institutional Framework for Nuclear Activities", https://www.oecd-nea.org/law/legislation/, March 6, 2020.

[2] OECD Nuclear Energy Agency, "Regulatory and Institutional Framework for Nuclear Activities", https://www.oecd-nea.org/law/legislation/, March 6, 2020.

[3] OECD Nuclear Energy Agency, "Regulatory and Institutional Framework for Nuclear Activities", https://www.oecd-nea.org/law/legislation/, March 6, 2020.

体向居民通知在其管辖领土内的放射性设施。① 应当指出的是，中央和地方关系会因各国国情、体制的不同而有差异。但中央会将一些事项列入其专属管辖范围。如在美国，核设施许可证审批、高放射性废物的处置、放射性材料的运输、原子能的军事利用等事项就是如此。② 当然也有一些事项应突出地方管理的重要性。例如，核设施所在地方应当加强核应急管理能力，制定核应急预案等。

从横向层面看，主要是核安全监管部门与其他部门的关系问题。这些机构关系可以分为两个层次。第一层次是核安全监管部门与能源开发利用部门、生态环境部门、核安保和核保障部门的关系；第二层次是核安全监管部门与交通运输部门、消防部门、应急准备和响应部门、国家安全部门、土地管理部门、水利部门等部门的关系。在第一层次中，核安全监管部门与能源开发利用部门、生态环境部门的关系较为密切。如前所述，有些国家将核安全监管机构设置于能源开发利用部门之中。例如，美国核安全监管部门是核监管委员会和能源部；更多的一些国家将核安全监管机构设置于生态环境部门中。例如，德国联邦环境、自然保护与核安全部下设联邦辐射防护办公室；瑞典环境部下设辐射安全局；日本核监管局归属于环境省管理。在第二层次中，核安全监管部门与其他部门之间都是执法部门，其执法权限分配通过法律授权确定。例如，德国联邦教育与研究部负责核科学研究；联邦财政部和海关负责监督核燃料和其他放射性物质的进出口；联邦运输、建筑和城市事务部指定的铁路局负责监督德国境内通过铁路和轮船运输放射性物质的情况；联邦经济技术部长负责国际核合作，特别是与国际原子能机构、经合组织核能机构和欧洲原子能机构的合作。联邦经济与出口控制局负责核材料的进出口许可证颁发。③ 日本除了核监管局负责核安全事务以外，经济产业省负责核能开发利用，包括制定政策和推动核技术发展；国土交通省负责放射性物质运输；教育、文化、体育和科学技术部负责促进核能研究与开发，其下属核责任司负责核第三方责任，以帮助复

---

① 《俄罗斯联邦原子能法》第十二条规定自治地方机关在原子能利用领域的权限。转引自陈刚主编：《世界原子能法律解析与编译》，法律出版社2011年版，第445页。
② 陈刚主编：《世界原子能法律解析与编译》，法律出版社2011年版，第8页。
③ OECD Nuclear Energy Agency, "Regulatory and Institutional Framework for Nuclear Activities", https：//www.oecd-nea.org/law/legislation/, March 6, 2020.

兴受福岛第一核电站灾难影响的社区。①

从横向层面看,"如果监管机构由一个以上的机构组成,则应进行有效的安排以确保明确定义和协调监管职责和职能,以避免任何遗漏或不必要的重复,并防止对营运者和许可证持有者提出相冲突的要求"。② 因此,如何克服监管机构之间的矛盾冲突是一个重要课题。具体的解决方案主要有立法规定和协议明确两种。从立法角度看,"建立监管机构的立法可以有效地定义该机构与其他政府机构之间的关系"③,避免混乱和纠纷。一些国家已经在立法中对监管机构的职能作出了规定。例如,《俄罗斯联邦原子能法》第二部分规定了俄罗斯联邦总统④、俄罗斯联邦议会⑤、俄罗斯联邦政府⑥和原子能利用领域

---

① OECD Nuclear Energy Agency, "Regulatory and Institutional Framework for Nuclear Activities", https://www.oecd-nea.org/law/legislation/, March 6, 2020.

② International Atomic Energy Agency, "Legal and Governmental Infrastructure for Nuclear, Radiation, Radioactive Waste and Transport Safety", https://www.iaea.org/publications/5861/legal-and-governmental-infrastructure-for-nuclear-radiation-radioactive-waste-and-transport-safety., March 6, 2020.

③ International Atomic Energy Agency, "Handbook on Nuclear Law: Implementing Legislation", https://www.iaea.org/publications/8374/handbook-on-nuclear-law-implementing-legislation, March 6, 2020.

④ 《俄罗斯联邦原子能法》第七条规定:俄罗斯联邦总统在原子能利用领域的权限。俄罗斯联邦总统在原子能利用领域:确定原子能利用领域的国家政策和基本路线;作出关于原子能利用安全问题的决定;作出关于在原子能利用时紧急情况后果预防与消除问题的决定。转引自陈刚主编:《世界原子能法律解析与编译》,法律出版社2011年版,第442页。

⑤ 《俄罗斯联邦原子能法》第八条规定:俄罗斯联邦议会在原子能利用领域的权限。俄罗斯联邦议会在原子能利用领域:通过原子能利用领域的联邦法律;批准属于联邦预算的原子能利用领域活动经费的预算支出;批准处置在原子能利用时紧急情况后果处理措施的预算支出;举行原子能利用问题的议会听证。转引自陈刚主编:《世界原子能法律解析与编译》,法律出版社2011年版,第442页。

⑥ 《俄罗斯联邦原子能法》第九条规定:俄罗斯联邦政府在原子能利用领域的权限。俄罗斯联邦政府在原子能利用领域:根据俄罗斯联邦宪法、联邦法律、俄罗斯联邦总统规范性命令颁布原子能利用领域的法规与指示;组织制定、批准和保障实施原子能利用领域的联邦目标规划;根据俄罗斯联邦法律规定原子能利用管理机关和国家安全监督机关的职能、活动程序、权力和义务;管理属于联邦所有的核材料、核装置、放射源、保存地和放射性物质;作出关于设计、建造、使用、退役属于联邦所有或者具有联邦或跨地区意义的(包括处于封闭性行政领土内受支配的)核装置、放射源、保存地的决定;作出(转下页)

的联邦行政机关的权限①。韩国《原子能法》第二章规定了原子能委员会②与核安全委员会③的职能。从协议角度看，国际原子能机构倡导，"如果监管机构和其他组织的职责相互作用或具有较多联系，则应通过正式协议建立这些

(接上页) 关于制造与生产具有联邦用途的核装置、放射源和保存地的决定；制定公民社会保护的措施，保障支付因电离辐射产生的负面影响和因原子能利用设施工作人员的额外风险因素的社会经济补偿；保障根据本联邦法律第57条的规定支付因放射活动造成的损失；规定原子能利用领域的核装置、核设备、核技术、核材料、放射性物质、特殊非核材料和服务的进出口程序；决定根据法律为加工之目的把乏燃料（包括在加工之前的临时存放的技术过程）进口到俄罗斯联邦的问题；保障核材料的自然保护，以及属于联邦所有的核装置、放射源、保存地与放射性物质；监督根据俄罗斯联邦参加的原子能利用领域的国际条约中俄罗斯联邦义务的履行；行使俄罗斯联邦宪法、联邦法律和俄罗斯联邦总统命令授予的其他职权。转引自陈刚主编：《世界原子能法律解析与编译》，法律出版社2011年版，第443页。

① 《俄罗斯联邦原子能法》第十条规定：联邦行政机关的权限。联邦行政机关根据俄罗斯联邦法律规定的程序，作出具有国防用途且属于联邦所有的或者具有联邦或跨地区意义的核装置放射源、保存地的分布地方的决定；根据俄罗斯联邦法律规定的程序进行原子能利用领域的设计文件与其他文件的国家生态评估；保障在原子能利用时公民权利保护；保障在原子能利用时环境安全与保护；采取消除在原子能利用时事故后果的措施；行使属于俄罗斯联邦所有的核装置、放射源、保存地和放射性物质所有人的权利；实施保障核装置、放射源和保存地安全的措施；作出建造具有国防用途并属于联邦所有的或者具有联邦或跨地区意义的核装置、放射源、保存地的决定，作出弃用前述设施的决定，以及作出继续保存放射性废物的决定；组织保障属于联邦所有的核装置、放射源、保存地、核材料与放射性物质的自然保护；实施原子能利用领域专家的培训活动（包括核装置、放射源、核材料与放射性物质利用专家的培训活动）；制定与实施包含原子能利用设施的社会经济发展与领土生态安全的综合规划。转引自陈刚主编：《世界原子能法律解析与编译》，法律出版社2011年版，第443页。

② 韩国《原子能法》第四条规定委员会职能。委员会应就属于以下任何款项的事项进行审议并作出决定：1. 有关核能利用的综合与协调；2. 制定促进核能发展的综合计划；3. 核能利用经费的评估和分配计划；4. 促进有关核能利用的实验与研究；5. 培养和培训核能利用方面的研究人员、工程师和技术人员；6. 放射性废物管理措施；以及7. 委员会讨论中提到的委员会主席认为重要的其他事项。转引自陈刚主编：《世界原子能法律解析与编译》，法律出版社2011年版，第482页。

③ 韩国《原子能法》第五之二条规定安全委员会职能。安全委员会应就属于以下任何款项的事项进行审议并作出决定：1. 有关核能安全控制事项的综合与协调；2. 核材料和核反应堆的控制；3. 防止核能利用过程中由放射性照射可能造成的危害；4. 核能安全控制经费的评估和分配计划；5. 促进有关核能安全控制的实验与研究活动；6. 培养和培训核能安全控制方面的研究人员、工程师和技术人员；7. 核废物的安全控制；8. 对辐射造成的灾害采取的对策；以及9. 安全委员会讨论中提到的安全委员会主席认为重要的其他事项。转引自陈刚主编：《世界原子能法律解析与编译》，法律出版社2011年版，第482~483页。

机构之间的联络,该协议规定每个机构的职责,对接领域以及解决不同机构之间冲突的方法"①。借助这些协议,可以进一步明确每个部门的职责范围、建立联动机制和冲突化解机制,在部门间形成良好关系确保不向营运者提出相互冲突的管制要求。

此外,还可以通过跨部际的委员会如国家安全委员会、国家能源政策委员会、应急管理委员会或外交政策委员会等②来协调部门间关系。例如,意大利专门设置了部际协商与协调委员会。该部际委员会根据1964年《关于辐射防护的第185号总统令》成立,并得到第230/95号令确认。根据工业部长的提议,委员会成员由意大利总理任命。其中,能源和矿业资源总干事为主席,其余为有关部委代表。委员会负责协调各部门实施第230/95号法令的活动③。从具体部门对接形式看,可以通过建立信息互通平台、定期举行联络会议、设置联络员等方式实现部门互动。"为帮助促进与其他组织保持较好的工作关系,监管机构应该指定一个人或一个组织单位负责安排联系工作。应该使监管机构的所有工作人员都能了解出现重叠责任的原因和重叠责任的影响,并且了解良好的工作关系在所有层次上都是必要的这一事实。"④

(二) 监管机构与咨询机构间的关系

核安全监管离不开专业技术优势,而一旦"监管机构在技术或职能领域不能完全自足,并且因此无法履行审查、评价、许可证审批、检查或执行责任,法律就应当使其能够从外部寻求建议或支持"。⑤ 换言之,监管机构在必要时需要从外部获取技术支持,与咨询机构、顾问等形成一种良性合作关系。

---

① International Atomic Energy Agency, "Organization, Management and Staffing of the Regulatory Body for Safety", https://www-pub.iaea.org/MTCD/Publications/PDF/P1801_web.pdf., March 6, 2020.

② International Atomic Energy Agency, "Handbook on Nuclear Law: Implementing Legislation", https://www.iaea.org/publications/8374/handbook-on-nuclear-law-implementing-legislation, March 6, 2020.

③ OECD Nuclear Energy Agency, "Regulatory and Institutional Framework for Nuclear Activities", https://www.oecd-nea.org/law/legislation/, March 6, 2020.

④ 国际原子能机构:《核设施监管机构的组织和人员配备》,载国际原子能机构网站:https://www-pub.iaea.org/MTCD/Publications/PDF/Pub1129c_web.pdf.,2020年3月1日最后访问。

⑤ [美] 卡尔顿·施托伊贝尔等著:《核法律手册》,王玉荟等译,原子能出版社2010年版,第23页。

## 第二节 核安全监督管理体制设计的关键问题

从国外情况看，设置咨询机构已经成为一种常态。例如，德国涉核事务的咨询机构包括反应堆安全委员会、辐射防护委员会、处置委员会、核技术委员等。① 比利时涉核事务的咨询机构包括电离辐射控制委员会、卫生理事会、安全、卫生和改善工作场所高级理事会、核不扩散咨询委员会、电力和天然气监管委员会等。② 日本涉核事务的咨询机构包括原子能委员会、反应堆安全审查委员会、核燃料安全检查委员会、辐射委员会等；③ 意大利涉核事务的咨询机构包括部际磋商与协调理事会、工人和公众辐射防护协调委员会、防止公共场所辐射危害的地区和省公共卫生保护委员会、核安全与卫生防护技术委员会等；④ 波兰涉核事务的咨询机构包括核安全和辐射防护理事会等；⑤ 芬兰涉核事务的咨询机构包括核安全咨询委员会、核安保咨询委员会；⑥ 葡萄牙涉核事务的咨询机构包括辐射防护和核安全独立委员会、国家辐射防护委员会、全国放射应急委员会等；⑦；瑞士涉核事务的咨询机构包括瑞士联邦核安全委员会、联邦放射防护和环境放射性监测委员会、联邦放射性应急组织等⑧；匈牙利涉核事务的咨询机构包括科学委员会等⑨英国涉核事务的咨询机构包括医学研究理事会、核安全咨询委员会、放射性废物管理咨询委员会等。⑩

---

① OECD Nuclear Energy Agency, "Regulatory and Institutional Framework for Nuclear Activities", https：//www.oecd-nea.org/law/legislation/, March 6, 2020.

② OECD Nuclear Energy Agency, "Regulatory and Institutional Framework for Nuclear Activities", https：//www.oecd-nea.org/law/legislation/, March 6, 2020.

③ OECD Nuclear Energy Agency, "Regulatory and Institutional Framework for Nuclear Activities", https：//www.oecd-nea.org/law/legislation/, March 6, 2020.

④ OECD Nuclear Energy Agency, "Regulatory and Institutional Framework for Nuclear Activities", https：//www.oecd-nea.org/law/legislation/, March 6, 2020.

⑤ OECD Nuclear Energy Agency, "Regulatory and Institutional Framework for Nuclear Activities", https：//www.oecd-nea.org/law/legislation/, March 6, 2020.

⑥ OECD Nuclear Energy Agency, "Regulatory and Institutional Framework for Nuclear Activities", https：//www.oecd-nea.org/law/legislation/, March 6, 2020.

⑦ OECD Nuclear Energy Agency, "Regulatory and Institutional Framework for Nuclear Activities", https：//www.oecd-nea.org/law/legislation/, March 6, 2020.

⑧ OECD Nuclear Energy Agency, "Regulatory and Institutional Framework for Nuclear Activities", https：//www.oecd-nea.org/law/legislation/, March 6, 2020.

⑨ OECD Nuclear Energy Agency, "Regulatory and Institutional Framework for Nuclear Activities", https：//www.oecd-nea.org/law/legislation/, March 6, 2020.

⑩ OECD Nuclear Energy Agency, "Regulatory and Institutional Framework for Nuclear Activities", https：//www.oecd-nea.org/law/legislation/, March 6, 2020.

## 第五章 核安全监督管理体制

从咨询机构的形式看，咨询机构既可以是一个成建制的专门机构，也可以是因为特定事项聘请的专家顾问。近年来，还出现了专门的技术支持组织（Technical Support Organizations，TSO），它们在核设施选址、设计、建造、调试、运行和退役整个生命周期内，为核安全监管部门或核设施营运单位提供技术支持的组织，旨在协助其有效和高效地履行职责，达到预定目标，满足相关法规、标准要求，确保核与辐射安全，保持并不断提高安全业绩水平。①

从咨询机构职责看，主要就监管机构如何有效履责提供建议；参与法律法规和技术导则制定；就有关核设施和活动许可提供建议。例如，德国咨询机构负责就有关核装置安全和放射性废物管理领域的事项向联邦环境、自然保护与核安全部提供咨询意见。② 意大利防止电离辐射危害公共区域委员会就有关保护公共健康免受电离辐射危害提出建议，参与与科学、工业和医学活动有关的放射源及放射性废物处置许可；意大利核安全与卫生防护技术委员会就与核装置和辐射紧急情况许可有关的问题提供建议。③ 澳大利亚辐射健康与安全咨询委员会主要审查与辐射防护和核安全有关的问题提出咨询建议；④ 波兰核安全和放射防护委员会就核设施的建造、调试、运行或退役许可问题发表意见，并起草法律法规以及技术建议，独立提出有关改进核监管机构活动的政策措施。⑤ 荷兰卫生委员会旨在向部长们介绍公共卫生领域当前的科学发展情况，在必要时提出建议。⑥ 葡萄牙放射防护和核安全独立委员会的作用在于提出有关放射防护和核安全立法；根据国际通行做法，评估葡萄牙核法律执行情况，并提出适当的行动方针；对保护大众免受电离辐射工作提出建议；核实葡萄牙传输给欧洲或国际机构的相关数据；跟踪放射防护和核安全方面的国际进展，

---

① 程建秀：《技术支持单位在核行业发展中的价值与作用》，载《中国核电》2008年第1期。

② OECD Nuclear Energy Agency, "Regulatory and Institutional Framework for Nuclear Activities", https: //www. oecd-nea. org/law/legislation/, March 6, 2020.

③ OECD Nuclear Energy Agency, "Regulatory and Institutional Framework for Nuclear Activities", https: //www. oecd-nea. org/law/legislation/, March 6, 2020.

④ OECD Nuclear Energy Agency, "Regulatory and Institutional Framework for Nuclear Activities", https: //www. oecd-nea. org/law/legislation/, March 6, 2020.

⑤ OECD Nuclear Energy Agency, "Regulatory and Institutional Framework for Nuclear Activities", https: //www. oecd-nea. org/law/legislation/, March 6, 2020.

⑥ OECD Nuclear Energy Agency, "Regulatory and Institutional Framework for Nuclear Activities", https: //www. oecd-nea. org/law/legislation/, March 6, 2020.

并向政府通报情况；与核部门其他机构合作。① 瑞士联邦放射防护和环境放射性监测委员会负责就与保护公众免受电离辐射危害的有关问题向管理当局提供建议。② 斯洛文尼亚辐射与核安全专家委员会主要就法规草案提出建议；就有关辐射防护和核安全年度报告发表看法；就管理当局年度工作计划发表意见等。③ 比利时联邦核控制局电离辐射科学委员会的主要任务在于就现有政策、Ⅰ类核设施的许可申请向管理当局提供建议。④

从咨询机构的人员组成看，可以"由国家监管机构、科学组织、高级技术专家、学术界和非政府组织代表构成"⑤，这些专家因为要完成额外的专门知识领域任务，因此其技术资格和经验应与监管机构中那些执行类似任务的工作人员处于同一水平或更高。国外的具体做法为：澳大利亚辐射健康与安全咨询委员会的成员包括澳大利亚辐射防护与核安全局局长、两名州、领地辐射防护管理官员、公众利益代表，由北领地首席部长提名的代表以及其他八名具有相关专业知识的成员。⑥ 波兰核安全和放射防护委员会由核安全、放射防护、实物保护和核材料保障领域的杰出专家组成⑦。葡萄牙放射防护和核安全独立委员会五名成员由总理任命，任期五年，没有酬劳，除非特殊情况不得罢免⑧。瑞士联邦放射防护和环境放射性监测委员会的成员来自大学、医学界和

---

① OECD Nuclear Energy Agency, "Regulatory and Institutional Framework for Nuclear Activities", https://www.oecd-nea.org/law/legislation/, March 6, 2020.

② OECD Nuclear Energy Agency, "Regulatory and Institutional Framework for Nuclear Activities", https://www.oecd-nea.org/law/legislation/, March 6, 2020.

③ OECD Nuclear Energy Agency, "Regulatory and Institutional Framework for Nuclear Activities", https://www.oecd-nea.org/law/legislation/, March 6, 2020.

④ OECD Nuclear Energy Agency, "Regulatory and Institutional Framework for Nuclear Activities", https://www.oecd-nea.org/law/legislation/, March 6, 2020.

⑤ International Atomic Energy Agency, "Organization, Management and Staffing of the Regulatory Body for Safety", https://www-pub.iaea.org/MTCD/Publications/PDF/P1801_web.pdf., March 6, 2020.

⑥ OECD Nuclear Energy Agency, "Regulatory and Institutional Framework for Nuclear Activities", https://www.oecd-nea.org/law/legislation/, March 6, 2020.

⑦ OECD Nuclear Energy Agency, "Regulatory and Institutional Framework for Nuclear Activities", https://www.oecd-nea.org/law/legislation/, March 6, 2020.

⑧ OECD Nuclear Energy Agency, "Regulatory and Institutional Framework for Nuclear Activities", https://www.oecd-nea.org/law/legislation/, March 6, 2020.

政府机构①。匈牙利科学委员会由匈牙利科学院、研究机构和大学的杰出教员组成。每年召开两次或三次会议，并就当前问题提供建议。② 比利时联邦核控制局电离辐射科学委员会由二十二名专家组成，这些专家根据其在核安全、放射防护和环境保护方面的知识被选拔出来。其中十六人由内政部长任命，另外六人由地区任命（每个地区两个，没有投票权）。此外，国家原子能机构负责人和技术部门负责人参加科学理事会的审议（无表决权）。③

从核监管机构与咨询机构的关系看，两者是相互联系的。正是因为核监管机构的业务需要才产生了咨询机构，核监管机构在一些情况下可以任命咨询机构组成人员，决定提供专家意见和建议所依据的程序，给予咨询机构资金支持和服务费用。咨询机构则可以弥补核监管机构专业技术之不足，提供专家服务和政策建议，为科学决策提供帮助。应当指出的是，由于核监管机构的决策很大程度上依赖于咨询机构的专业建议，因此，咨询机构也应像核监管机构一样保持相对独立，需要为此"作出安排以确保提供者充分独立于营运者或许可证持有者"。④ 而且还应强调的是即使咨询机构提出了专家意见，也并不意味着核监管机构就一定按照专家意见作出判断，核监管机构可以考虑更广泛的因素，而不单单只从科学技术层面进行判断，核监管机构应对其作出的决定负责。换言之，"技术性或非技术性建议均不应减轻监管机构作出决定和建议的责任"。⑤

（三）监管机构与国际组织间的关系

在核安全监管领域，有关国际组织相当活跃，包括国际原子能机构、经合

---

① OECD Nuclear Energy Agency, "Regulatory and Institutional Framework for Nuclear Activities", https://www.oecd-nea.org/law/legislation/, March 6, 2020.

② OECD Nuclear Energy Agency, "Regulatory and Institutional Framework for Nuclear Activities", https://www.oecd-nea.org/law/legislation/, March 6, 2020.

③ OECD Nuclear Energy Agency, "Regulatory and Institutional Framework for Nuclear Activities", https://www.oecd-nea.org/law/legislation/, March 6, 2020.

④ [美] 卡尔顿·施托伊贝尔等著：《核法律手册》，王玉荟等译，原子能出版社2010年版，第29页。

⑤ International Atomic Energy Agency, "Legal and Governmental Infrastructure for Nuclear, Radiation, Radioactive Waste and Transport Safety", https://www.iaea.org/publications/5861/legal-and-governmental-infrastructure-for-nuclear-radiation-radioactive-waste-and-transport-safety, March 6, 2020.

组织核能机构、欧盟委员会等。以国际原子能机构[①]为例，自从1954年联大决议通过、1957年正式成立以来，其成员国数量不断增加，至2019年2月5日达到了171个国家[②]，包括中国、美国、英国、法国、德国、俄罗斯、印度等主要国家。因此，对于大多数国家而言，作为国际组织成员，需要妥善处理与国际组织间的关系。

具体来看，主要有以下几个方面：首先，应该在本国设置国家联络点，规定国家联络官。这些机构和人员应作为一国政府与国际原子能机构秘书处之间的联系人，建立国家发展计划知识库，就国际合作的发展计划和优先事项与国际组织保持密切联系。同时，担任"国家计划框架"国家协调员，领导"国家计划框架"的编制工作[③]。其次，应积极参与一系列的国际合作活动，包括参与制定签署的有关国际公约、行为守则、国际公认的原子能机构安全标准等。最后，与邻国和其他有关国家展开双边或区域内信息交换合作，定期就特

---

[①] 根据《国际原子能机构规约》第三条的规定，机构有权：1. 鼓励和援助全世界和平利用原子能的研究、发展和实际应用；遇有请求时，充任居间人，使机构一成员国为另一成员国提供服务，或供给材料、设备和设施；并从事有助于和平利用原子能的研究、发展、实际应用的任何工作和服务；2. 依本规约，并适当考虑到世界不发达地区的需要，提供材料、服务、设备及设施，以满足包括电力生产在内的和平利用原子能的研究、发展及实际应用的需要；3. 促进原子能和平利用的科学及技术情报的交换；4. 鼓励原子能和平利用方面的科学家、专家的交换和培训；5. 制定并执行安全保障措施，以确保由机构本身，或经其请求，或在其监督和管制下提供的特种裂变材料及其他材料、服务、设备、设施和情报，不致用于推进任何军事目的；并经当事国的请求，对任何双边或多边协议，或经一国的请求对该国在原子能方面的任何活动，实施安全保障措施；6. 与联合国主管机关及有关专门机构协商，在适当领域与之合作，以制定或采取旨在保护健康及尽量减少对生命与财产的危险的安全标准（包括劳动条件的标准），并使此项标准适用于机构本身的工作及利用由机构本身、或经其请求、或在其管制和监督下供应的材料、服务、设备、设施和情报所进行的工作；并使此项标准，于当事国请求时，适用于依任何双边或多边协议所进行的工作，或于一国请求时，适用于该国在原子能方面的任何活动；7. 每当在有关地区，本来可向机构提供的设施、工厂及设备不充分时，或只能在机构认为不满意的条件下始能获得时，取得或建立有助于履行其受权执行的职能的设施、工厂及设备。

[②] 国际原子能机构："成员国名单"，载国际原子能机构网站：https://www.iaea.org/zh/guan-yu-wo-men/cheng-yuan-guo-ming-dan.，2020年3月1日最后访问。

[③] 国际原子能机构："国家联络官的作用和职责"，载国际原子能机构网站：https://www.iaea.org/sites/default/files/documents/tc/nv_chi_2008-02-28.pdf.，2020年3月1日最后访问。

定主题和其他事项进行人员培训。①

## 第三节 我国核安全监督管理体制的审视重构

就我国核能利用安全保障监管体制设计而言,需要基于有效独立性原则展开体制设计,逐步形成职责法定、上下联动的纵向监管体系,构建完善分工配合、内在协调的横向监管体系,推动形成良好合作、独立负责的咨询服务关系,逐步构建完善我国核安全监督管理体制。

### 一、我国核安全监督管理体制的现状审视

依据机构设置的法定原则,我国核安全监督管理机构的指定应该依法律法规确定,通过对《核安全法》《放射性污染防治法》等法律,《民用核设施安全监督管理条例》《核电厂核事故应急管理条例》《放射性废物安全管理条例》《核材料管制条例》《民用核安全设备监督管理条例》《放射性物品运输安全管理条例》《放射性同位素与射线装置安全和防护条例》等行政法规的梳理分析,呈现我国核安全监督管理体制的基本框架。

#### (一) 监管体系的纵向结构

从中央和地方关系角度看,在核安全监管工作上,中央政府占据主导,全面负责核安全监督管理。依据《核安全法》,中央政府及有关机关具有编制国家核安全规划、建立核安全标准体系、制定核安全政策、实施核设施安全许可、进行核设施退役和进口核设施审批、实施安全技术审查、批准放射性废物处置场所选址规划、实施放射性废物管理许可、批准放射性废物运输包装容器的许可申请、建立核安全监督检查和核事故应急准备金制度等职权。依据《放射性污染防治法》,中央政府及有关机关具有制定国家放射性污染防治标准、建立放射性污染监测制度、对放射性污染防治进行监督检查、实行资格管理制度、审查批准环境响报告书、建立健全核事故应急制度、建立放射性同位素备案制度、编制放射性固体废物处置场所选址规划等职权。

地方政府则根据法律法规授权对放射性污染防治、核事故应急管理、放射

---

① International Atomic Energy Agency, "Organization, Management and Staffing of the Regulatory Body for Safety", https://www-pub.iaea.org/MTCD/Publications/PDF/P1801_web.pdf., March 6, 2020.

性物品运输、放射性同位素和射线装置安全防护等事项进行管理。例如,依据《放射性污染防治法》,地方生态环境主管部门和同级其他有关部门可以对本行政区域内核技术利用、伴生放射性矿开发利用中的放射性污染防治进行监督检查。① 依据《核安全法》,省、自治区、直辖市人民政府应当对国家规划确定的核动力厂等重要核设施的厂址予以保护,在规划期内不得变更厂址用途。② 省、自治区、直辖市人民政府编制低、中水平放射性废物处置场所的选址规划,报国务院批准后组织实施。③ 省、自治区、直辖市人民政府根据实际需要设立核事故应急协调委员会,组织、协调本行政区域内的核事故应急管理工作。④ 省、自治区、直辖市人民政府指定的部门承担核事故应急协调委员会的日常工作,负责制定本行政区域内场外核事故应急预案,报国家核事故应急协调委员会审批后组织实施⑤。依据《核电厂核事故应急管理条例》,核电厂所在地的省级政府指定的部门负责本行政区域内的核事故应急管理工作。⑥ 依据《放射性物品运输安全管理条例》,地方政府生态环境主管部门和公安、交通运输等有关主管部门,负责本行政区域放射性物品运输安全的有关监督管理工作。⑦ 依据《放射性同位素与射线装置安全和防护条例》,地方政府生态环境主管部门和其他有关部门对本行政区域内放射性同位素、射线装置的安全和防护工作实施监督管理。⑧

此外,一些地方还制定了与核安全监管有关的地方法规规章。例如,广东省人大常委会制定了《广东省民用核设施核事故预防和应急管理条例》;深圳市人大常委会制定了《大亚湾核电厂周围限制区安全保障与环境管理条例》;江苏省人大常委会制定了《江苏省核事故预防和应急管理条例》;浙江省人大常委会制定了《浙江省核电厂辐射环境保护条例》。福建省人民政府制定了《福建省核电厂环境辐射防护办法》;山东省人民政府制定了《山东省核事故应急管理办法》;广东省人民政府制定了《广东省核电厂环境保护管理规定》。

总之,在核安全监管事务上,中央政府及有关部门占据主导地位,其监管

---

① 《放射性污染防治法》第十一条。
② 《核安全法》第二十一条。
③ 《核安全法》第四十二条。
④ 《核安全法》第五十四条。
⑤ 《核安全法》第五十五条。
⑥ 《核电厂核事故应急管理条例》第五条。
⑦ 《放射性物品运输安全管理条例》第四条。
⑧ 《放射性同位素与射线装置安全和防护条例》第三条。

权限比较充分，涵盖立法、许可、检查评估、执法等核心职责，在制定环境标准、实施核设施许可、对重要核设施实施监管等方面具有排他性。而地方政府及有关部门则起到补充作用，主要按照分级分类管理原则对放射性污染防治、核事故应急管理、放射性物品运输、放射性同位素和射线装置安全防护等事项进行管理。除了事项以外，也可能因为监管对象不同而导致监管主体差异。例如，《放射性污染防治法》规定："国务院环境保护行政主管部门和国务院其他有关部门，按照职责分工，各负其责，互通信息，密切配合，对核设施、铀（钍）矿开发利用中的放射性污染防治进行监督检查。县级以上地方人民政府环境保护行政主管部门和同级其他有关部门，按照职责分工，各负其责，互通信息，密切配合，对本行政区域内核技术利用、伴生放射性矿开发利用中的放射性污染防治进行监督检查。"[1] 换言之，比较重要的核设施、铀（钍）矿开发利用中的放射性污染防治由国务院环境保护行政主管部门和国务院其他有关部门进行监督检查；而风险相对较低的核技术利用、伴生放射性矿开发利用中的放射性污染防治由县级以上地方人民政府环境保护行政主管部门和同级其他有关部门进行监督检查。还应当指出的是，从地方层面看，不是各个层级的地方政府都有核安全监管权力，这些权力主要集中在省一级政府及其部门，例如，《核电厂核事故应急管理条例》规定的应急机构除了国务院指定的部门以外，涉及地方的就只规定了核电厂所在地的省、自治区、直辖市人民政府指定的部门[2]，不包括市一级和区县一级。

（二）监管体系的横向结构

监管体系内的横向关系主要指同级政府具有监督管理权的各部门之间的关系。《放射性污染防治法》《核安全法》等法律法规就各监管部门的具体职责作出了规定。

1. 《放射性污染防治法》的规定

《放射性污染防治法》第八条规定："国务院环境保护行政主管部门对全国放射性污染防治工作依法实施统一监督管理。国务院卫生行政部门和其他有关部门依据国务院规定的职责，对有关的放射性污染防治工作依法实施监督管理。"[3] 由此，确立了统一监管与分部门监管相结合的体制。

---

[1] 《放射性污染防治法》第十一条。
[2] 《核电厂核事故应急管理条例》第四条、第五条。
[3] 《放射性污染防治法》第八条。

统管部门是国务院环境保护行政主管部门。① 首先，《放射性污染防治法》对其规定的专属职权包括：制定国家放射性污染防治标准、审查批准环境影响报告书②、负责对核动力厂等重要核设施实施监督性监测、放射性核素排放量审核。其次，《放射性污染防治法》规定国务院环境保护行政主管部门和国务院其他有关部门按照职责分工，各负其责的工作包括：对核设施、铀（钍）矿开发利用中的放射性污染防治进行监督检查。再次，《放射性污染防治法》规定国务院环境保护行政主管部门应当会同其他部门展开的工作包括：组织环境监测网络。最后，《放射性污染防治法》规定国务院其他部门会同国务院环境保护行政主管部门展开的工作包括：核设施的退役费用和放射性废物处置费用的提取和管理办法，由国务院财政部门、价格主管部门会同国务院环境保护行政主管部门、核设施主管部门规定。③ 国务院核设施主管部门会同国务院环境保护行政主管部门根据地质条件和放射性固体废物处置的需要，在环境影响评价的基础上编制放射性固体废物处置场所选址规划，报国务院批准后实施。④ 放射性固体废物处置费用收取和使用管理办法，由国务院财政部门、价格主管部门会同国务院环境保护行政主管部门规定。⑤

分管部门主要包括国务院卫生行政部门、公安部门、核设施主管部门、国务院财政部门、国务院价格主管部门、其他有关部门等。国务院卫生行政部门依据国务院规定的职责，对有关的放射性污染防治工作依法实施监督管理。⑥ 公安部门在本级人民政府的组织领导下，按照各自的职责依法做好核事故应急工作。⑦ 核设施主管部门在本级人民政府的组织领导下，按照各自的职责依法做好核事故应急工作。⑧ 核设施的退役费用和放射性废物处置费用的提取和管

---

① 与《环境保护法》的规定略有不同，没有规定"县级以上地方人民政府环境保护部门，对本行政区域环境保护工作实施统一监督管理"。意味着此处的统管部门就只有国务院环境保护行政主管部门。参见《环境保护法》第十条。

② 审查批准环境影响报告书是核设施选址、申请领取核设施建造、运行许可证和办理退役审批手续，申请领取采矿许可证或者办理退役审批手续，申请领取采矿许可证等的前置程序。在国务院环境保护行政主管部门审查批准环境影响报告书后，有关部门才能办理核设施选址批准文件。

③ 《放射性污染防治法》第二十七条。

④ 《放射性污染防治法》第四十四条。

⑤ 《放射性污染防治法》第四十五条。

⑥ 《放射性污染防治法》第八条。

⑦ 《放射性污染防治法》第二十六条。

⑧ 《放射性污染防治法》第二十六条。

理办法，由国务院财政部门、价格主管部门会同国务院环境保护行政主管部门、核设施主管部门规定。① 国务院核设施主管部门会同国务院环境保护行政主管部门根据地质条件和放射性固体废物处置的需要，在环境影响评价的基础上编制放射性固体废物处置场所选址规划，报国务院批准后实施。② 国务院财政部门主要负责核设施的退役费用和放射性废物处置费用的提取和管理办法③以及放射性固体废物处置费用收取和使用管理办法④，由国务院财政部门、价格主管部门会同国务院环境保护行政主管部门规定。《放射性污染防治法》还在11处用了"其他有关部门"的说法，但并没有明确这些部门具体是哪些部门。

总体上，统管部门与分管部门都是核监管方面的行政执法部门，统管部门与分管部门的执法地位平等。⑤ 统管部门对分管部门的"协调"职责相对较弱，只在制定国家放射性污染防治标准上具有专属权。

2.《核安全法》的规定

《核安全法》并没有像《放射性污染防治法》那样明确表述统一监管与分部门监管相结合的体制⑥，而是规定："国务院核安全监督管理部门负责核安全的监督管理。国务院核工业主管部门、能源主管部门和其他有关部门在各自职责范围内负责有关的核安全管理工作。"⑦

首先，国务院核安全监督管理部门的专属职权包括：审查核设施营运单位安全评价，同意划定规划限制区，许可核设施选址、建造、运行、退役等活动，批准变更许可申请，审查批准延期建造的核设施，审查批准进口核设施活动，组织安全技术审查，审查许可为核设施提供核安全设备设计、制造、安装和无损检验服务的单位资格，审查注册为境内核设施提供核安全设备设计、制造、安装和无损检验服务的境外机构，许可专门从事放射性废物处理、贮存、处置的单位资格，批准放射性废物处置设施关闭安全监护计划，负责批准核材

---

① 《放射性污染防治法》第二十七条。
② 《放射性污染防治法》第四十四条。
③ 《放射性污染防治法》第二十七条。
④ 《放射性污染防治法》第四十五条。
⑤ 韩德培主编：《环境保护法教程》，法律出版社2018年版，第31页。
⑥ 但《民用核设施安全监督管理条例》第四条规定，"国家核安全局对全国核设施安全实施统一监督，独立行使安全监督权"，并且规定国家核安全局具有制定核安全标准和调解和裁决核安全纠纷等统管职责。
⑦ 《核安全法》第六条。

料、放射性废物运输包装容器的许可申请,审查批准乏燃料、高水平放射性废物的托运人提交的核安全分析报告,依法信息公开。其次,《核安全法》规定国务院核安全监督管理部门和其他有关部门应当对从事核安全活动的单位遵守核安全法律、行政法规、规章和标准的情况进行监督检查,加强核安全监管能力建设,提高核安全监管水平,采取现场检查措施,并将监督检查情况形成报告,建立档案①。最后,《核安全法》规定国务院核安全监督管理部门应当会同其他部门展开的工作包括:国务院核安全监督管理部门会同国务院有关部门编制国家核安全规划,报国务院批准后组织实施。②

其他监管部门主要包括国务院核工业主管部门、能源主管部门、国务院财政部门、价格主管部门、公安部门和其他有关部门。首先,国务院核工业主管部门的职责在于:国务院核工业主管部门会同国务院有关部门和省、自治区、直辖市人民政府编制低、中水平放射性废物处置场所的选址规划,报国务院批准后组织实施。国务院核工业主管部门会同国务院有关部门编制高水平放射性废物处置场所的选址规划,报国务院批准后组织实施③。国务院核工业主管部门负责协调乏燃料运输管理活动,监督有关保密措施。④ 国务院核工业主管部门承担国家核事故应急协调委员会日常工作,牵头制定国家核事故应急预案,经国务院批准后组织实施。国家核事故应急协调委员会成员单位根据国家核事故应急预案部署,制定本单位核事故应急预案,报国务院核工业主管部门备案。⑤ 核设施营运单位负责制定本单位场内核事故应急预案,报国务院核工业主管部门、能源主管部门和省、自治区、直辖市人民政府指定的部门备案。⑥ 发生核事故时,核设施营运单位应当按照应急预案的要求开展应急响应,减轻事故后果,并立即向国务院核工业主管部门、核安全监督管理部门和省、自治区、直辖市人民政府指定的部门报告核设施状况,根据需要提出场外应急响应行动建议。⑦ 国务院核工业主管部门或者省、自治区、直辖市人民政府指定的部门负责发布核事故应急信息。⑧ 其次,国务院能源主管部门的职责在于:国

---

① 《核安全法》第七十条。
② 《核安全法》第七条。
③ 《核安全法》第四十二条。
④ 《核安全法》第五十一条。
⑤ 《核安全法》第五十五条。
⑥ 《核安全法》第五十五条。
⑦ 《核安全法》第五十八条。
⑧ 《核安全法》第六十条。

务院能源主管部门应当建立培育核安全文化的机制①，接受核事故应急预案备案②，会同国务院财政部门、价格主管部门、国务院核安全监督管理部门、核工业主管部门制定预提核设施退役费用、放射性废物处置费用办法③。最后，其他有关部门的职责在于：国务院财政部门会同国务院价格主管部门、国务院核安全监督管理部门、核工业主管部门制定预提核设施退役费用、放射性废物处置费用办法④。公安机关对核材料、放射性废物道路运输的实物保护实施监督，依法处理可能危及核材料、放射性废物安全运输的事故。通过道路运输核材料、放射性废物的，应当报启运地县级以上人民政府公安机关按照规定权限批准；其中，运输乏燃料或者高水平放射性废物的，应当报国务院公安部门批准。⑤

还应当指出的是，国务院核安全监督管理部门可以在核设施集中的地区设立派出机构。⑥ 现在我国已经设立了华北核与辐射安全监督站、华东核与辐射安全监督站、华南核与辐射安全监督站、西南核与辐射安全监督站、西北核与辐射安全监督站、东北核与辐射安全监督站等 6 个监督站。这些监督站应当向核设施建造、运行、退役等现场派遣监督检查人员，进行核安全监督检查。⑦

总之，从《核安全法》的规定看，法律给予国务院核安全监督管理部门的授权相当充分，除了国务院核工业主管部门具有放射性废物处置场所的选址规划、核事故应急协调等职能外，其余安全监管职责基本上都由国务院核安全监督管理部门承担，保障了核安全监管的独立性。

(三) 咨询与技术支持机构

"核安全专业知识涉及范围广，技术复杂。在核安全监管过程中，建立专门的专家咨询机构，充分利用国内核安全专家力量，对重大核安全问题技术决策、核安全规划和标准的制定提出咨询意见，弥补行政部门及其技术支持单位在某些专业领域或者某些实践经验上的不足，同时优化技术决策流程，减少个人的自由裁量权，有利于提高监管决策的科学性，提升核安全监管的有效性。

---

① 《核安全法》第九条。
② 《核安全法》第五十五条。
③ 《核安全法》第四十八条。
④ 《核安全法》第四十八条。
⑤ 《核安全法》第五十一条。
⑥ 《核安全法》第七十条。
⑦ 《核安全法》第七十条。

这是我国核安全监管良好的历史经验,也是国际核安全监管的普遍实践。"①就我国情况而言,咨询与技术支持机构主要由核安全专家委员会、技术支持中心、研究基地、技术支持单位等构成。

1. 核安全专家委员会

2003年《放射性污染防治法》没有规定咨询机构;2017年《核安全法》对此作出了规定:"国务院核安全监督管理部门成立核安全专家委员会,为核安全决策提供咨询意见。制定核安全规划和标准,进行核设施重大安全问题技术决策,应当咨询核安全专家委员会的意见。"《民用核设施安全监督管理条例》规定:"国家核安全局可以组织核安全专家委员会。该委员会协助制订核安全法规和核安全技术发展规划,参与核安全的审评、监督等工作。"②

我国核安全专家委员会由国家核安全局成立,下属若干专业委员会,其成员有来自核工业界、科研机构、高校的资深专家100多人,具有较高的理论水平、丰富的实践经验和一定的社会影响,具有广泛的代表性,在我国核安全监管工作中发挥了重要作用③。具体来看,核安全专家委员会的职责主要为:协助制订核安全法规和核安全技术发展规划,就核设施重大安全问题技术决策提供咨询意见,参与核安全的审评、监督等工作。

以往的文件当中有"国家核安全局将'评价报告'送交核安全专家委员会审议,该委员会负责向国家核安全局提出咨询意见"④,"核安全专家委员会审议审评报告,向国家核安全局提出咨询意见"⑤ 的表述。现在文件当中一般不用"审议"的表述,以体现"技术性或非技术性建议均不应减轻监管机构作出决定和建议责任"⑥ 的思路。

---

① 陆浩主编:《中华人民共和国核安全法解读》,中国法制出版社2018年版,第125页。
② 《民用核设施安全监督管理条例》第五条。
③ 陆浩主编:《中华人民共和国核安全法解读》,中国法制出版社2018年版,第125~126页。
④ 《核电厂安全许可证件的申请和颁发》第十七条。
⑤ 《核电厂安全许可证件的申请和颁发》第十七条。
⑥ International Atomic Energy Agency, "Legal and Governmental Infrastructure for Nuclear, Radiation, Radioactive Waste and Transport Safety", https://www.iaea.org/publications/5861/legal-and-governmental-infrastructure-for-nuclear-radiation-radioactive-waste-and-transport-safety. , March 6, 2020.

2. 技术支持中心

生态环境部的技术支持中心主要包括核与辐射安全中心、辐射环境监测技术中心、核设备安全与可靠性中心、苏州核安全中心、北京核安全审评中心等。其中，核与辐射安全中心是生态环境部（国家核安全局）的直属单位和最重要的内部技术支持单位，为其提供全方位的监管技术支持和保障任务，负责民用核设施安全审评与监督技术支持、辐射环境安全审评与监督技术支持、核事故与辐射环境事故应急响应与评价、监管政策与法规研究、核与辐射安全科学研究、相关技术咨询与信息服务等领域①。辐射环境监测技术中心是生态环境部（国家核安全局）在辐射环境监测领域的技术支持单位，负责全国核与辐射环境监管技术保障工作，组织开展全国辐射环境监测网络建设、技术指导、标准制定、重大辐射环境事故应急监测等工作②。

3. 研究基地

在《核安全与放射性污染防治"十三五"规划及2025年远景目标》中，提到实施核安全监管能力建设工程，其中包括新建6个国家核与辐射安全监管技术研发基地建设：建设压水堆安全性技术试验平台、核安全监控预警与应急响应平台、核安全国际合作交流平台、核电厂运行安全仿真分析技术实验室、放射性废物安全管理技术验证实验室、辐射环境监测技术实验室。

4. 技术支持单位

《核安全法》第三十三条、第八十二条规定了技术支持单位的义务和责任。首先，组织安全技术审查时应当委托技术支持单位进行技术审评；其次，技术支持单位应当与许可申请单位没有利益关系；再次，受委托的技术支持单位应当对其技术评价结论的真实性、准确性负责;③ 最后，违法出具虚假技术评价结论的，将追究法律责任。④ 此处，技术支持单位应当包括系统内和系统外的机构两部分。

---

① 生态环境部（国家核安全局）：《中国核与辐射安全管理体系总论》，载生态环境部网站：http://www.mee.gov.cn/ywgz/hyfsaqjg/hyfsaqgltx/202003/P020200319611093673046.pdf.，2020年3月1日最后访问。

② 生态环境部（国家核安全局）：《中国核与辐射安全管理体系总论》，载生态环境部网站：http://www.mee.gov.cn/ywgz/hyfsaqjg/hyfsaqgltx/202003/P020200319611093673046.pdf.，2020年3月1日最后访问。

③ 《核安全法》第三十三条。

④ 《核安全法》第八十二条。

## （四）国际组织国家联络机构

我国与国际原子能机构对接的渠道是中国国家原子能机构。该机构属于工业与信息化部下的直属单位，"是中国政府核工业主管部门，负责核领域政府间及与国际组织的交流与合作"①。中国国家原子能机构是驻国际原子能维也纳驻地常驻团的主管政府组织。生态环境部（国家核安全局）通过直接委派人员在常驻团负责核安全方面工作，与国际原子能机构保持紧密联系。②

总之，从监管体制现状看，我国已经根据《放射性污染防治法》《核安全法》等的授权逐步建立起核安全监督管理体制，形成了分级、分部门监管相结合，并与咨询机构、国际组织间紧密联系的核安全监督管理体系。但也应该看到，这一体系仍然不完善。中央和地方监管职权分配有待进一步明确，同级监管部门之间统管与分管关系须厘清，分管部门在管理职权上容易出现交叉重叠现象。对于这些问题的解决，都应基于有效独立性的原理展开规划设计。

## 二、我国核安全监督管理体制的构建完善

未来，我国核安全监督管理体制如何构建完善。回答这一问题，需要基于有效独立性原则展开体制设计，逐步形成职责法定、上下联动的纵向监管体系，构建完善分工配合、内在协调的横向监管体系，推动形成良好合作、独立负责的咨询服务关系。

### （一）基于有效独立性（effective independence）原则展开体制设计

"监管机构的构建应该确保它能够履行义务以及高效、独立地执行其职能。"③ 对于我国而言，构建完善核安全监督管理体制也需要考虑对监管机构提出能力、效率和独立性要求，并且应更加注重在独立性基础上提升监管效率。基于以上考虑，可以从有效独立性（effective independence）原则出发思

---

① 国家原子能机构：《机构职能》，载国家原子能机构网站：http：//www.caea.gov.cn/n6758879/index.html.，2020年3月1日最后访问。

② 国际原子能机构：《国际原子能机构关于中国核与辐射安全监管综合跟踪评估报告》，生态环境部译，中国环境出版集团2018年版，第37页。

③ [美]卡尔顿·施托伊贝尔等著：《核法律手册》，王玉荟等译，原子能出版社2010年版，第23页。

考我国核安全监督管理体制的变革方向。

有效独立性原则是在独立性原则基础上提炼升华而成的概念,它的主要特征包括:不受不必要的外部影响,但存在与被许可人和独立专家进行外部专业对话和磋商的适当机制,以及与公众对话的适当机制;在科学和可靠技术以及相关经验的基础上作出决定,以及能够明确解释决定依据;有明确安全目标,并且相关法律和技术标准具有一致性和可预测性;透明度和可追溯性。① 获得有效监管独立性的公认方法包括:监管和非监管职能机构分离;监管人员任期固定;监管机构拥有独立的预算和雇佣权限;监管机构与汇报机构之间没有相互冲突的职责等。②

之所以确立有效独立性原则,主要基于两方面原因:一方面,有效独立性原则保留了独立性原则的核心内容。从外部独立性看,监管机构应有效地独立于管理核能开发利用事务的部门;有效独立于促进或反对核技术开发利用的利益集团,包括核设施营运者、产业协会、反核组织等。从内部独立性看,强调监管机构基于专业知识,以中立和公平的立场独立履行职责,在科学和可靠技术以及相关经验基础上作出决定。另一方面,有效独立性原则照顾了各国的实际情况,具备一定灵活性。有效独立性原则认为:"有效的监管独立性不需要监管机构与其他政府机构完全分离。负责任的监管决策需要政府和非政府机构合法适当的参与。"③ 又如,有效的监管独立性不需要一个监管机构负责所有核安全监管事务,只需要监管机构能够行使其关键监管职能(标准制定、许可、检查和执行),而不会受到不适当的压力或约束。④ 还如,"监管机构设在另一个组织的行政结构之中,或由另一个组织监督,并不意味着监管机构缺

---

① International Atomic Energy Agency, "Independence in Regulatory Decision Making INSAG-17", https://www-pub.iaea.org/MTCD/Publications/PDF/Pub1172_web.pdf., March 6, 2020.

② International Atomic Energy Agency, "Handbook on Nuclear Law: Implementing Legislation", https://www.iaea.org/publications/8374/handbook-on-nuclear-law-implementing-legislation, March 6, 2020.

③ International Atomic Energy Agency, "Handbook on Nuclear Law: Implementing Legislation", https://www.iaea.org/publications/8374/handbook-on-nuclear-law-implementing-legislation, March 6, 2020.

④ International Atomic Energy Agency, "Handbook on Nuclear Law: Implementing Legislation", https://www.iaea.org/publications/8374/handbook-on-nuclear-law-implementing-legislation, March 6, 2020.

乏独立性。问题是关键的监管职能和决策是否存在必要的有效分开和独立性"。① 所以，从本质上看，强调有效独立性可以实现从形式独立性到实质独立性的转变。以此视角看待核安全监督管理体制应该注重以下几个方面：

1. 在机构设置模式选择上，应具备一定灵活性

从域外情况看，核安全监管机构的设置主要存在作为政府行政部门和作为独立机构两种选择。我国现有的机构设置模式属于前者。无论是《核安全法》规定的国务院核安全监督管理部门、国务院核工业主管部门、能源主管部门，还是《放射性污染防治法》规定的国务院环境保护行政主管部门、国务院卫生行政部门等都是政府行政部门。

从形式独立性看，这种机构设置似乎与"政监分离"② 的要求不符。有学者据此提出："按照政监分离的改革要求，核安全监管职责应从环保部剥离，独立于政府部门之外，拥有独立的法人地位，成立直属人大或国务院的国家核安全监管委员会，考虑到中国的实际情况，也可成立国务院直属的国家核安全局。"③ 如何看待这种观点？所谓"政监分离"主要是指监管机构应有效地独立于管理核能开发利用事务的部门，也就是核安全监督管理部门应独立于核工业主管部门、能源主管部门。就这一点而言，其实我国现在的监管机构设置模式已经做到了"政监分离"。主要的核安全监管部门——国家核安全局与国家能源局、中国国家原子能机构已经有效分离。据此，有关机构才认为："生态环境部（国家核安全局）是中国的核与辐射安全监管机构，全面承担全国核安全、辐射安全及辐射环境保护工作的监督管理，对全国民用核设施和核技术利用实施统一、独立的监管。"④《国际原子能机构关于中国核与辐射安全监管综合跟踪评估报告》也认为："核安全监管部门是设立在环境保护部内的一个国家行政机构，独立于负责促进核能利用的其他政府部门。在政府汇报渠道的有效独立性方面，IRRS 评估团没有发现环境保护部（国家核安全局）

---

① ［美］卡尔顿·施托伊贝尔等著：《核法律手册》，王玉荟等译，原子能出版社 2010 年版，第 25 页。

② 在早期阶段，曾经出现过由核能发展政策制定部门负责核安全监管的情况，被认为不利于监管独立性，因此，提出"政监分离"要求。

③ 李晶晶等：《中国核安全监管体制改革建议》，载《中国能源》2012 年第 4 期。

④ 生态环境部（国家核安全局）：《中国核与辐射安全管理体系总论》，载生态环境部网站，http://www.mee.gov.cn/ywgz/hyfsaqjg/hyfsaqgltx/202003/P020200319611093673046.pdf.，2020 年 3 月 1 日最后访问。

存在任何可能给监管决策制定造成不利影响的问题。"①

所以，不应拘泥于形式独立性，认为"只要将核安全监管机构定位于行政部门或者将监管机构设置于一个母组织中就会引发政监不分离、监管不独立问题，而应该坚持实质独立性，关键看监管职能和决策是否存在必要的有效分开和独立性"②，看到我国核安全监管机构已经与负责促进核能利用的其他政府部门分离，从而在机构设置上保持灵活性。

2. 在重视外部独立性基础上，更加重视应对内部独立性挑战

独立性要求并不是终极目标，而是实现决策科学性、合理性确保安全的手段。因此，在重视外部独立性基础上，也需要重视应对内部独立性的挑战，因为这些挑战会对监管机构依据科学和可靠技术作出的判断产生重要影响。这些内部挑战主要包括缺乏明确定义的安全目标和标准、能力不足、过度依赖少数决策者、缺乏明确人事任命程序和标准等。③

就我国而言，从内部独立性看也存在一些挑战。例如，"原环境保护部（国家核安全局）在自查报告中，明确指出目前急需加强核安全监管的技术能力，提高和升级技术水平。能力建设的重点应放在核安全研究和开发、安全相关分析、核安全设备的质量保证、辐射监测和核事故应急上"。④ "在环境保护部（国家核安全局）的组织机构方面，对于职责划分与信息交流的理解存在一些困难，因此这方面还有改进的空间。这个问题在协调地区监督站时表现得尤为明显，因此每个监督站与总部间应该只有一个专门负责的联络人。"⑤ "环境保护部（国家核安全局）与环境保护部其他部门在综合管理支持方面共享资源，比如行政系统与人事管理、计划与财务支持等，这在一定程度上限制了环境保护部（国家核安全局）的灵活度，在环境保护部行政系统与人事管

---

① 国际原子能机构：《中华人民共和国核与辐射安全监管综合评估报告》，环境保护部（国家核安全局）译，中国环境科学出版社 2012 年版，第 15 页。

② [美] 卡尔顿·施托伊贝尔等著：《核法律手册》，王玉荟等译，原子能出版社 2010 年版，第 25 页。

③ International Atomic Energy Agency, "Independence in Regulatory Decision Making INSAG-17", https://www-pub.iaea.org/MTCD/Publications/PDF/Pub1172_web.pdf., March 6, 2020.

④ 国际原子能机构：《中华人民共和国核与辐射安全监管综合评估报告》，环境保护部（国家核安全局）译，中国环境科学出版社 2012 年版，第 31 页。

⑤ 国际原子能机构：《中华人民共和国核与辐射安全监管综合评估报告》，环境保护部（国家核安全局）译，中国环境科学出版社 2012 年版，第 30 页。

理的政策与程序下,有效地管理其资源以承担其相应的监管责任。"①

要化解上述问题,应该更加重视应对内部独立性的各种挑战,包括建立规范监管活动及其相关目标、原则和价值的法律框架,设定一般安全目标、建立申诉机制和问责制、实现财务的保证;建立和实施明确定义的监管决策程序,确保信息完整性、保存文献资料、开放透明、对受监管行业和社会变化进行回应、审查和审核监管绩效等;为监管机构制定和实施明确定义的能力管理计划,加强监管机构中的人力资源管理、获得独立的外部专业知识和研究支持等。②

3. 在有效分工基础上,确保关键职能独立行使

由于核风险规制涉及军用、民用两个部分,核安全、核安保、核保障(3"S")几大领域,核能发展与核安全监管等诸多方面,因此,对于一个大国而言,很难做到由一个部门对所有核事务实施统一监管。中国也如此,《核安全法》规定:"国务院核安全监督管理部门负责核安全的监督管理。国务院核工业主管部门、能源主管部门和其他有关部门在各自职责范围内负责有关的核安全管理工作。"③ 换言之,国务院核安全监督管理部门和国务院核工业主管部门、能源主管部门、其他有关部门一样都是执法机关,都在各自职责范围内具有核安全监管权。在这种情况下,需要处理两个问题:一是多部门协调问题④;二是核心职权分配问题。就有效独立性而言,关键是后者。有效监管的独立性并不要求一个监管机构负责所有核安全监管事务,只需要监管机构能够行使其关键监管职能(标准制定、许可、检查和执行),而不会受到不适当的压力或约束。⑤ 那么,就我国目前情况而言,有哪些关键监管职能,它们又由谁来行使呢?

一般而言,核安全监管的关键职能主要是四类:确定要求和规章、许可证审批(包括禁止无许可证的运行)、检查和评价、执行。⑥ 一些机构还认为包

---

① 国际原子能机构:《中华人民共和国核与辐射安全监管综合评估报告》,环境保护部(国家核安全局)译,中国环境科学出版社2012年版,第30页。

② International Atomic Energy Agency, "Independence in Regulatory Decision Making INSAG-17", https://www-pub.iaea.org/MTCD/Publications/PDF/Pub1172_web.pdf., March 6, 2020.

③ 《核安全法》第六条。

④ 在本章后面内容中详细论述。

⑤ International Atomic Energy Agency, "Handbook on Nuclear Law: Implementing Legislation", https://www.iaea.org/publications/8374/handbook-on-nuclear-law-implementing-legislation, March 6, 2020.

⑥ [美] 卡尔顿·施托伊贝尔等著:《核法律手册》,王玉荟等译,原子能出版社2010年版,第26页。

## 第五章 核安全监督管理体制

括两个类别职能：一是向公众、媒体、立法机关及其他利益相关者提供监管活动的信息；二是允许监管机构对其活动与参加核安全的国际组织及其他国家组织的活动进行协调。①

表 5-1　　　　　　　　　　核安全监管方面的主要职责

| 机构 | 核安全监管方面的主要职责 |
| --- | --- |
| 国家核安全局 | 负责核与辐射安全的监督管理。拟订有关政策、规划、标准，牵头负责核安全工作协调机制有关工作，参与核事故应急处理，负责辐射环境事故应急处理工作。监督管理核设施和放射源安全，监督管理核设施、核技术应用、电磁辐射、伴有放射性矿产资源开发利用中的污染防治。对核材料管制和民用核安全设备设计、制造、安装及无损检验活动实施监督管理。② |
| 国家能源局 | 负责核电管理，拟订核电发展规划、准入条件、技术标准并组织实施，提出核电布局和重大项目审核意见，组织协调和指导核电科研工作，组织核电厂的核事故应急管理工作。③ |
| 中国国家原子能机构 | 中国国家原子能机构是中国政府核工业主管部门，负责核领域政府间及与国际组织的交流与合作，并牵头负责国家核事故的应急管理工作。负责研究、拟定中国和平利用核能事业的政策和法规；负责研究、制定中国和平利用核能事业的发展规划、计划和行业标准；负责中国和平利用核能（除核电外）相关项目的论证、审批、监督、协调项目的实施；负责核安保与核材料管制；负责核进出口审查和管理；负责核领域政府间及与国际组织的交流与合作，代表中国政府参与国际原子能机构事务；承担国家核事故应急管理办公室的日常工作，负责研究制定国家核事故应急预案并组织实施；负责核设施退役及放射性废物管理。④ |

从表 5-1 可以看出，在制定规章和标准的职权上，国家核安全局、国家能

---

① ［美］卡尔顿·施托伊贝尔等著：《核法律手册》，王玉荟等译，原子能出版社 2010 年版，第 26 页。

② 国家核安全局：《国家核安全局主要职责》，载国家核安全局网站：http://nnsa.mee.gov.cn/zjjg/jgzn/201501/t20150107_305207.html.，2020 年 3 月 1 日最后访问。

③ 国家能源局：《国家能源局简介》，载国家能源局网站：http://www.nea.gov.cn/gjnyj/index.htm.，2020 年 3 月 1 日最后访问。

④ 国家原子能机构：《机构职能》，载国家原子能机构网站：http://www.caea.gov.cn/n6758879/index.html.，2020 年 3 月 1 日最后访问。

源局、中国国家原子能机构都具备制定权,国家核安全局并不是唯一具有制定规章和标准职权的机构。在许可证审批上,国家核安全局负责制定和批准颁发核设施安全许可证①,还负责核安全设备的许可、设计、制造、安装和无损检验活动的监督管理,负责进口核安全设备的安全检验;② 中国国家原子能机构负责中国和平利用核能(除核电外)相关项目的论证、审批、监督、协调项目的实施。由此可见,国家核安全局并不是对所有和平利用核能项目具有许可权。在检查和评价职权上,《核安全法》规定,国务院核安全监督管理部门和其他有关部门应当对从事核安全活动的单位遵守核安全法律、行政法规、规章和标准的情况进行监督检查。③ 在强制执行职权上,《核安全法》给予国务院核安全监督管理部门诸多权力;国务院核工业主管部门只对非法持有核材料的行为进行追责。④ 在信息公开上,国务院有关部门及核设施所在地省、自治区、直辖市人民政府指定的部门应当在各自职责范围内依法公开核安全相关信息。国务院核安全监督管理部门应当依法公开与核安全有关的行政许可,以及核安全有关活动的安全监督检查报告、总体安全状况、辐射环境质量和核事故等信息。⑤ 在与国际组织协调上,中国国家原子能机构负责核领域政府间及与国际组织的交流与合作;国家核安全局负责核与辐射安全相关国际公约的国内履约。此外,还应特别指出的是中国国家原子能机构还牵头负责国家核事故的应急管理工作,负责核设施退役及放射性废物管理,负责编制放射性废物处置场所的选址规划。

  从上述分析可知,国家核安全局在对全国核设施实施统一监督方面具有监督权,其拥有制定规章和标准、许可证审批、检查评价、强制执行、信息公开等核心权力,但在与国际组织协调上不占据主导地位,也不负责核设施退役及放射性废物管理,不负责放射性废物处置场所选址,也不负责国家核事故的应急管理工作。这些又在一定程度上限制了国家核安全局的安全监管权力。因此,为了保障有效独立性,未来应逐步将这些核心职权集中到国家核安全局,使之具备核设施选址、建造、运行、退役等全过程监管能力。

---

① 《中华人民共和国民用核设施安全监督管理条例》第八条。
② 生态环境部(国家核安全局):《中国核与辐射安全管理体系总论》,载生态环境部网站:http://www.mee.gov.cn/ywgz/hyfsaqjg/hyfsaqgltx/202003/P020200319611093673046.pdf.,2020年3月1日最后访问。
③ 《核安全法》第七十条。
④ 《核安全法》第八十五条。
⑤ 《核安全法》第六十三条。

## （二）逐步形成职责法定、上下联动的纵向监管体系

从纵向层面看，我国已经形成了中央为主导，地方为补充的监管体制。中央政府及有关部门的监管权限涵盖立法、许可、检查评估、执法等核心职责，而地方政府及有关部门主要按照分级分类管理原则对放射性污染防治、核事故应急管理、放射性物品运输、放射性同位素和射线装置安全防护等事项进行管理。未来仍需改进的方面在于：

1. 应在政策法规中进一步明确中央和地方事权、财权

就事权而言，《放射性污染防治法》《核安全法》已经对部分事项进行了分类[①]，但由于两法并未确立分级分类管理原则，也未提到属地管理要求，因此，中央和地方事权的划分只是呈现在零星条款中，缺乏对央地关系的总体规定。就财权而言，《国务院办公厅关于印发生态环境领域中央与地方财政事权和支出责任划分改革方案的通知》（国办发〔2020〕13号）规定了核与辐射安全监督管理事项为中央财政事权，由中央承担支出责任；放射性污染防治事项，确认为中央与地方共同财政事权，由中央与地方共同承担支出责任。这样的规定确实有助于"建立权责清晰、财力协调、区域均衡的中央和地方财政关系"[②]，但也存在一些问题。例如，在核与辐射安全监督管理事项上，地方政府及有关部门也承担了核事故应急管理、核设施退役后管理等部分职责。这部分经费应如何处理应进一步明确。基于上述情况，在未来政策法规制定过程中应进一步明确中央和地方事权、财权。就事权而言，应当在法的基本原则中规定分级分类管理原则，再结合具体事项尽量细致地对中央和地方政府依法授权，还可以通过权力清单形式进行详细规定；就财权而言，应进一步明确属于中央财政事权事项但实际由地方执行时的财政转移支付制度，还需要进一步明

---

[①] 例如，《放射性污染防治法》第十一条规定：国务院环境保护行政主管部门和国务院其他有关部门，按照职责分工，各负其责，互通信息，密切配合，对核设施、铀（钍）矿开发利用中的放射性污染防治进行监督检查。县级以上地方人民政府环境保护行政主管部门和同级其他有关部门，按照职责分工，各负其责，互通信息，密切配合，对本行政区域内核技术利用、伴生放射性矿开发利用中的放射性污染防治进行监督检查。又如，《核安全法》第五十四条国家设立核事故应急协调委员会，组织、协调全国的核事故应急管理工作。省、自治区、直辖市人民政府根据实际需要设立核事故应急协调委员会，组织、协调本行政区域内的核事故应急管理工作。

[②] 《国务院办公厅关于印发生态环境领域中央与地方财政事权和支出责任划分改革方案的通知》（国办发〔2020〕13号）。

确像放射性污染防治这样的中央与地方共同财政事权的支付比例。

2. 在作出核设施重大技术决策时征询地方意见

"考虑到核设施的复杂性及其对公众和环境安全的潜在威胁，国务院核安全监督管理部门在接到核设施营运单位申请核设施建造或者运行许可时，有必要向包括负责能源、核工业、卫生健康、公共安全、职业安全等国务院有关部门以及核设施所在地的省、自治区、直辖市人民政府征询意见。"① 基于上述理由，《核安全法》规定："国务院核安全监督管理部门审批核设施建造、运行许可申请时，应当向国务院有关部门和核设施所在地省、自治区、直辖市人民政府征询意见，被征询意见的单位应当在三个月内给予答复。"② 这样的规定有利于国务院核安全监督管理部门在核设施建造和运行过程中，获得相关部门以及地方政府的支持与合作。③ 未来，应进一步构建完善征询意见机制。一方面，应适当扩大适用范围。将现在的"审批核设施建造、运行许可申请时"扩大到"审批核设施选址、建造、运行、退役许可申请时"；另一方面，适当扩大征询意见的对象。从"核设施所在地省、自治区、直辖市人民政府"扩展到"核设施所在地市级以上人民政府"。这样的变化将有助于让不同层级的地方政府，特别是核设施所在地市一级地方政府参与到核设施重大技术决策中来，集思广益提升决策质量。当然，应当指出的是，此处征询意见还需要考虑有效独立性原则，设置必要的防火墙，避免决策受到不必要的外部影响。

3. 给予核设施所在地市一级地方政府一定管理职权

如前所述，在核安全监管机构设置上，不是各个层级的地方政府都有核安全监管权力，这些权力主要集中在省一级政府及其部门，例如，《核电厂核事故应急管理条例》规定的应急机构除了国务院指定的部门以外，涉及地方的就只规定了核电厂所在地的省、自治区、直辖市人民政府指定的部门④，不包括市一级和区县一级。

而核安全监管的一些事项其实离不开市一级地方政府。例如，《核安全法》规定："省、自治区、直辖市人民政府应当在核动力厂等重要核设施周围

---

① 陆浩主编：《中华人民共和国核安全法解读》，中国法制出版社2018年版，第123页。
② 《核安全法》第三十二条。
③ 陆浩主编：《中华人民共和国核安全法解读》，中国法制出版社2018年版，第123页。
④ 《核电厂核事故应急管理条例》第四条、第五条。

划定规划限制区,经国务院核安全监督管理部门同意后实施。禁止在规划限制区内建设可能威胁核设施安全的易燃、易爆、腐蚀性物品的生产、贮存设施以及人口密集场所。"① 然后,规定:"违反本法规定,在规划限制区内建设可能威胁核设施安全的易燃、易爆、腐蚀性物品的生产、贮存设施或者人口密集场所的,由国务院核安全监督管理部门责令限期拆除,恢复原状,处十万元以上五十万元以下的罚款。"② 这意味着限制区由省一级政府划定,对违法行为追责由国务院核安全监督管理部门进行。而事实上在划定规划限制区事项上,应当考虑市一级地方政府的意见,按照属地管理原则由市一级地方政府部门进行管理。这样规定将有助于调动市一级地方政府管理积极性,也更有利于在信息对称情况下就近管辖。已知的情况是,1994年深圳市人大常委会制定了《大亚湾核电厂周围限制区安全保障与环境管理条例》以保护大亚湾核电厂周围限制区的环境和公众安全,但深圳市并不是省、自治区、直辖市人民政府,是否有充分授权仍然需要进一步明确。

### (三) 构建完善分工配合、内在协调的横向监管体系

横向监管体制的设计重在协调各监管部门之间关系,在法律法规层面进行制度安排,"以确保明确定义和协调监管职责和职能,以避免任何遗漏或不必要的重复,并防止对营运者和许可证持有者提出相冲突的要求"。③ 未来,可以从以下几个方面着手构建完善我国核安全监督管理体系:

1. 基于3"S"概念进行机构整合

基于3"S"概念,核安全、核安保和核保障对应了"确保和平利用核能、防止电离辐射以及核扩散需要解决的三个关键技术领域"。④ 从我国相关体制现状看,国家核安全局、国家能源局、中国国家原子能机构是我国核安全监管

---

① 《核安全法》第二十一条。

② 《核安全法》第七十八条。

③ International Atomic Energy Agency, "Legal and Governmental Infrastructure for Nuclear, Radiation, Radioactive Waste and Transport Safety", https://www.iaea.org/publications/5861/legal-and-governmental-infrastructure-for-nuclear-radiation-radioactive-waste-and-transport-safety, March 6, 2020.

④ International Atomic Energy Agency, "Handbook on Nuclear Law: Implementing Legislation", https://www.iaea.org/publications/8374/handbook-on-nuclear-law-implementing-legislation, March 6, 2020.

的主要机构。中国国家原子能机构负责核安保与核材料管制。① 国家核安全局负责核与辐射安全的监督管理②；国家能源局负责核电管理③；中国国家原子能机构负责中国和平利用核能（除核电外）相关项目的论证、审批、监督、协调项目的实施。④ 这一体制的特点是核安保和核保障主要由中国国家原子能机构负责；核安全管理被区分为两大部分：一是核安全监管由国家核安全局负责；二是核能开发利用、核科学研究，由国家能源局、中国国家原子能机构负责。其中，国家能源局负责核电管理，中国国家原子能机构负责除核电外相关项目。这一体制已经基本实现了监管的独立性——国家核安全局负责核安全监管，但还需要考虑监管的效率。基于机构整合和效率原则，核能开发利用、核科学研究事项其实可以归并为一个部门——国家能源局，由其负责核电以及核电外相关项目的论证、审批、监督；国家核事故的应急管理工作、核设施退役及放射性废物管理等核安全监管核心职责则可以由国家原子能机构调整到国家核安全局进行管理；国家原子能机构则主要负责核安保和核保障。

2. 进一步明确放射性废物主管部门

"中国将有五个低、中水平放射性废物处置设施和一个高水平放射性固体废物深地质处置设施。"⑤ 对于这些设施的管理仍然存在模糊的地方。一方面，"法律没有明确把废物库定义为核设施⑥（只是明确提到了放射性废物处理和处置设施）"⑦；另一方面，对于这些设施的主管部门仍存在争议。《放射性废物安全管理条例》规定：国务院环境保护主管部门统一负责全国放射性废

---

① 国家原子能机构：《机构职能》，载国家原子能机构网站：http://www.caea.gov.cn/n6758879/index.html.，2020年3月1日最后访问。

② 国家核安全局：《国家核安全局主要职责》，载国家核安全局网站：http://nnsa.mee.gov.cn/zjjg/jgzn/201501/t20150107_305207.html.，2020年3月1日最后访问。

③ 国家能源局：《国家能源局简介》，载国家能源局网站：http://www.nea.gov.cn/gjnyj/index.htm.，2020年3月1日最后访问。

④ 国家原子能机构：《机构职能》，载国家原子能机构网站：http://www.caea.gov.cn/n6758879/index.html.，2020年3月1日最后访问。

⑤ 国际原子能机构：《中华人民共和国核与辐射安全监管综合评估报告》，环境保护部（国家核安全局）译，中国环境科学出版社2012年版，第19页。

⑥ 《放射性污染防治法》第六十二条规定：核设施，是指核动力厂（核电厂、核热电厂、核供汽供热厂等）和其他反应堆（研究堆、实验堆、临界装置等）；核燃料生产、加工、贮存和后处理设施；放射性废物的处理和处置设施等。

⑦ 国际原子能机构：《中华人民共和国核与辐射安全监管综合评估报告》，环境保护部（国家核安全局）译，中国环境科学出版社2012年版，第19页。

物的安全监督管理工作。国务院核工业行业主管部门和其他有关部门，依照本条例的规定和各自的职责负责放射性废物的有关管理工作。① 但中国国家原子能机构网站上却规定：中国国家原子能机构负责核设施退役及放射性废物管理。② 环境保护部（国家核安全局）人员向国际原子能机构跟踪评估团解释时也称，国家原子能机构是制定和执行放射性废物管理的职能部门。国家原子能机构负责组织放射性废物处置选址规划的准备工作，该部门负责和执行工程和安全技术研究、地下试验、对含有大量 α 放射性核素的放射性废物和高放废物深地层处置设施的选址和建造；参与制定核设施放射性废物处置和退役基金征收和管理的规定和办法；参与建立放射性废物管理国家信息系统。③所以，究竟哪一个部门是这些设施的主管部门并没有文件对此进一步明确④。未来，应该规定由一个机构⑤如国家核安全局来管理这些设施，并在立法中明确放射性废物处置设施的法律属性。

3. 强化不同监管部门间安全职责的协调

首先，应进一步明确统管部门与分管部门之间的关系。《放射性污染防治法》明确规定了统一监管与分部门监管相结合的体制⑥，但《核安全法》⑦并没有如此表述，而生态环境部（国家核安全局）颁布的《中国核与辐射安全

---

① 《放射性废物安全管理条例》第五条。

② 国家原子能机构：《机构职能》，载国家原子能机构网站：http://www.caea.gov.cn/n6758879/index.html.，2020年3月1日最后访问。

③ 国际原子能机构：《国际原子能机构关于中国核与辐射安全监管综合跟踪评估报告》，生态环境部译，中国环境出版集团2018年版，第30~31页。

④ 国际原子能机构：《国际原子能机构关于中国核与辐射安全监管综合跟踪评估报告》，生态环境部译，中国环境出版集团2018年版，第30页。

⑤ 国际原子能机构建议成立一个机构来执行废物处置，理由是：一个全国性的机构可以更好地实现产品和服务的标准化（例如，废物包装设计、工程服务和安全评价）；可以促进协作及有效成本的研究和开发；处置设施的选址、建设、运行和关闭都将标准化；可以有一个声音代表所有废物产生单位与政府进行沟通。国际原子能机构：《中华人民共和国核与辐射安全监管综合评估报告》，环境保护部（国家核安全局）译，中国环境科学出版社2012年版，第19页。

⑥ 《放射性污染防治法》第八条规定：国务院环境保护行政主管部门对全国放射性污染防治工作依法实施统一监督管理。国务院卫生行政部门和其他有关部门依据国务院规定的职责，对有关的放射性污染防治工作依法实施监督管理。

⑦ 《核安全法》第六条规定：国务院核安全监督管理部门负责核安全的监督管理。国务院核工业主管部门、能源主管部门和其他有关部门在各自职责范围内负责有关的核安全管理工作。

管理体系总论》却又规定国家核安全局"负责核设施核安全、辐射安全及辐射环境保护工作的统一监督管理"。① 那么,国家核安全局是不是统管部门,如何体现它的统管职能?应当说,国家核安全局是最符合统管要求的部门,它的安全监管职权广泛,涵盖规章制定、许可、检查评估、处罚等核心职责。未来,应该在《核安全法》中确认其统管部门地位。但仍然要注意两方面:一方面,国家核安全局是统管部门并不意味着核安全监管的所有事务都由它负责②,也不意味着统管部门地位高于其他监管部门。统管部门与分管部门都是核监管方面的行政执法部门,统管部门与分管部门的执法地位平等。③ 另一方面,需要进一步明确国家核安全局的统管职责——指导、协调、纠纷解决。指导核与辐射安全监督站相关业务工作④,负责牵头核安全工作协调机制⑤,牵头负责调解和裁决核安全的纠纷。⑥

其次,应尽量避免监管部门之间职能的重叠、空白和冲突⑦。(1)在有些事项上存在重复审批的情形。例如,核材料许可证申请需要经过申请单位的上级领导部门的审核批准、国家核安全局或国防科学技术工业委员会核准、核工业部颁发等多重环节。⑧ 又如,《放射性同位素与射线装置安全和防护条例》规定:生产、销售、使用放射性同位素和射线装置的单位,应当事先向

---

① 生态环境部(国家核安全局):《中国核与辐射安全管理体系总论》,载生态环境部网站:http://www.mee.gov.cn/ywgz/hyfsaqjg/hyfsaqgltx/202003/P020200319611093673046.pdf.,2020年3月1日最后访问。

② 放射性废物处置场所的选址规划、核事故应急协调等事项则属于国家原子能机构管理。

③ 韩德培主编:《环境保护法教程》,法律出版社2018年版,第31页。

④ 生态环境部(国家核安全局):《中国核与辐射安全管理体系总论》,载生态环境部网站:http://www.mee.gov.cn/ywgz/hyfsaqjg/hyfsaqgltx/202003/P020200319611093673046.pdf.,2020年3月1日最后访问。

⑤ 生态环境部(国家核安全局):《中国核与辐射安全管理体系总论》,载生态环境部网站:http://www.mee.gov.cn/ywgz/hyfsaqjg/hyfsaqgltx/202003/P020200319611093673046.pdf.,2020年3月1日最后访问。

⑥ 《民用核设施安全监督管理条例》第四条第(七)项规定:会同有关部门调解和裁决核安全的纠纷。此条可以修改调整为牵头负责调解和裁决核安全的纠纷。

⑦ 国际原子能机构:《中华人民共和国核与辐射安全监管综合评估报告》,环境保护部(国家核安全局)译,中国环境科学出版社2012年版,第19页。

⑧ 《核材料管制条例》第十条规定:(一)核材料许可证申请单位向核工业部提交许可证申请书以及申请单位的上级领导部门的审核批准文件;(二)核工业部审查并报国家核安全局或国防科学技术工业委员会核准;(三)核工业部颁发核材料许可证。

有审批权的生态环境主管部门提出许可申请,并提交符合本条例第七条规定条件的证明材料。使用放射性同位素和射线装置进行放射诊疗的医疗卫生机构,还应当获得放射源诊疗技术和医用辐射机构许可。① 可见,使用放射性同位素和射线装置进行放射诊疗的医疗卫生机构需要经过生态环境主管部门和卫计委双重许可。又如,《放射性污染防治法》规定:核设施营运单位应当在申请领取核设施建造、运行许可证和办理退役审批手续前编制环境影响报告书,报国务院环境保护行政主管部门审查批准;未经批准,有关部门不得颁发许可证和办理批准文件。② 可见,核设施建造、运行、退役许可的前置程序是通过环评,然后,再由有关部门审核颁发许可。③ 又如,对于医疗设施,根据原卫生部令第46号《放射诊疗管理规定》的要求,需向相应的卫生行政部门申请进行放射卫生审查。在某种程度上环境影响评价和放射卫生审查的范围有重叠,所以,当两份文件针对同样的问题时可能造成重叠并最终导致冲突的评价。④ (2) 有些事项上存在职权重叠。例如《核材料管制条例》规定国家核安全局负责民用核材料的安全监督,拟订核材料管制法规,核准核材料许可证⑤;又规定核工业部负责管理全国的核材料,负责拟订核材料管制规章制度,审查、颁发核材料许可证⑥。此处,国家核安全局与核工业部的职责很相似,而且核工业部的管理范围宽于国家核安全局。所以,应当明确两者范围、法规与规章、核准与审查颁发之间的区别。(3) 有些事项上存在一定冲突。例如,国家核安全局对职业照射剂量制定了调查水平,这与卫计委采用的方法可能不一样,容易导致在解释和监督执法方面的冲突。⑦ (4) 有些事项上部门间协调不足。例如,对核设施辐射防护的监管职责在政府部门之间没有明确的划分。涉及核安全问题,环境保护部(国家核安全局)是主要监督部门,而辐射防护问题应该是由卫生部负费。这两个领域之间的协调比较薄弱,缺乏系统性的

---

① 《放射性同位素与射线装置安全和防护条例》第八条。

② 《放射性污染防治法》第二十条。

③ 此处,环境影响评价由国务院环境保护行政主管部门审查批准,许可证由国家核安全局颁发,也存在协调问题。

④ 国际原子能机构发布:《中华人民共和国核与辐射安全监管综合评估报告》,环境保护部(国家核安全局)译,中国环境科学出版社2012年版,第17页。

⑤ 《核材料管制条例》第六条。

⑥ 《核材料管制条例》第七条。

⑦ 国际原子能机构:《中华人民共和国核与辐射安全监管综合评估报告》,环境保护部(国家核安全局)译,中国环境科学出版社2012年版,第17页。

安排。① 对于这些问题，应当通过进一步的立法明确、部门间协议或者跨部门协调的方式予以清晰化，避免冲突和矛盾。

最后，应在政策法律文件中清晰表述各部门的职责。现有政策法律文件对于监管部门的称谓并不统一。《放射性污染防治法》规定了国务院核设施主管部门;②;《核安全法》规定了国务院核工业主管部门;③《放射性废物安全管理条例》规定了国务院核工业行业主管部门。④ 这些称谓所指称的对象究竟是哪些机构，对于公众而言是比较难区分的。又如，"有关部门"的称谓在《放射性污染防治法》⑤ 和《核安全法》⑥ 中被提到多次，但"有关部门"究竟是一个部门，还是不同场景下的不同部门仍然需要分情况对待。《核电厂核事故应急管理条例》的表述更加不清晰，直接称"全国的核事故应急管理工作由国务院指定的部门负责"⑦。"指定的部门"的说法虽然避免了差错，可以随着机构改革变化而变化，但显然模糊性更强。未来，应在政策法律文件中清晰表述各部门的职责。首先，对于那些因机构改革发生变动的机构，在政策法律文件的表述上应该相应变化。例如，《核材料管制条例》规定了核工业部、国防科学技术工业委员会等机构的职责，但这些机构已经发生变化，自然应该及时对文件进行修正；其次，对诸如国务院核设施主管部门、国务院核工业主管部门、国务院核工业行业主管部门等称谓应该统一，并固定其所指称的机构含义；最后，尽量在政策法规文件中明确各部门职责，减少"有关部门""指定的部门"等模糊语词的使用频次。

---

① 国际原子能机构：《中华人民共和国核与辐射安全监管综合评估报告》，环境保护部（国家核安全局）译，中国环境科学出版社2012年版，第17页。

② 《放射性污染防治法》第四十四条规定：国务院核设施主管部门会同国务院环境保护行政主管部门根据地质条件和放射性固体废物处置的需要，在环境影响评价的基础上编制放射性固体废物处置场所选址规划，报国务院批准后实施。

③ 《核安全法》第五十五条规定：国务院核工业主管部门承担国家核事故应急协调委员会日常工作，牵头制定国家核事故应急预案，经国务院批准后组织实施。国家核事故应急协调委员会成员单位根据国家核事故应急预案部署，制定本单位核事故应急预案，报国务院核工业主管部门备案。

④ 《放射性废物安全管理条例》第五条规定：国务院核工业行业主管部门和其他有关部门，依照本条例的规定和各自的职责负责放射性废物的有关管理工作。

⑤ 《放射性污染防治法》中"有关部门"出现了14次。

⑥ 《核安全法》中"有关部门"出现了30次。

⑦ 《核电厂核事故应急管理条例》第四条。

### (四) 推动形成良好合作、独立负责的咨询服务关系

首先，应积极推进机构、研究基地建设。由于核安全监管部门"目前急需加强核安全监管的技术能力，提高和升级技术水平"①，因此，在核安全与放射性污染防治"十三五"规划、"十四五"规划当中应重点突出能力建设这一块，包括新建6个国家核与辐射安全监管技术研发基地，推进4项共用配套设施等。②

其次，应形成多层次、内外结合的技术支持机构体系。就我国现状而言，咨询与技术支持机构主要包括核安全专家委员会、技术支持中心、研究基地等，除了核安全专家委员会会吸纳来自核工业界、科研机构、高校的外部专家以外，其他咨询和技术支持机构都源于核安全监管体系内部。未来，在条件成熟时可以考虑接纳更多体系外的技术支持单位甚至国外专业机构，形成多层次、内外结合的技术支持机构体系。

再次，应健全利益冲突审查机制。"应做出相应安排以保证监管机构与为其提供建议和服务的这些机构没有利益上的冲突"；"如果必要的建议和协助只能从和监管机构有潜在利益冲突的机构那里获得，这种建议和协助的获得就必须受到监控，同时必须对获得的建议仔细评估以明确是否存在利益上的冲突"；"对于技术支持单位，国家核安全局应作出合理安排，以保证没有利益冲突。国家核安全局还应定期评估技术支持单位的分包方存在利益冲突的可能性"③。

最后，应强化法律责任。《核安全法》规定，"违反本法规定，受委托的技术支持单位出具虚假技术评价结论的，由国务院核安全监督管理部门处二十万元以上一百万元以下的罚款；有违法所得的，没收违法所得；对直接负责的主管人员和其他直接责任人员处十万元以上二十万元以下的罚款"。④ 这样的规定只是财产罚，而且处罚数额有限，难以形成威慑。未来，应该在行政责任

---

① 国际原子能机构：《中华人民共和国核与辐射安全监管综合评估报告》，环境保护部（国家核安全局）译，中国环境科学出版社2012年版，第31页。

② 生态环境部（国家核安全局）：《中国核与辐射安全管理体系总论》，载生态环境部网站：http://www.mee.gov.cn/ywgz/hyfsaqjg/hyfsaqgltx/202003/P020200319611093673046.pdf.，2020年3月1日最后访问。

③ 国际原子能机构：《中华人民共和国核与辐射安全监管综合评估报告》，环境保护部（国家核安全局）译，中国环境科学出版社2012年版，第33页。

④ 《核安全法》第八十二条。

中增加人身罚,甚至依法追究刑事责任。

(五)调整国际组织国家联络机构,更好地参与国际核安全合作

虽然"目前没有迹象表明国家原子能机构作为常驻团的上级部门这种安排会妨碍国际原子能机构和国家核安全局在核安全事务方面的直接沟通"①,但"国家核安全局应有自己的渠道与国际原子能机构进行沟通或互动"。② 为此,需要从两方面入手予以解决。一方面,应在政策法规文件中进一步明确国家原子能机构和国家核安全局在与国际组织,如国际原子能机构联系时的职权范围。规定由国家核安全局"负责核与辐射安全相关国际公约的国内履约"③;国家原子能机构负责核安保和核保障相关国际公约的国内履约。另一方面,应在中国维也纳常驻团中设置平行机构,兼容核安全、核安保和核保障事务。

---

① 国际原子能机构:《国际原子能机构关于中国核与辐射安全监管综合跟踪评估报告》,生态环境部译,中国环境出版集团2018年版,第37页。

② 国际原子能机构:《中华人民共和国核与辐射安全监管综合评估报告》,环境保护部(国家核安全局)译,中国环境科学出版社2012年版,第25页。

③ 生态环境部(国家核安全局):《中国核与辐射安全管理体系总论》,载生态环境部网站:http://www.mee.gov.cn/ywgz/hyfsaqjg/hyfsaqgltx/202003/P020200319611093673046.pdf.,2020年3月1日最后访问。

# 第六章　核设施安全保障管理制度

核能利用安全保障法律制度是一个体系化的制度群,包括核设施安全保障管理制度、放射性废物处置制度、核事故应急管理制度等具体内容。本章将重点探讨核设施安全保障管理制度。虽然不同法律文件对核设施范围的界定存在差异①,但核设施主要指核动力厂及其附属设施这一定性应该没有争议。② 本章将分析探讨核设施安全保障管理制度规范的活动环节,包括选址、设计建造、调试运行、关闭退役等,也将围绕核设施安全管理主体,如监管部门、运营单位的权利义务进行分析,并在此基础上提出构建完善我国核设施安全保障管理制度的具体路径。

## 第一节　核设施安全保障管理制度规范的活动环节

核设施安全保障管理是涉及核设施选址、设计建造、调试运行、关闭退役等全过程的完整体系。在这一体系的每一阶段,会因为管制重点的不同,规范要求也不一样。本节将围绕主要的活动环节进行分析,在动态运行过程中把握核设施安全保障管理制度的规范特征。

---

① 例如,在《国际原子能机构安全术语》中,将"核设施"规定为"核设施(nuclear facility)生产、加工、使用、处理、贮存或处置核材料的设施,包括相关建筑物和设备"。其范围相当广泛,基本上就是经批准的设施的同义词。在《核安全公约》中,将"核设施"规定为"对每一缔约方而言,系指在其管辖下的任何陆基民用核动力厂,包括设在同一场址并与该核动力厂的运行直接有关的设施,如贮存、装卸和处理放射性材料的设施。当按照批准的程序永久地从堆芯卸出所有核燃料元件和安全贮存以及其退役计划经监管机构同意后,该厂即不再为核设施"。显然,《核安全公约》对"核设施"的范围界定窄于《国际原子能机构安全术语》中的规定。

② 这也是本章探讨的重点。本章主要围绕核动力厂及其附属设施展开,不包括后处理厂、燃料制造厂、浓缩工厂、研究设施,放射性废物处理设施则在后一章节中探讨。

## 一、核设施选址

选址是指为一个设施选择适宜场址的过程，包括对有关设计基准作出适当的评定和界定①。核设施选址的科学性、正当性在一定程度上决定了核设施建造运行的稳定性和安全性。为此，国际原子能机构制定了专门的安全标准②，许多国家在法律文件中对核设施选址活动作出了规定③，还有一些国家颁布了专门的法令或者标准，例如，1997 年，捷克颁布了《核装置和重要电离辐射源选址标准》（第 215/1997 号）；2000 年，日本制定了《核子选址区发展法》；2003 年，斯洛伐克通过了《关于核装置核安全要求的法令》（第 167/2003 号法令）等。从现有规定可知④，核设施选址主要涉及两个问题：一是技术评价要求；二是核设施选址管理程序。

### （一）技术评价要求

从技术要求角度看，核设施选址的实质是场址评估。"包括场址调查和场址选择。场址调查是在对一个广大的区域进行调查并排除不适宜的场址之后确定核装置候选场址的过程。场址选择是根据安全性和其他考虑因素对剩余的场址进行筛选和比较，而后对这些场址进行评定以选择出一个或几个优选的候选场址的过程。"⑤

---

① 国际原子能机构：《国际原子能机构安全术语（核安全和辐射防护系列）2007 年版》，载国际原子能机构网站：http://www-ns.iaea.org/downloads/standards/glossary/safety-glossary-chinese2007-10-23.pdf.，2020 年 3 月 1 日最后访问。

② International Atomic Energy Agency, "Safety in Nuclear Power Plant Siting A Code of Practice", https://gnssn.iaea.org/Superseded%20Safety%20Standards/Safety_Series_050-C-S_1978.pdf., March 6, 2020.

③ 例如，我国《核安全法》第二十三条规定：核设施营运单位应当对地质、地震、气象、水文、环境和人口分布等因素进行科学评估，在满足核安全技术评价要求的前提下，向国务院核安全监督管理部门提交核设施选址安全分析报告，经审查符合核安全要求后，取得核设施场址选择审查意见书。

④ 例如，《俄罗斯联邦原子能法》第二十八条规定：核装置、放射源与保存地分布与建造的决定，根据国家生态评估结论并考虑社会组织评估结论作出。作出核装置、放射源和保存地分布与建造的决定，根据俄罗斯联邦政府规定的程序进行。陈刚主编：《世界原子能法律解析与编译》，法律出版社 2011 年版，第 450 页。

⑤ 国际原子能机构：《国际原子能机构安全术语（核安全和辐射防护系列）2007 年版》，载国际原子能机构网站：http://www-ns.iaea.org/downloads/standards/glossary/safety-glossary-chinese2007-10-23.pdf.，2020 年 3 月 1 日最后访问。

一些国家在法律文本中对核设施选址的技术要求作出了规定。例如，2016年捷克《原子法》（Atomic Act）专门规定了"核设施的选址"这一条款：（1）核设施的选址地点应根据以下几个方面进行评估：（a）在核装置的生命周期内会影响核安全、辐射防护、技术安全、辐射状况监测、放射性应急管理和安全的特性；（b）核设施对个人、公众、社会和环境的影响。（2）禁止在一些地区建设核设施。这些地区是根据第1（a）款特性作出的判断，建设核设施会影响核安全、辐射防护、技术安全、辐射状况监测、放射性应急管理和安全水平，并且就目前的科学技术水平而言，不能很好地以技术或行政措施形式进行补救。（3）在对核设施进行选址前，应测量和评估环境和食物链中放射性水平，监测数据结果并保留。（4）应保留根据第1款评估得出的核设施场所特征清单和核设施场址评估范围和方法的要求。①

国际核安全咨询小组《核电站的基本安全原则》报告将"选址"作为重要方面进行了规定：选址时要考虑到可能对核设施安全产生不利影响的当地因素的调查结果；从核设施在正常运行和事故情况下的辐射防护角度对场地进行调查；为建设核电厂选择的场址应该与限制放射性物质意外释放的影响必须采取的措施兼容；为建设核电厂选择的场址应该有一个可靠的长期散热装置，可以在停堆后和更长的时间内去除核电站产生的能量。②

国际原子能机构《核电厂选址安全实践守则》指出，从核安全的角度看，核电站选址的主要目的是在考虑核电厂的正常放射性释放基础上，保护公众免受意外放射性释放所造成的辐射影响。在评估场所是否适合建造核电站时，应考虑以下几个方面：（a）在特定区域发生外部事件可能造成的影响（这些事件可能是自然的或人为的因素）；（b）该场址及其周围环境特征是否会导致放射性物质向人类释放；（c）应考虑可能采取应急措施的人口密度和分布。③

---

① ACT No. 263/2016 of Coll of 14th July 2016 Atomic Act。

② International Atomic Energy Agency, "Basic Safety Principles for Nuclear Power Plants75-INSAG-3 Rev. 1", https：//www-pub. iaea. org/MTCD/Publications/PDF/P082 _ scr. pdf. , March 6, 2020.

③ International Atomic Energy Agency, "Safety in Nuclear Power Plant Siting A Code of Practice", https：//gnssn. iaea. org/Superseded%20Safety%20Standards/Safety_Series_050-C-S_1978. pdf. , March 6, 2020.

总之，从技术要求角度看，核设施选址是根据有关设计基准作出的适当评定①，它需要考虑各种内外部因素，包括需要评估自然和人为的各种事件，例如，洪水、地震、表面塌陷、飓风等；需要考虑空气、地表水、地下水的放射性污染②，从而确保核设施选址的科学性。

(二) 核设施选址管理程序

与核设施选址的技术要求不同，核设施选址的管理过程实质上是风险管理。"风险管理是一种决策形式：决策者在风险带来的危害与其收益之间进行比较，在评估多种风险降低手段如，消除风险、转移风险、降低风险等基础上作出一种选择，并进而采取相应的风险降低措施，其目的是在现有资源限制条件下，将风险降低到社会可接受水平。从程序性规定看，风险管理过程包括风险识别、风险估测、风险评价、选择风险管理技术、评估风险管理效果等全过程，从风险管理体系来看，它包括政策法规、资金支持、监督管理、技术标准或指南等一系列要素。"③

一些国家通过政策法规形式规范核设施选址管理程序。例如，日本先后颁布了《原子炉设置之举办听证要领》《实施细则》《有关核能电厂设立地实施公开听证要纲》等政策法规，对核电站选址听证程序作出规定。④ 2013 年，美国发布《乏燃料和高放废物管理与处置策略》。其核心是建立一整套"基于协商一致"的选址程序。这一程序强调信息公开和公众参与，要求相关机构采取多种措施与利益相关方，如地方政府、社区居民、社团组织等充分沟通交流，在开放讨论、公开透明、程序规范的氛围中促使利益相关者自愿达成协议。⑤

---

① 国际原子能机构：《国际原子能机构安全术语（核安全和辐射防护系列）2007 年版》，载国际原子能机构网站：http：//www-ns. iaea. org/downloads/standards/glossary/safety-glossary-chinese2007-10-23. pdf.，2020 年 3 月 1 日最后访问。

② International Atomic Energy Agency, "Safety in Nuclear Power Plant Siting A Code of Practice", https：//gnssn. iaea. org/Superseded%20Safety%20Standards/Safety_Series_050-C-S_1978. pdf.，March 6, 2020.

③ 李奇伟著：《城市污染场地治理法律制度研究》，法律出版社 2017 年版，第 36 页。

④ 龚向前：《核电厂选址之程序正当性——基于风险社会视角》，载《中国地质大学学报（社会科学版）》2011 年第 3 期。

⑤ 陈长河：《美国核设施选址政策解析》，载《中国核工业》2014 年第 11 期。

应当说，伴随着公众环境意识的加强，核设施选址管理过程已经不再是纯粹的技术评价，而转换成为复杂的风险管理行为。核设施选址决定模式也从以往的"决定-宣布-辩护"（Decide-Announce-Defend，DAD）模式发展为"宣布-辩护-建造"（Announce-Defend-Build，ADB）模式①。一些国家在法律文件中已经明确对其作出规定。例如，1995年，俄罗斯联邦《原子能利用法》第十四条规定："包括非政府组织（或协会）在内的组织和公民有权参加有关原子能利用的立法和计划草案的讨论，也有权参加与选址、设计、建造、运营、退役等有关问题的讨论。联邦当局必须在其权限范围内，在包括非政府组织（或协会）和公民在内的组织参与下，进行有关核设施选址、设计和建设的讨论。根据此类讨论的结果，联邦行政当局应在官方杂志上发表决定。通过这些决定后，受法律保护的利益受损者可以向法院提出起诉。② 2002年，保加利亚《安全使用核能法》规定："部长应组织有关建造核电厂提案的公开讨论，国家和地方政府机构、公共组织代表、私人和有关法人应参加。讨论的通知应在讨论前一个月内通过大众媒体或其他适当方式发出。对讨论结果的评估应附加在第（2）款所指的提案中。"③

### 二、核设施设计建造

核设施设计、建造是核安全管理的重要环节。在核设施设计、建造阶段就需要充分考虑核安全和辐射风险，通过在设计建造过程中融入纵深防御策略、全周期理念、采取多重技术手段以防范风险的外溢。为了规范核设施设计、建造活动，国际原子能机构制定了专门的安全标准④，许多国家在法律文件中对核设施设计、建造活动作出了规定⑤，还有一些国家颁布了专门的核设施设

---

① 汪劲、张钰羚：《我国核电厂选址中的利益衡平机制研究》，载《东南大学学报（哲学社会科学版）》2018年第6期。

② Russian Federation Federal Law No. 170 of 21 November 1995 on the Use of Atomic Energy.

③ Law on the Use of Atomic Energy For Peaceful Purposes.

④ 国际原子能机构发布了《核电厂安全：设计》《核设施建设》等有关安全标准。

⑤ 例如，1988年，芬兰《核能法》第七条规定：在核设施的建造和运行过程中，安全应放在首位。根据安全要求，本法第5章所指的建造许可证持有人应负责核设施的建造。本法第5章所指的经营许可证持有人应负责按照安全要求运营核设施。此外，任何核设施的状况和运行经验都应得到系统的监测和评估。

计、建造安全技术导则①。

(一) 核设施设计

核设施设计（design）是指为一个设施及其组成部分制定概念、制订详细计划、设计支持性计算和技术要求的过程和结果②。从体系化角度理解，核设施设计包括设计的目的、理念、原则、管理要求、主要技术要求、电厂总体设计、电厂特定系统设计等内容；③ 从具体设计对象看，核设施设计包括反应堆堆芯、反应堆冷却剂系统、安全壳结构和安全壳系统、仪器仪表和控制系统、应急电源、支持系统和辅助系统、其他功率转换系统、放射性流出物和放射性废物的处理、燃料装卸和贮存系统、辐射防护等设计④，设计每一个对象时都应该考虑安全的要求。

1. 核设施设计的安全目标

对核设施开展安全设计，其目标与国际社会遵循的核能利用基本安全原则、辐射防护要求保持一致。其基本安全目标在于"保护人类和环境免于电

---

① 例如，我国在核动力厂设计方面制定了大量技术导则，包括核电厂设计中总的安全原则（HAD102/01-1989）；核电厂的抗震设计与鉴定（HAD102/02-1996）；用于沸水堆、压水堆和压力管式反应堆的安全功能和部件分级（HAD102/03-1986）；核电厂内部飞射物及其二次效应的防护（HAD102/04-1986）；与核电厂设计有关的外部人为事件（HAD102/05-1989）；核电厂反应堆安全壳系统的设计（HAD102/06-1990）；核电厂堆芯的安全设计（HAD102/07-1989）；核电厂反应堆冷却剂系统及其有关系统（HAD102/08-1989）；核电厂最终热阱及其直接有关输热系统（HAD102/09-1987）；核电厂保护系统及有关设施（HAD102/10-1988）；核电厂防火（HAD102/11-1996）；核电厂辐射防护设计（HAD102/12-1990）；核电厂应急动力系统（HAD102/13-1996）；核电厂安全有关仪表和控制系统（HAD102/14-1988）；核动力厂燃料装卸和贮存系统设计（HAD102/15-2007）；核动力厂基于计算机的安全重要系统软件（HAD102/16-2004）；核动力厂安全评价与验证（HAD102/17-2006）。参见生态环境部（国家核安全局）：《中国核与辐射安全管理体系总论》，载生态环境部网站：http：//www.mee.gov.cn/ywgz/hyfsaqjg/hyfsaqgltx/202003/P020200319611093673046.pdf.，2020年3月1日最后访问。

② 国际原子能机构：《国际原子能机构安全术语（核安全和辐射防护系列）2007年版》，载国际原子能机构网站：http：//www-ns.iaea.org/downloads/standards/glossary/safety-glossary-chinese2007-10-23.pdf.，2020年3月1日最后访问。

③ 国际原子能机构：《核电厂安全：设计》，载国际原子能机构网站：https：//www-pub.iaea.org/MTCD/Publications/PDF/P1715C_web.pdf.，2020年3月1日最后访问。

④ 国际原子能机构：《核电厂安全：设计》，载国际原子能机构网站：https：//www-pub.iaea.org/MTCD/Publications/PDF/P1715C_web.pdf.，2020年3月1日最后访问。

离辐射的有害影响"。① 具体目标在于通过安全设计"控制对人类的辐射照射和放射性物质向环境的释放"②,"限制可能导致核反应堆堆芯、核链式反应、放射源或任何其他辐射源失控的事件发生的可能性;在发生这类事件的情况下减轻其后果。"③

2. 核设施设计的纵深防御策略

在对核设施进行设计时,防止核电厂事故和发生事故情况下减轻事故后果的主要手段是采取纵深防御措施。④ 纵深防御策略要求在设计时必须提供多重实体屏障⑤,必须具有保守性,且建造必须是高质量的;必须规定通过固有和专设设施控制核电厂行为;必须规定通过自动启动安全系统对核电厂控制加以补充;必须规定通过系统、结构和部件以及程序来控制超出安全系统能力的故障和偏离正常运行情况过程;必须提供多重手段来确保实现每项基本安全功能,从而确保这些屏障的有效性和减轻任何故障或偏离正常运行情况的后果。⑥ 同时,设计必须尽可能地防止一道或多道屏障失效,或者一道屏障因另一道屏障的失效而失效的情况发生,并且运行和维护因失误出现有害后果的可能性。⑦

3. 核设施设计的全周期理念

核设施设计不能只考虑当下,还需要从全周期理念出发在设计时就考虑核

---

① 国际原子能机构:《基本安全原则》,载国际原子能机构网站:https://www-pub.iaea.org/MTCD/Publications/PDF/Pub1273c_web.pdf.,2020 年 3 月 1 日最后访问。

② 国际原子能机构:《基本安全原则》,载国际原子能机构网站:https://www-pub.iaea.org/MTCD/Publications/PDF/Pub1273c_web.pdf.,2020 年 3 月 1 日最后访问。

③ 国际原子能机构:《基本安全原则》,载国际原子能机构网站:https://www-pub.iaea.org/MTCD/Publications/PDF/Pub1273c_web.pdf.,2020 年 3 月 1 日最后访问。

④ 国际原子能机构:《核电厂安全:设计》,载国际原子能机构网站:https://www-pub.iaea.org/MTCD/Publications/PDF/P1715C_web.pdf.,2020 年 3 月 1 日最后访问。

⑤ 核安全咨询组定义了五个层次的纵深防御:第一层:防止异常运行和故障;第二层:控制异常运行并探测故障;第三层:控制设计基准范围内的事故;第四层:控制电厂的严重状况,包括防止事故发展并减轻严重事故的后果;第五层:减轻放射性物质大量释放所产生的放射学后果。国际原子能机构:《国际原子能机构安全术语(核安全和辐射防护系列)2007 年版》,载国际原子能机构网站:http://www-ns.iaea.org/downloads/standards/glossary/safety-glossary-chinese2007-10-23.pdf.,2020 年 3 月 1 日最后访问。

⑥ 国际原子能机构:《核电厂安全:设计》,载国际原子能机构网站:https://www-pub.iaea.org/MTCD/Publications/PDF/P1715C_web.pdf.,2020 年 3 月 1 日最后访问。

⑦ 国际原子能机构:《核电厂安全:设计》,载国际原子能机构网站:https://www-pub.iaea.org/MTCD/Publications/PDF/P1715C_web.pdf.,2020 年 3 月 1 日最后访问。

设施建造、调试运行、关闭退役以及放射性物质运输、乏核燃料和放射性废物管理等方面的安全问题,提前作出规划安排以确保在核设施运行的整个周期内维持电厂设计的完整性。基于此,对其的具体要求包括:"核电厂安全重要事项的设计必须使得能够对它们进行所需的校准、测试、维护、维修或更换、检查和监测,以确保它们执行其功能的能力及维持它们在设计基准中规定的所有工况中的完整性。"① "必须实施安全重要事项验证计划,以核实核电厂的安全重要事项在其设计寿命期间始终能够在必要时以及在当时发生的主要环境条件下执行预定功能,同时在维护和测试期间适当考虑电厂工况。"② "必须确定核电厂安全重要物项的设计寿命。在设计中必须提供适当的裕度,以便适当考虑相关老化、中子脆化和磨损机理以及与年龄有关的降质可能性,从而确保安全重要物项在其整个设计寿命期间执行其必要安全功能的能力。"③

4. 核设施设计的安全管理

核设施设计也需要进行必要的安全管理。这些安全管理要求主要包括:"核电厂建造和(或)运行许可证申请人必须负责确保提交监管机构的设计符合所有适用的安全要求"④;"设计组织必须建立和实施管理系统,以确保在设计过程的所有阶段均考虑并实施为电厂设计所确定的所有安全要求,并确保在最后设计中达到这些要求"⑤;"营运组织必须建立一个正式的体系,以确保电厂设计在核电厂整个周期内的持续安全性"⑥。一些文件还要求"为确保核子反应器设施之设计、安装、检测及测试,确实符合核能安全之要求,经营者应聘请监察机构担任监察工作"⑦。

---

① 国际原子能机构:《核电厂安全:设计》,载国际原子能机构网站:https://www-pub.iaea.org/MTCD/Publications/PDF/P1715C_web.pdf.,2020年3月1日最后访问。
② 国际原子能机构:《核电厂安全:设计》,载国际原子能机构网站:https://www-pub.iaea.org/MTCD/Publications/PDF/P1715C_web.pdf.,2020年3月1日最后访问。
③ 国际原子能机构:《核电厂安全:设计》,载国际原子能机构网站:https://www-pub.iaea.org/MTCD/Publications/PDF/P1715C_web.pdf.,2020年3月1日最后访问。
④ 国际原子能机构:《核电厂安全:设计》,载国际原子能机构网站:https://www-pub.iaea.org/MTCD/Publications/PDF/P1715C_web.pdf.,2020年3月1日最后访问。
⑤ 国际原子能机构:《核电厂安全:设计》,载国际原子能机构网站:https://www-pub.iaea.org/MTCD/Publications/PDF/P1715C_web.pdf.,2020年3月1日最后访问。
⑥ 国际原子能机构:《核电厂安全:设计》,载国际原子能机构网站:https://www-pub.iaea.org/MTCD/Publications/PDF/P1715C_web.pdf.,2020年3月1日最后访问。
⑦ 台湾地区"核子反应器设施管制法"第15条。

## (二) 核设施建造

核设施建造（construction）是指为制造和组装设施的部件、实施土建工程、安装部件和设备以及进行有关试验的过程。[1] 核设施建造是将核设施设计现实化的过程，它包括核设施建设管理系统运行、核设施施工活动管理、核设施建造活动监管等具体内容。

1. 核设施建造的前提条件

核设施建造应建立在较强的安全保障能力基础之上。这些基础能力具体为：适当的法律和政府基础设施，包括具有明确职责、权限和职能的独立监管机构；已建立的监管框架，包括必要的法规和指南，以确保在施工过程中进行有效的监管；资源丰富且技术胜任的被许可人；所有有关方面都建立了完善的安全文化；具有适当资质和经验的承包商；必要时，为监管机构和被许可方提供技术支持的基础结构。[2]

2. 核设施建造活动的监督管理

核设施建造活动的监督管理指的是监管机构对被许可人、承包商、分包商核设施建造活动实施的监管。其目的不在于免除被许可人确保安全的主要责任，而在于验证被许可方是否符合授权以及活动的规范性。其主要做法是：在建设之前，监管机构应根据施工活动进度，安排资源以确保进行一致且及时的监督；监管机构应实施与被许可人详细说明的施工计划相一致的监督计划；在施工开始之前与被许可方建立稳定的沟通渠道；在施工过程中，应通过与有关人员进行讨论、访谈以及检查程序，对与安全有关的建筑活动进行检查和评估；在施工期间，监管机构应酌情审查、评估和检查建议的设计变更、与设计演示有关的研发计划进度、与详细设计有关的文件；监管机构应要求被许可人采取适当的纠正措施，以纠正不符合项并防止发生安全事件；监管机构应对施工过程中获得的经验教训进行总结。[3]

3. 核设施施工管理系统

---

[1] 国际原子能机构：《国际原子能机构安全术语（核安全和辐射防护系列）2007 年版》，载国际原子能机构网站：http://www-ns.iaea.org/downloads/standards/glossary/safety-glossary-chinese2007-10-23.pdf.，2020 年 3 月 1 日最后访问。

[2] International Atomic Energy Agency, "Construction for Nuclear Installations", https://www-pub.iaea.org/MTCD/Publications/PDF/Pub1693Web-54107132.pdf., March 6, 2020.

[3] International Atomic Energy Agency, "Construction for Nuclear Installations", https://www-pub.iaea.org/MTCD/Publications/PDF/Pub1693Web-54107132.pdf., March 6, 2020.

"由于核设施建设活动对核设施未来安全有重大影响,因此,应实施涵盖建设活动全过程的综合管理体系,以确保安全问题不是被孤立地处理,而是在建设活动全过程中被考虑。"① 这一施工管理系统从主体角度看包括被许可人、施工负责人、承包商等主体的管理责任等;从动态管理过程看,包括管理系统建设、实施、监督测量、评估改进;从技术层面看,包括项目管理、设计信息反馈、接口管理、资源建设等;从方法看,包括安全文化、分级管理方法的应用等。② 建设一整套核设施施工管理系统可以从整体角度系统看待核设施建设活动,持续稳定的实现对建造活动的质量控制,确保核设施建造活动规范有序运行。

4. 核设施施工活动管理

核设施施工活动管理包括应注意事项、制造与装配、现场施工过程三部分。其中,"一般注意事项"要求施工活动应科学计划、由施工单位对施工过程进行连续管理、确保现场制造和组装的设备能够符合安全和设计要求、设计单位应确保可以使用已建立的流程来构建设计、应确保之前的施工工作不会受到后续施工工作的不利影响等。"制造与装配"要求考虑施工条件、工作和环境条件、对异物的控制、验证和测试活动、收运、储存、维护等活动。现场施工过程要求在施工现场收到物品时进行初步检查,确保物品按订购顺序进行,并且在运输过程中没有遭受损坏;收到物品后,施工组织应进行检查,以确保在接受和使用这些物品之前,满足相关规格要求。在现场进行建筑活动之前,应就有关被许可人和建筑组织的安全与核保安的责任达成协议。应对在制造、安装、检查和测试过程中使用的临时设备加以控制。施工期间现场使用或产生的废料和剩余消耗品应由承包商清除,并在工作完成后以适当方式处置。③

三、核设施调试运行

对核设施调试、运行的组织管理是实现核设施高水平安全保障的重要内容。在核设施调试、运行阶段需要通过设定安全目标和原则、制订调试运行安

---

① International Atomic Energy Agency,"Construction for Nuclear Installations",https://www-pub.iaea.org/MTCD/Publications/PDF/Pub1693Web-54107132.pdf.,March 6,2020.
② International Atomic Energy Agency,"Construction for Nuclear Installations",https://www-pub.iaea.org/MTCD/Publications/PDF/Pub1693Web-54107132.pdf.,March 6,2020.
③ International Atomic Energy Agency,"Construction for Nuclear Installations",https://www-pub.iaea.org/MTCD/Publications/PDF/Pub1693Web-54107132.pdf.,March 6,2020.

全计划、规范营运组织管理结构、实现运行安全管理以及为核设施退役作准备等措施确保核设施安全。为了规范核设施调试、运行活动,国际原子能机构制定了专门的安全标准①,许多国家在法律文件中对核设施调试、运行活动作出了规定,还有一些国家颁布了专门的核设施调试、运行安全技术导则。②

(一) 核设施调试

核设施调试(commissioning)是指已竣工的设施和活动的系统和部件投入试运行,以验证其性能是否符合设计要求和达到性能指标的过程。③ 按照我国安全标准——《核电厂调试程序》的规定,核设施调试主要涉及以下几个方面:第一,应编写调试大纲。调试大纲必须列出所需要的全部试验和有关的活动。④ 这些试验和活动能验证核电厂的设计和建造是合适的,并能使核电厂安全地运行。⑤ 在开始实施调试大纲时,必须审查预运行试验的先决条件,在每个阶段结束时,必须审查试验结果和文件。⑥ 在营运单位对本阶段的全面审查表示满意,并证明已符合国家核安全局的要求前,不得批准进入下一阶段的调试。⑦ 第二,调试应分阶段进行。主要的调试阶段是:预运行试验;装料,初

---

① 国际原子能机构:《核电厂安全:调试和运行》,载国际原子能机构网站:https://www.iaea.org/zh/publications/8799/safety-of-nuclear-power-plants-commissioning-and-operation.,2020年3月1日最后访问。

② 例如,我国在核动力厂设计方面制定了大量技术导则,包括《核动力厂运行限值和条件及运行规程》(HAD103/01-2004);核电厂调试程序(HAD103/02-1987);核电厂堆芯和燃料管理(HAD103/03-1989);核电厂运行期间的辐射防护(HAD103/04-1990);核动力厂人员的招聘、培训和授权(HAD103/05-2013);核动力厂营运单位的组织和安全运行管理(HAD103/06-2006);核电厂在役检查(HAD103/07-1988);核电厂维修(HAD103/08-1993);核电厂安全重要物项的监督(HAD103/09-1993);核动力厂运行防火安全(HAD103/10-2004);核动力厂定期安全审查(HAD103/11-2006);核动力厂老化管理(HAD 103/12-2012)。生态环境部(国家核安全局):《中国核与辐射安全管理体系总论》,载生态环境部网站:http://www.mee.gov.cn/ywgz/hyfsaqjg/hyfsaqgltx/202003/P020200319611093673046.pdf.,2020年3月1日最后访问。

③ 国际原子能机构:《国际原子能机构安全术语(核安全和辐射防护系列)2007年版》,载国际原子能机构网站:http://www-ns.iaea.org/downloads/standards/glossary/safety-glossary-chinese2007-10-23.pdf.,2020年2月18日最后访问。

④ 《核电厂调试程序》。

⑤ 《核电厂调试程序》。

⑥ 《核电厂调试程序》。

⑦ 《核电厂调试程序》。

始临界和低功率试验；功率试验。① 第三，调试应制定书面程序。全部调试试验必须按照批准的书面程序执行。② 对于安全上重要的调试程序及其变更，必须向国家核安全局提交报告。③ 关于细节的变更一般可由该项工作负责人在职权范围内作出。应保证及时地报送所制定的程序，以使调试能安全和有效地进行。④ 第四，应规定调试组织、职责和监查。营运单位作为国家核安全局批准营运核电厂的单位，必须全面地管控和协调整个调试工作，保证圆满完成并承担安全责任。⑤ 营运单位必须采取必要措施，以便及时纠正由监查所发现的任何缺陷。⑥ 第五，应及时应对调试过程中的偏离。在调试过程中，可能需要对设计、大纲或试验进行变更，也许会遇到意外的结果和发生事故，为此，营运单位必须规定处理这些情况的程序。⑦

（二）核设施运行

核设施运行（operation）是指为实现经批准的设施的建造目的而开展的所有活动。就核电厂而言，这包括维护、换料、在役检查和其他相关活动。⑧ 按照国际原子能机构安全标准《核电厂安全：调试和运行》的规定，核设施运行主要涉及以下几个方面：第一，必须按照营运组织的政策和监管机构的要求制定全面适用于反应堆及其相关设施正常运行、预期运行事件和事故工况的运行程序。⑨ 第二，营运组织必须确保将运行控制室和控制设备保持在合适的状态。⑩ 第三，营运组织必须制订和实施在所有工作区维持高标准材料状况、内

---

① 《核电厂调试程序》。
② 《核电厂调试程序》。
③ 《核电厂调试程序》。
④ 《核电厂调试程序》。
⑤ 《核电厂调试程序》。
⑥ 《核电厂调试程序》。
⑦ 《核电厂调试程序》。
⑧ 国际原子能机构：《国际原子能机构安全术语（核安全和辐射防护系列）2007年版》，载国际原子能机构网站：http://www-ns.iaea.org/downloads/standards/glossary/safety-glossary-chinese2007-10-23.pdf.，2020年2月18日最后访问。
⑨ 国际原子能机构：《核电厂安全：调试和运行》，载国际原子能机构网站：https://www.iaea.org/zh/publications/8799/safety-of-nuclear-power-plants-commissioning-and-operation.，2019年6月8日最后访问。
⑩ 国际原子能机构：《核电厂安全：调试和运行》，载国际原子能机构网站：https://www.iaea.org/zh/publications/8799/safety-of-nuclear-power-plants-commissioning-and-operation.，2019年6月8日最后访问。

务管理和洁净度的计划。① 第四，营运组织必须制订和实施一项为化学和放射化学提供必要支持的化学计划。② 第五，营运组织必须负责进行与堆芯管理和厂内燃料装卸相关的所有活动，并就此作出安排。③ 第六，营运组织必须确保制订和实施有效的维护、测试、监督和检查计划。④ 第七，除非监管机构另行核准，营运组织必须制订一项退役计划，并在电厂的整个寿期内保持该计划，以证明可以安全地并以实现规定的终态的方式完成退役。⑤

## 四、核设施退役

核设施退役（decommissioning）是指为允许取消对一个设施的部分或全部监管控制而采取的管理和技术行动。⑥"退役活动"系指批准后的最终退役计划中所述的程序、过程和工作活动（例如，结构、系统和部件的去污和（或）拆除）。⑦ 制定退役计划、实施退役活动始于设计阶段，并贯穿于整个设施运行周期，包括：编制初步退役计划、收集相关资料和数据以利于未来的退役、选择退役策略、对设施进行放射性表征、编制最终退役计划、估算经费、确定退役项目财政资源的提供、将计划提交监管机构审查和批准、根据国家要求开

---

① 国际原子能机构：《核电厂安全：调试和运行》，载国际原子能机构网站：https：//www.iaea.org/zh/publications/8799/safety-of-nuclear-power-plants-commissioning-and-operation.，2019年6月8日最后访问。

② 国际原子能机构：《核电厂安全：调试和运行》，载国际原子能机构网站：https：//www.iaea.org/zh/publications/8799/safety-of-nuclear-power-plants-commissioning-and-operation.，2019年6月8日最后访问。

③ 国际原子能机构：《核电厂安全：调试和运行》，载国际原子能机构网站：https：//www.iaea.org/zh/publications/8799/safety-of-nuclear-power-plants-commissioning-and-operation.，2019年6月8日最后访问。

④ 国际原子能机构：《核电厂安全：调试和运行》，载国际原子能机构网站：https：//www.iaea.org/zh/publications/8799/safety-of-nuclear-power-plants-commissioning-and-operation.，2019年6月8日最后访问。

⑤ 国际原子能机构：《核电厂安全：调试和运行》，载国际原子能机构网站：https：//www.iaea.org/zh/publications/8799/safety-of-nuclear-power-plants-commissioning-and-operation.，2019年6月8日最后访问。

⑥ 国际原子能机构：《国际原子能机构安全术语（核安全和辐射防护系列）2007年版》，载国际原子能机构网站：http：//www-ns.iaea.org/downloads/standards/glossary/safety-glossary-chinese2007-10-23.pdf.，2020年2月18日最后访问。

⑦ 国际原子能机构：《设施退役》，载国际原子能机构网站：https：//www-pub.iaea.org/MTCD/Publications/PDF/Pub1652CWeb-6826044.pdf.，2019年6月8日最后访问。

展公众咨询活动。①

(一) 编制退役计划

"成功的退役取决于仔细编制一个妥善的计划。"② 国际原子能机构安全标准《核动力厂和研究堆的退役》认为,制订计划可以区分为三个阶段:初始阶段、进行阶段和最终阶段③。在初始阶段,营运单位在申请建造一座新反应堆许可证时,应该编制和提交一份初始退役计划。④ 在进行阶段,在一座反应堆运行期间,应该根据退役技术的进展、可能发生的事件——包括异常事件、规章和政府政策的修订,在合适情况下还应根据费用概算和财政储备,来审查和更新退役计划,并使其更全面。⑤ 在最终阶段,当知道一座核反应堆最终关闭的时间进程时,营运单位应该开始对退役作详细研究并最终确定方案。⑥ 在此之后,营运单位应该提交一份包含最终退役计划的申请书,供监管机构审查和批准。在退役过程中退役计划可能要求修订或进一步完善,从而可能要求进一步的监管批准。⑦

---

① 国际原子能机构:《设施退役》,载国际原子能机构网站:https://www-pub.iaea.org/MTCD/Publications/PDF/Pub1652CWeb-6826044.pdf.,2019年6月8日最后访问。

② 国际原子能机构:《核动力厂和研究堆的退役》,载国际原子能机构网站:https://www-pub.iaea.org/MTCD/Publications/PDF/Pub1079c_web.pdf.,2019年6月8日最后访问。

③ 与《核动力厂和研究堆的退役》不同,国际原子能机构在安全标准《设施退役》中只规定了退役计划和最终退役计划两个阶段。

④ 国际原子能机构:《核动力厂和研究堆的退役》,载国际原子能机构网站:https://www-pub.iaea.org/MTCD/Publications/PDF/Pub1079c_web.pdf.,2019年6月8日最后访问。

⑤ 国际原子能机构:《核动力厂和研究堆的退役》,载国际原子能机构网站:https://www-pub.iaea.org/MTCD/Publications/PDF/Pub1079c_web.pdf.,2019年6月8日最后访问。

⑥ 国际原子能机构:《核动力厂和研究堆的退役》,载国际原子能机构网站:https://www-pub.iaea.org/MTCD/Publications/PDF/Pub1079c_web.pdf.,2019年6月8日最后访问。

⑦ 国际原子能机构:《核动力厂和研究堆的退役》,载国际原子能机构网站:https://www-pub.iaea.org/MTCD/Publications/PDF/Pub1079c_web.pdf.,2019年6月8日最后访问。

## (二) 退役方案的选择

具体的退役方案可能是从厂址直接拆卸和移走所有的放射性材料，也可能是在最终拆卸之前进行最少量的早期拆卸和把核动力厂转入安全封闭状态。① 许可证持有者必须对所选的退役策略进行合理化评估②。在评价时要考虑多方面的问题，特别要强调在安全要求与实施退役期间可获得资源之间的平衡，采取代价-利益分析或多属性型分析方法。③ 许可证持有者必须论证，按选择的退役策略，在所有的时段中，设施都将维持在安全状态中，并能达到规定的退役终态，并且不会对后代人造成不适当的负担。④ 如果设施突然关闭，必须根据引发突然关闭的情况对退役策略进行审查，以确定是否需要对策略进行修订。如果关闭系由事故造成，必须在实施经批准的最终退役计划之前使设施恢复到安全配置状态。⑤

## (三) 退役活动的实施

退役活动的具体实施包括准备设施的初始特性报告、移走燃料、包容的维护和变更、去污、拆卸、维护、最终放射性调查等过程。⑥ 在实施退役活动时

---

① 这一种情况称之为暂缓拆卸。国际原子能机构：《核动力厂和研究堆的退役》，载国际原子能机构网站：https://www-pub.iaea.org/MTCD/Publications/PDF/Pub1079c_web.pdf，2019年6月8日最后访问。

② 国际原子能机构：《设施退役》，载国际原子能机构网站：https://www-pub.iaea.org/MTCD/Publications/PDF/Pub1652CWeb-6826044.pdf，2019年6月8日最后访问。

③ 国际原子能机构：《核动力厂和研究堆的退役》，载国际原子能机构网站：https://www-pub.iaea.org/MTCD/Publications/PDF/Pub1079c_web.pdf，2019年6月8日最后访问。

④ 国际原子能机构：《设施退役》，载国际原子能机构网站：https://www-pub.iaea.org/MTCD/Publications/PDF/Pub1652CWeb-6826044.pdf，2019年6月8日最后访问。

⑤ 国际原子能机构：《设施退役》，载国际原子能机构网站：https://www-pub.iaea.org/MTCD/Publications/PDF/Pub1652CWeb-6826044.pdf，2019年6月8日最后访问。

⑥ 国际原子能机构：《核动力厂和研究堆的退役》，载国际原子能机构网站：https://www-pub.iaea.org/MTCD/Publications/PDF/Pub1079c_web.pdf，2019年6月8日最后访问。

应注意三个方面：首先，许可证持有者必须根据国家法规实施最终退役计划，包括放射性废物管理；其次，必须制定和维持与危害相适应的退役应急响应安排，并须及时向监管机构报告安全重要事件；最后，必须对退役中的所有放射性废物进行管理。①

## （四）退役期间的管理

许可证持有者必须确保其综合管理体系覆盖退役的所有方面。综合管理体系必须为实现营运组织包括退役相关目标在内的所有目标所需的安排和过程提供单独的管理框架。这些目标必须包括安全、安保、环境、质量和经济要素。② 具体来看，这一综合管理体系包括人员配备和培训、组织和行政管理、辐射防护、厂内和厂外放射学监测、废物管理、应急计划、实物保护和保障、质量保证和编写文件等要素③。

## （五）退役活动结束和退役许可终止

在退役活动结束时，许可证持有者必须证明已达到最终退役计划中规定的终态标准和所有其他监管要求。④ 监管机构必须审核是否符合终态标准并决定是否终止退役许可⑤。如果经批准的退役终态是对存留构筑物的未来使用限制解除监管控制，则必须制定和维持相应的控制以及监测和监督计划，以实现防

---

① 国际原子能机构：《设施退役》，载国际原子能机构网站：https：//www-pub.iaea.org/MTCD/Publications/PDF/Pub1652CWeb-6826044.pdf.，2019年6月8日最后访问。

② 国际原子能机构：《设施退役》，载国际原子能机构网站：https：//www-pub.iaea.org/MTCD/Publications/PDF/Pub1652CWeb-6826044.pdf.，2019年6月8日最后访问。

③ 国际原子能机构：《核动力厂和研究堆的退役》，载国际原子能机构网站：https：//www-pub.iaea.org/MTCD/Publications/PDF/Pub1079c_web.pdf.，2019年6月8日最后访问。

④ 国际原子能机构：《设施退役》，载国际原子能机构网站：https：//www-pub.iaea.org/MTCD/Publications/PDF/Pub1652CWeb-6826044.pdf.，2019年6月8日最后访问。

⑤ 国际原子能机构：《设施退役》，载国际原子能机构网站：https：//www-pub.iaea.org/MTCD/Publications/PDF/Pub1652CWeb-6826044.pdf.，2019年6月8日最后访问。

护和安全的最优化及对环境的保护①。这些控制须经监管机构批准。如果在完成退役后将放射性废物贮存在场址上，则必须为废物贮存设施向监管机构申请单独的许可②。该许可须包括关于贮存设施退役的要求③。当场址的一部分被解除监管控制的情况下，必须酌情为仍处于监管控制下的场址剩余部分向监管机构申请经修订的或新的单独许可。④ 必须建立一个能够确保按照综合管理系统规定的记录保存要求和监管要求保持所有记录的系统。必须在退役许可被终止前妥善处理来自公众的意见。⑤

## 第二节 核设施安全保障管理制度规范的主体类型

从主体角度看，参与到核设施管理活动当中的主体是多元的，包括政府机构、咨询组织、营运单位、社会团体、社区居民等，但"不管这些设施的规模和复杂程度如何，也不管他们将引起怎样的风险，法律主要涉及两个行动者：监管机构和营运组织"。⑥ 本节将围绕这两类最主要的主体类型进行分析，从主体权利义务视角审视把握核设施安全保障管理制度。

### 一、监管机构

从法律文本设计角度看，在一国核安全法的法制构造中，"核设施安全"的章节总是最重要的章节。而对这一章节内容进行设计可依循的逻辑不是按照

---

① 国际原子能机构：《设施退役》，载国际原子能机构网站：https://www-pub.iaea.org/MTCD/Publications/PDF/Pub1652CWeb-6826044.pdf.，2019年6月8日最后访问。

② 国际原子能机构：《设施退役》，载国际原子能机构网站：https://www-pub.iaea.org/MTCD/Publications/PDF/Pub1652CWeb-6826044.pdf.，2019年6月8日最后访问。

③ 国际原子能机构：《设施退役》，载国际原子能机构网站：https://www-pub.iaea.org/MTCD/Publications/PDF/Pub1652CWeb-6826044.pdf.，2019年6月8日最后访问。

④ 国际原子能机构：《设施退役》，载国际原子能机构网站：https://www-pub.iaea.org/MTCD/Publications/PDF/Pub1652CWeb-6826044.pdf.，2019年6月8日最后访问。

⑤ 国际原子能机构：《设施退役》，载国际原子能机构网站：https://www-pub.iaea.org/MTCD/Publications/PDF/Pub1652CWeb-6826044.pdf.，2019年6月8日最后访问。

⑥ [美] 卡尔顿·施托伊贝尔等著：《核法律手册》，王玉荟等译，原子能出版社2010年版，第61页。

选址、设计建造、调试营运、退役等阶段展开①，就是按照主体类型——监管机构和营运组织展开。② 因此，监管机构的职责任务是核设施安全保障管理制度的核心内容之一。

应当指出的是，从立法层面对监管机构的职责任务进行规定应注意以下几个方面：首先，"核法律中只应包含适用于所有核设施的原则和通用技术准则。所有的详细技术要求应反映在监管机构所颁布的准则、法规、标准或导则中"。③ 这是因为核安全监管涉及大量的安全措施，而这些措施很多都是技术性措施④，内容繁复，一部核法律很难对其作出详细规定。其次，立法时应平衡核安全保障与经营自由的关系。"监管机构必须确保营运组织遵守法律。然而，它不应该不恰当地限制营运组织的行动自由。"⑤ 最后，立法应体现出监管机构对营运组织活动的持续控制。"不管许可证的期限如何，监管机构必须能够在任何时候都清楚地了解营运组织正在如何履行其安全义务。"⑥ 在立法文本当中，这一要求具化为监管机构设置的监督性监测、分阶段的许可、对营运者的检查、强制及定期报告的规定等多个方面。

一般而言，监管机构的法定职责即是对监管机构的授权。这些监管职能主要包括：确定安全要求和规章、初步评估、授证（许可审批、注册等）、检查和评价、强制措施、公众宣传、与其他团体的协调等。⑦ 具体到各个阶段监管机构的职责详见表6-1。

---

① 一些国家核法律按照选址、设计建造、调试营运、退役等阶段展开，如《俄罗斯联邦原子能法》第六章"核设施、辐射源和储存设施的选址和建设"规定了"关于核设施，辐射源和储存设施选址和建设的决定""批准核设施，辐射源和储存设施的运行和调试""退役核设施、辐射源和储存设施的运行参数"。
② 例如，瑞典《核活动法》专章规定了被许可人的一般义务。
③ ［美］卡尔顿·施托伊贝尔等著：《核法律手册》，王玉荟等译，原子能出版社2010年版，第60页。
④ ［美］卡尔顿·施托伊贝尔等著：《核法律手册》，王玉荟等译，原子能出版社2010年版，第59页。
⑤ ［美］卡尔顿·施托伊贝尔等著：《核法律手册》，王玉荟等译，原子能出版社2010年版，第62页。
⑥ ［美］卡尔顿·施托伊贝尔等著：《核法律手册》，王玉荟等译，原子能出版社2010年版，第63页。
⑦ ［美］卡尔顿·施托伊贝尔等著：《核法律手册》，王玉荟等译，原子能出版社2010年版，第26~28页。

## 第六章 核设施安全保障管理制度

表6-1　　　　　　　　　　监管机构各阶段职责

| 阶段 | 监管机构职责 |
| --- | --- |
| 核设施选址 | 编制选址规划、审查批准环境影响报告书、选址听证、信息公开、实施许可等 |
| 核设施设计建造 | 实施设计建造许可、建设时现场监督检查、监督是否按照已批准的设计进行建造、评估检查建设时的设计变更、要求保留观测点、纠正不符合项等 |
| 核设施调试运行 | 实施调试运行许可、检查和评价、强制措施等 |
| 核设施退役 | 制定退役许可的标准和时间期限、制定为确定设施污染水平而开展放射性调查的要求、制定相关标准、制定关于许可证持有者为退役提供财政保证的要求、制定对退役计划的要求、检查和审查退役活动、采取强制措施、促进安全文化、制定关于收集和保留退役相关记录和报告的要求、当许可证持有者证明已达到批准的终态要求时可终止退役许可等① |

资料来源：国际原子能机构相关文件及《核安全法》《放射性污染防治法》

### 二、营运组织

除了监管机构，营运组织是核安全保障法律关系中的另一个重要主体。营运组织（operating organization）是指申请批准或已被批准运行经批准的设施并负责该设施安全的组织②。在此，营运组织包括从事核设施的选址、设计、建造、调试和（或）运行的组织（及其承包商）。③

对营运组织权利义务的规定，特别是对营运组织开展的各项核利用活动的规定一直以来都是核立法的重点内容。核立法应该强调以下几点：首先，营运组织对核安全保障负有主要责任。营运组织是核活动，如选址、设计建造、调

---

① 国际原子能机构：《设施退役》，载国际原子能机构网站：https://www-pub.iaea.org/MTCD/Publications/PDF/Pub1652CWeb-6826044.pdf.，2019年6月8日最后访问。

② 国际原子能机构：《国际原子能机构安全术语（核安全和辐射防护系列）2007年版》，载国际原子能机构网站：http://www-ns.iaea.org/downloads/standards/glossary/safety-glossary-chinese2007-10-23.pdf.，2020年2月18日最后访问。

③ 国际原子能机构：《国际原子能机构安全术语（核安全和辐射防护系列）2007年版》，载国际原子能机构网站：http://www-ns.iaea.org/downloads/standards/glossary/safety-glossary-chinese2007-10-23.pdf.，2020年2月18日最后访问。

试营运、退役的实施者，是被许可人。营运组织应该对自己的管理行为负责，不应将由自己负担的责任转嫁给政府和社会，在其他主体共同参与的情况下不能免除营运组织的主要责任。其次，营运组织不仅是生产组织，也是管理组织，需要构建完善核设施和活动的综合管理系统（integrated management system）。它是一个综合连贯的管理系统，在该系统中将一个组织的所有组成部分整合为一体，以使该组织的目标得以实现。这些组成部分包括组织结构、资源和组织程序。① 我国《核安全法》就规定："核设施营运单位应当具备保障核设施安全运行的能力，并符合下列条件：（一）有满足核安全要求的组织管理体系和质量保证、安全管理、岗位责任等制度；（二）有规定数量、合格的专业技术人员和管理人员；（三）具备与核设施安全相适应的安全评价、资源配置和财务能力；（四）具备必要的核安全技术支撑和持续改进能力；（五）具备应急响应能力和核损害赔偿财务保障能力；（六）法律、行政法规规定的其他条件。"② 最后，营运组织的管理应该包括技术性手段，如质量保证和工程实践证明；行为性手段，如安全文化。③ 据资料统计，人因造成的核事件约占事件总数的60%~70%。因此，从国家层面促进核安全文化建设有利于减少人因失误和核事件的发生。④ 一些国家在核立法当中已经宣誓了核安全文化建设的重要性⑤，但安全文化这种软性机制其实很难从法律义务层面予以规定。⑥

一般而言，营运组织的法定义务主要包括确立安全条件、进行安全管理、

---

① 国际原子能机构：《国际原子能机构安全术语（核安全和辐射防护系列）2007年版》，载国际原子能机构网站：http://www-ns.iaea.org/downloads/standards/glossary/safety-glossary-chinese2007-10-23.pdf.，2020年2月18日最后访问。

② 《核安全法》第十五条。

③ [美]卡尔顿·施托伊贝尔等著：《核法律手册》，王玉荟等译，原子能出版社2010年版，第64页。

④ 陆浩主编：《中华人民共和国核安全法解读》，中国法制出版社2018年版，第44页。

⑤ 例如，我国《核安全法》第九条规定：国家制定核安全政策，加强核安全文化建设。国务院核安全监督管理部门、核工业主管部门和能源主管部门应当建立培育核安全文化的机制。核设施营运单位和为其提供设备、工程以及服务等的单位应当积极培育和建设核安全文化，将核安全文化融入生产、经营、科研和管理的各个环节。

⑥ [美]卡尔顿·施托伊贝尔等著：《核法律手册》，王玉荟等译，原子能出版社2010年版，第64页。

检验安全管理方式等①。具体到各个阶段营运组织的主要义务详见表6-2。

表6-2 营运组织各阶段义务

| 阶段 | 营运组织义务 |
| --- | --- |
| 核设施选址 | 申请许可、提交核设施选址安全评估报告等 |
| 核设施设计建造 | 申请许可、设计应当符合核安全标准、设置核设施纵深防御体系、提出建造申请、延期建造审批申请、施工管理、具有可追溯性、评估和选择承包商、监督承包商、评估管理系统、采取纠正措施、反馈施工经验等 |
| 核设施调试运行 | 申请调试运行许可，制订调试计划，编写调试大纲，分阶段调试，制定书面调试程序，规定调试组织、职责和监查，及时应对调试过程中的偏离，制定运行程序，制订和实施维持高标准材料状况，内务管理和洁净度的计划，制订实施化学计划，负责进行与堆芯管理和厂内燃料装卸相关的所有活动，制订实施有效的维护，测试，监督和检查计划，制订退役计划等 |
| 核设施退役 | 预提核设施退役费用、编制初步退役计划、收集相关资料和数据、选择退役策略、对设施进行放射性表征、编制最终退役计划、估算经费、确定退役项目财政资源的提供、将计划提交监管机构审查和批准、根据国家要求开展公众咨询活动等② |

资料来源：国际原子能机构相关文件及《核安全法》《放射性污染防治法》

## 第三节 我国核设施安全保障管理制度的审视完善

经过多年的发展，我国已经逐步建立起核与辐射安全法规体系，并制定了大量安全标准和技术导则，为民用核设施从选址、设计、建造、调试和运行，直到退役各个环节提供了法律基础。③ 未来，我国仍应逐步健全核设施许可制

---

① ［美］卡尔顿·施托伊贝尔等著：《核法律手册》，王玉荟等译，原子能出版社2010年版，第64页。

② 国际原子能机构：《设施退役》，载国际原子能机构网站：https：//www-pub.iaea.org/MTCD/Publications/PDF/Pub1652CWeb-6826044.pdf.，2019年6月8日最后访问。

③ 国际原子能机构：《中华人民共和国核与辐射安全监管综合评估报告》，环境保护部（国家核安全局）译，中国环境科学出版社2012年版，第75页。

度、进出口核设施管理制度、核安全经验反馈制度、核安全文化建设制度、公众参与机制、法律救济机制等，推动我国核设施安全保障管理制度的发展完善。

## 一、我国核设施安全保障管理制度的现状审视

核设施安全保障管理制度是核法律体系的重要组成部分。其规范内容反映在法律、行政法规、部门规章、技术导则等文件当中，并分层次体现。具体情况如下：

### （一）法律

2003年《放射性污染防治法》[1]、2017年《核安全法》[2]都专章规定了核设施的安全监管问题。《放射性污染防治法》主要围绕核设施选址、安全许可、环境影响评价制度、三同时制度、进口核设施放射性污染防治要求、核设施规划限制区制度、放射性核素监测、安全保卫、应急管理、退役管理等内容进行了规定；《核安全法》主要围绕核设施选址、建设与管理、核设施营运单位条件、核设施纵深防御和安全评价、核安全质量保证体系、辐射照射控制、放射性核素监测及报告、核设施从业人员培训考核及保障、重要核设施厂址保护及规划限制区管理、核设施安全许可制度、核设施选址管理、核设施设计安全管理、核设施建造申请、核设施建造及调试管理、核设施运行管理、核设施延期管理、核设施停闭管理、核设施退役管理、核设施进出口管理、核设施安全许可管理、核安全技术审查、核安全专家委员会、核安全报告制度、为核设施提供服务管理、核设施特种工艺人员管理等内容进行了规定。[3] 此外，《原子能法（草案）（征求意见稿）》也就原子能利用、安全监督管理、核进出口与国际合作等内容作出了规定。[4]

### （二）法规规章

与核设施有关的行政法规主要是两部：一是1986年《民用核设施安全监督管理条例》；二是1993年《核电厂事故应急管理条例》。与核设施有关的部

---

[1] 2003年《放射性污染防治法》第三章规定了"核设施的放射性污染防治"。
[2] 2017年《核安全法》第二章规定了"核设施安全"。
[3] 陆浩主编：《中华人民共和国核安全法解读》，中国法制出版社2018年版，第73~136页。
[4] 《中华人民共和国原子能法（草案）（征求意见稿）》。

第六章 核设施安全保障管理制度

委规章包括通用系列①和核动力厂系列②两大类，内容涉及核电厂安全许可、操纵人员执照颁发和管理、核设施安全监督、核电厂营运单位报告制度、核电厂营运单位应急准备和应急响应等。

(三) 核安全导则

除法律、法规外，我国还制定颁布了一系列核安全导则，可分为通用系列③

---

① 通用系列主要包括：(1) HAF001 实施细则之一：核电厂安全许可证件的申请和颁发（HAF001/01-1993） 附件一：核电厂操纵人员执照颁发和管理程序（HAF001/01-1993）；(2) HAF001 实施细则之二：核设施的安全监督（HAF001/02-1995） 附件一：核电厂营运单位报告制度（HAF001/02/01-1995） 附件二：研究堆营运单位报告制度（HAF001/02/02-1995） 附件三：核燃料循环设施的报告制度。（HAF001/02/03-1995）；(3) HAF001 实施细则之三：研究堆安全许可证的申请和颁发（HAF001/03-2006）；(4) HAF002 实施细则之一：核电厂营运单位的应急准备和应急响应（HAF002/01-1998）；(5) 核电厂质量保证安全规定（HAF003-1991）；(6) 核与辐射安全监督检查人员证件管理办法（HAF004-2013）。生态环境部（国家核安全局）：《中国核与辐射安全管理体系总论》，载生态环境部网站：http://www.mee.gov.cn/ywgz/hyfsaqjg/hyfsaqgltx/202003/P020200319611093673046.pdf.，2020 年 3 月 1 日最后访问。

② 核动力厂系列主要包括：(1) 核电厂厂址选择安全规定（HAF101-1991）；(2) 核动力厂设计安全规定（HAF102-2016）；(3) 核动力厂运行安全规定（HAF103-2004）；(4) 核电厂运行安全规定附件一：核电厂换料、修改和事故停堆管理（HAF103/01-1994）。生态环境部（国家核安全局）：《中国核与辐射安全管理体系总论》，载生态环境部网站：http://www.mee.gov.cn/ywgz/hyfsaqjg/hyfsaqgltx/202003/P020200319611093673046.pdf.，2020 年 3 月 1 日最后访问。

③ 通用系列核安全导则包括：(1) 核事故应急：核动力厂营运单位的应急准备和应急响应（HAD002/01-2010）；地方政府对核动力厂的应急准备（HAD002/02-1990）；核事故辐射应急时对公众防护的干预原则和水平（HAD002/03-1991）；核事故辐射应急时对公众防护的导出干预水平（HAD002/04-1991）；核事故医学应急准备和响应（HAD002/05-1992）；研究堆应急计划和准备（HAD002/06-1991）；核燃料循环设施营运单位的应急准备和应急响应（HAD002/07-2010）。(2) 核电厂质量保证：核电厂质量保证大纲的制定（HAD003/01-1988）；核电厂质量保证组织（HAD003/02-1989）；核电厂物项和服务采购中的质量保证（HAD003/03-1986）；核电厂质量保证记录制度（HAD003/04-1986）；核电厂质量保证监查（HAD003/05-1988）；核电厂设计中的质量保证（HAD003/06-1986）；核电厂建造期间的质量保证（HAD003/07-1987）；核电厂物项制造中的质量保证（HAD003/08-1986）；核电厂调试和运行期间的质量保证（HAD003/09-1988）；核燃料组件采购、设计和制造中的质量保证（HAD003/10-1989）。生态环境部（国家核安全局）：《中国核与辐射安全管理体系总论》，载生态环境部网站：http://www.mee.gov.cn/ywgz/hyfsaqjg/hyfsaqgltx/202003/P020200319611093673046.pdf.，2020 年 3 月 1 日最后访问。

和核动力厂系列①两大类,内容涵盖核事故应急管理、核电厂质量保证、核动力厂选址、设计、运行等内容。②

总体上,我国已经逐步建立起核设施管理政策法规体系,涵盖了核设施选址、设计建造、调试运行、退役等各阶段,并对各类主体,特别是对监管机构、营运组织的权力(利)、义务作出了规定,从制度层面保障了我国核设施安全。

---

① 核电厂系列核安全导则包括:(1)核动力厂选址:核电厂厂址选择中的地震问题(HAD101/01-1994);核电厂厂址选择的大气弥散问题(HAD101/02-1987);核电厂厂址选择及评价的人口分布问题(HAD101/03-1987);核电厂厂址选择的外部人为事件(HAD101/04-1989);核电厂厂址选择的放射性物质水力弥散问题(HAD101/05-1991);核电厂厂址选择与水文地质的关系(HAD101/06-1991);核电厂厂址查勘(HAD101/07-1989);滨河核电厂厂址设计基准洪水的确定(HAD101/08-1989);滨海核电厂厂址设计基准洪水的确定(HAD101/09-1990);核电厂厂址选择的极端气象事件(不包括热带气旋)(HAD101/10-1991);核电厂设计基准热带气旋(HAD101/11-1991);核电厂的地基安全问题(HAD101/12-1990)。(2)核动力厂设计:核电厂设计中总的安全原则(HAD102/01-1989);核电厂的抗震设计与鉴定(HAD102/02-1996);用于沸水堆、压水堆和压力管式反应堆的安全功能和部件分级 HAD102/03-1986);核电厂内部飞射物及其二次效应的防护(HAD102/04-1986);与核电厂设计有关的外部人为事件(HAD102/05-1989);核电厂反应堆安全壳系统的设计(HAD102/06-1990);核电厂堆芯的安全设计(HAD102/07-1989);核电厂反应堆冷却剂系统及其有关系统(HAD102/08-1989);核电厂最终热阱及其直接有关输热系统(HAD102/09-1987);核电厂保护系统及有关设施(HAD102/10-1988);核电厂防火(HAD102/11-1996);核电厂辐射防护设计(HAD102/12-1990);核电厂应急动力系统(HAD102/13-1996);核电厂安全有关仪表和控制系统(HAD102/14-1988);核动力厂燃料装卸和贮存系统设计(HAD102/15-2007);核动力厂基于计算机的安全重要系统软件(HAD102/16-2004);核动力厂安全评价与验证(HAD102/17-2006)。(3)核动力厂运行:核动力厂运行限值和条件及运行规程(HAD103/01-2004);核电厂调试程序(HAD103/02-1987);核电厂堆芯和燃料管理(HAD103/03-1989);核电厂运行期间的辐射防护(HAD103/04-1990);核动力厂人员的招聘、培训和授权(HAD103/05-2013);核动力厂营运单位的组织和安全运行管理(HAD103/06-2006);核电厂在役检查(HAD103/07-1988);核电厂维修(HAD103/08-1993);核电厂安全重要物项的监督(HAD103/09-1993);核动力厂运行防火安全(HAD103/10-2004);核动力厂定期安全审查(HAD103/11-2006);核动力厂老化管理(HAD 103/12-2012)。生态环境部(国家核安全局):《中国核与辐射安全管理体系总论》,载生态环境部网站:http://www.mee.gov.cn/ywgz/hyfsaqjg/hyfsaqgltx/202003/P020200319611093673046.pdf.,2020年3月1日最后访问。

② 生态环境部(国家核安全局):《中国核与辐射安全管理体系总论》,载生态环境部网站:http://www.mee.gov.cn/ywgz/hyfsaqjg/hyfsaqgltx/202003/P020200319611093673046.pdf.,2020年3月1日最后访问。

## 二、我国核设施安全保障管理制度的构建完善

未来，我国核设施安全保障管理制度应该依循问题导向逐步健全核设施许可证制度、公众参与机制、法律救济机制、进出口核设施管理制度、核安全经验反馈制度和核安全文化建设制度，推动我国核设施安全保障管理制度的构建完善。

### （一）许可证制度

对核设施相关事项进行审查批准无疑是监管机构加强安全监管的重要手段。我国在《核安全法》《放射性污染防治法》等法律中明确规定了核设施安全许可制度[1]，并且在法治实践中发挥了重要作用。但我国核设施安全许可制度仍然不完善。有学者就指出：我国核设施安全许可法律制度存在许可主体的设定缺乏专业性、独立性，许可类型设置不合理，许可条件不全面，许可监管过程缺乏公众参与缺乏公众参与等问题[2]。未来，应从以下几个方面对许可证制度进行优化。

首先，丰富许可证类型。《核安全法》规定了核设施选址、建造、调试、运行、退役五种许可证类型，但唯独缺乏对核设施设计许可的规定。实践中，"人员差错、设备缺陷和设计步骤是导致我国核电厂运行事件的3个主要因素"[3]。截至2011年，在我国发生的所有运行事件中，设计不周导致的运行事件占较大的比例，共67起，约占运行事件总数的10.1%[4]。这些问题提示人们，应从源头设计层面加强核设施安全保障，对核设施设计实施行政许可。

其次，细化延期许可规则。国际原子能机构关于中国核与辐射安全监管综合跟踪评估报告指出："环境保护部（国家核安全局）已为核电厂许可证的更新发布了《核电厂运行许可证有效期限延续（OLE）的技术政策》，并制订了

---

[1] 《核安全法》第二十二条。

[2] 赵舒婕：《我国核设施安全许可法律制度研究》，西南政法大学2017年硕士学位论文，第14~18页。

[3] 环境保护部核与辐射安全监管二司、环境保护部核与辐射安全中心：《中国核电厂运行事件综合报告》，中国环境科学出版社2012年版，第59页。

[4] 环境保护部核与辐射安全监管二司、环境保护部核与辐射安全中心：《中国核电厂运行事件综合报告》，中国环境科学出版社2012年版，第64页。

泰山核电厂运行许可证延期、更新的计划；然而，相应的法规、正式程序及导则尚缺。①"虽然 2019 年生态环境部发布了《核动力厂、研究堆、核燃料循环设施安全许可程序规定》，但该规定关于延续许可的规定只有第三十一条、第三十二条两条，并没有就延续许可建立具体的程序与指南，而且其规定的延期许可有效期最长可以为二十年，在时间周期上也偏长。未来，可以在修订《核动力厂、研究堆、核燃料循环设施安全许可程序规定》时进一步对延期许可对象、程序、审批内容、最长期限等内容作出更为详细的规定。

再次，规定撤销许可证规则。一些国家在法律文本中明确规定了许可证撤销的情况。例如，1995 年，俄罗斯联邦《原子能利用法》第二十九条规定，"当建造核设施、辐射源或储存设施的决定被同意，但因为安全环境恶化或其他不利因素影响导致其安全水平下降，应撤销已经作出的决定，或者停止、暂停相关设施建造"。② 我国《核安全法》《放射性污染防治法》并未就撤销许可证的情形作出规定。未来，应当在政策文件中补齐这一规定，就撤销发生的条件、决定机关、撤销程序等问题作出进行规定。

最后，规定许可证撤销时的补偿规则。1987 年，芬兰《核能法》第二十七条规定："如果取消了建造、运营核设施许可证或运行核设施的许可被撤销，则被取消的许可证持有人或被撤销运营核设施许可证的申请人有权从芬兰政府用于建造该设施的直接费用中获得补偿。"③ 对我国而言，还未建立相关的补偿规则。补偿主体是谁？经费来源如何？补偿标准怎样？哪些情况应予补偿，哪些情况不应补偿？等问题都亟待在未来立法中予以明确规定。

## （二）公众参与机制

核设施安全管理本质上是风险管理，而风险管理过程要求充分的风险沟通和公众的实质参与。在核安全风险规制过程中，"风险沟通的意义在于，不仅使建立在专家理性基础上的风险评估和基于政治考量的风险管理合法化，更重要的在于使公众参与到环境规制的过程中，从而清晰地了解风险的本质，表达

---

① 国际原子能机构：《国际原子能机构关于中国核与辐射安全监管综合跟踪评估报告》，生态环境部译，中国环境出版集团 2018 年版，第 56 页。

② *Russian Federation Federal Law No. 170 of 21 November 1995 on the Use of Atomic Energy.*

③ *Nuclear Energy Act.*

自身的利益诉求,使风险决策的基础扩展到社会共识"。① 具体到政策法规设计上,则要求在核设施选址、设计、建造、调试、运行、退役等环节规定信息公开和公众参与形式。从现状看,我国《放射性污染防治法》没有对信息公开和公众参与作出规定,《核安全法》则设了"信息公开和公众参与"专章,体现了《核安全法》对信息公开和公众参与事项的重视。未来,相关规定还应该进一步完善。一方面,应制定出台《核能利用活动公众参与办法》。借鉴2018年生态环境部制定设施的《环境影响评价公众参与办法》,以部委规章形式对公众参与原则、形式、时机、程序、救济途径等作出详细规定。另一方面,尝试以自愿协议的形式与利益相关者就核设施选址建设等问题达成一致。可以借鉴2013年美国《乏燃料和高放废物管理与处置策略》的做法,建立一套"基于协商一致"的选址程序。在这一程序中,强调信息公开和公众参与,要求相关机构采取多种措施与利益相关方,如地方政府、社区居民、社团组织等充分沟通交流,在开放讨论、公开透明、程序规范的氛围中促使利益相关者自愿达成协议。②

### (三) 救济机制

法谚云:"无救济即无法律"(no remedy, no law)。"在整个法的领域中没有无救济的权利,这一表述之所以正确是因为对权利存在与否所能做的唯一的检验就是看它能否存在有某些法律救济。"③ 在核安全法律规制中,同样关涉到咨询组织、营运单位、社会团体、社区居民等多元主体权利,这些权利也需要法律保障,当被侵害时也应该获得法律救济。

从我国目前情况看,相关机制仍不健全。首先,虽然核损害赔偿民事法律责任在《核安全法》以及《国务院关于核事故损害赔偿责任问题的批复》中作出了规定,但仍不完善;其次,监管机构作出的行政决定可能会对营运组织正常经营权利造成影响,如果造成损害应当予以赔偿,而这一点在《核安全法》《放射性污染防治法》中都未作出规定;最后,当公众对监管机构作出的选址、设计建造、调试运行、退役等许可决定不服时,应当可以提出异议,但相关法律法规未对此作出规定。而在域外法治实践中,已经出现了针对核设施

---

① 李奇伟著:《城市污染场地治理法律制度研究》,法律出版社2017年版,第37页。
② 陈长河:《美国核设施选址政策解析》,载《中国核工业》2014年第11期。
③ 韩世远:《违约损害赔偿序说》,载《法制与社会发展》1985年第5期。

设计、建造、运行等问题提起的诉讼。例如，爱尔兰诉英国 MOX 核电厂案。[①]双方争议的焦点其实是核设施设计、建设的安全性问题；又如，加拿大地区纳税人协会针对布鲁斯核电厂乏燃料储存项目提出的司法审查请求[②]，其争议的焦点也在于项目的最终设计是否适当考虑了项目对人类健康及生态环境可能产生的影响。未来，我国也应该在法律救济机制建设上作出进一步努力，完善核损害赔偿民事责任制度，健全行政许可损害的国家赔偿机制，更好地保障相关主体权利。

（四）进出口核设施管理

核技术国际交流与合作是保障核安全的重要举措。从国外情况看，核能领域的技术合作已经成为常态。例如，2000 年，阿根廷和保加利亚签订了《和平利用核能领域的合作协议》，双方约定将在研究和动力反应堆以及核燃料循环设施的研究、开发、设计、建造和运行方面进行合作。[③] 从国内情况看，到

---

[①] 1993 年，英国核燃料公司发表了关于新建 MOX 核工厂的环境影响评价，作为邻国的爱尔兰担心该核工厂会造成对爱尔兰海的核污染，随即向英国政府表达了对该核工厂的建设和运营的反对意见。1996 年 MOX 核工厂建设完成后，英国核燃料公司根据英国政府的要求共进行了五轮关于 MOX 核工厂经济合理性的咨询论证，爱尔兰政府一再对该论证的环境合理性部分的准确性和规范性提出质疑，但英国政府仍然计划在 2001 年 11 月正式批准 MOX 核工厂的运营。2001 年 10 月 25 日，爱尔兰书面通知英国，提出根据《联合国海洋法公约》第 287 条，将双方关于 MOX 核电厂及放射性物质跨界转移可能引起海洋环境污染的争端提交《公约》附件七规定的仲裁程序。爱尔兰还于 2001 年 11 月 9 日向国际海洋法法庭提出申请，请求法庭判令在仲裁程序开始前，采取临时措施，阻止 MOX 核工厂投入运营。国际海洋法法庭经过审理，驳回爱尔兰采取临时措施的请求。李毅：《从国际法角度探析日本排放核废液入海问题》，载《太平洋学报》2011 年第 12 期。

[②] 1999 年 4 月，加拿大环境部长决定批准布鲁斯核电厂建造乏燃料储存设施项目。地区纳税人协会提出司法审查要求，认为部长的决定基于无关的环境影响评估，并且没有适当考虑该项目对人类健康可能产生的影响。2000 年 1 月，联邦法院以协会不得干涉部长的正当决策程序为由，驳回了司法复审的申请。同时，法院审查了 1992 年 6 月《加拿大环境影响评价法》要求考虑的因素，认为在项目的最终设计中已适当考虑了每个因素。协会不服裁定提出上诉。2001 年 6 月，上诉法院作出裁决，驳回了协会主张。上诉法院裁决指出，法院决不能变成"科学院"，不是由法官来决定要授权哪些项目，而是只要它们遵循法定程序，就应该由主管当局决定。OECD Nuclear Energy Agency, "Nuclear Law Bulletin", https：//www.oecd-nea.org/law/nlb/nlb-68/., March 6, 2020.

[③] OECD Nuclear Energy Agency, "Nuclear Law Bulletin", https：//www.oecd-nea.org/law/nlb/nlb-68/., March 6, 2020.

2012年,原环境保护部(国家核安全局)已经与12个国家的核安全监管当局建立了双边合作关系,包括巴西、加拿大、法国、德国、日本、巴基斯坦、俄罗斯、韩国、西班牙、英国、乌克兰和美国。[1] 同时,我国引进了一些核设施和技术,也基于和平目的向一些国家出口了核设施和技术。面对核技术领域日益频繁的国际交流与合作,我国应该从制度层面规范和加强进出口核设施管理工作。在《核安全法》作出原则规定的基础上,除了要求国外技术和产品进行注册申请以外,还应当详细规定审查批准程序和安全检验程序,建立监督和报告体系并定期沟通审查结果,建立海外办事处以密切关注供应商供货质量[2]确保进出口核设施安全达标。

(五)核安全经验反馈制度

核设施的有效安全保障离不开对良好实践经验的总结、交流、反馈。基于此,近年来国际社会和一些国家纷纷制定出台了相关规定,健全完善核安全经验反馈制度。我国在这方面也取得了长足进步。2012年,国家核安全局印发《运行核电厂经验反馈管理办法(试行)》的通知(国核安发〔2012〕65号)。2017年《核安全法》明确要求"建立核安全经验反馈制度,并及时处理核安全报告信息,实现信息共享"。[3] 未来,还应注重在以下几个方面改进完善:首先,国家核安全局应积极推动建立涵盖核安全各个领域的经验反馈体系。借鉴吸收国外建设经验,加强与科研单位合作,进一步完善各项技术规程和导则[4]。其次,国家核安全局应提出监管要求,审查核电厂经验反馈体系在核电厂日常工作中的作用,以保障维修和运行中出现的异常情况能够正常地反馈到相关技术部门,确保信息交流手段的多样化和渠道的畅通。[5] 再次,深入开展运行事件分析和经验反馈工作。加强运行事件原因分析,找准根本原因,

---

[1] 环境保护部核与辐射安全监管二司、环境保护部核与辐射安全中心:《中国核电厂运行事件综合报告》,中国环境科学出版社2012年版,第24页。

[2] 国际原子能机构发布:《国际原子能机构关于中国核与辐射安全监管综合跟踪评估报告》,生态环境部译,中国环境出版集团2018年版,第82页。

[3] 《核安全法》第三十五条。

[4] 环境保护部核与辐射安全监管二司、环境保护部核与辐射安全中心:《中国核电厂运行事件综合报告》,中国环境科学出版社2012年版,第68页。

[5] 环境保护部核与辐射安全监管二司、环境保护部核与辐射安全中心:《中国核电厂运行事件综合报告》,中国环境科学出版社2012年版,第68页。

采取针对性的改进措施,提炼共性问题、关键问题、前瞻性问题,有针对性地开展相关培训和技术支持。① 最后,建设好国家核安全局经验反馈平台,对平台运行情况进行评估,不断改进完善。

---

① 《国家发展改革委、国家能源局、生态环境部、国防科工局关于进一步加强核电运行安全管理的指导意见》(发改能源〔2018〕765号)。

# 第七章　乏燃料和放射性废物安全保障管理制度

作为核能利用活动的副产品，乏燃料（spent fuel）是指辐照后从反应堆内卸出的核燃料，由于易裂变材料贫化、毒物集聚或辐射损伤，这种燃料不能再以现有形式使用。[1] 放射性废物（radioactive waste）是指为法律和监管目的，含放射性核素的浓度或活度高于监管机构确定的清洁解控水平或受到这种放射性核素污染的废物。[2] 安全、可靠和可持续地管理乏燃料及放射性废物是确保核安全的重要一环。在全球范围内，随着《乏燃料管理安全和放射性废物管理安全联合公约》（以下简称《联合公约》）的开放签署，许多国家在相关方面制定了政策战略、法律法规，并确认了对乏燃料和放射性废物安全管理的法律责任。据此，本章将围绕乏燃料和放射性废物安全管理制度展开，在阐释制度现状、问题基础上，探讨我国乏燃料和放射性废物安全保障管理制度的构建完善路径。

## 第一节　国际乏燃料和放射性废物安全保障管理制度的建设

从现状看，在核安全国际公约和国外立法中，乏燃料和放射性废物安全管理已经成为重要内容。本节将分析探讨乏燃料和放射性废物安全管理法制的建设情况，并试图呈现出各国根据自己国情而采取的不同法治策略。

---

[1] 国际原子能机构：《国际原子能机构安全术语（核安全和辐射防护系列）2007年版》，载国际原子能机构网站：http：//www-ns.iaea.org/downloads/standards/glossary/safety-glossary-chinese2007-10-23.pdf.，2020年3月1日最后访问。

[2] 国际原子能机构：《国际原子能机构安全术语（核安全和辐射防护系列）2007年版》，载国际原子能机构网站：http：//www-ns.iaea.org/downloads/standards/glossary/safety-glossary-chinese2007-10-23.pdf.，2020年3月1日最后访问。

## 一、国际乏燃料和放射性废物安全保障管理制度的建设

现有关于乏燃料和放射性废物安全管理的国际法律文件主要是三类：一是《联合公约》；二是《欧盟关于建立负责任和安全管理乏燃料和放射性废物的共同体框架指令》；三是国际原子能机构相关的安全标准、技术导则。

### （一）《联合公约》

《联合公约》是涉及全球范围内乏燃料管理安全和放射性废物管理安全的唯一有法律约束力的国际文书。在国际原子能机构主持下，该公约于1997年9月5日获得通过，2001年6月18日生效。截至2017年4月，已经有74国家和地区成为公约的缔约方。

在内容上，《联合公约》分为七章四十四条。主要章节为：第一章目标、定义和适用范围；第二章乏燃料管理安全；第三章放射性废物管理安全；第四章一般安全规定；第五章其他规定；第六章缔约方会议；第七章最后条款和其他规定。公约的目标在于："（i）通过加强本国措施和国际合作，包括情况合适时与安全有关的技术合作，以在世界范围内达到和维持乏燃料和放射性废物管理方面的高安全水平；（ii）在满足当代人的需要和愿望而又无损于后代满足其需要和愿望的能力前提下，确保在乏燃料和放射性废物管理的一切阶段都有防止潜在危害的有效防御措施，以便在目前和将来保护个人、社会和环境免受电离辐射的有害影响；（iii）防止在乏燃料或放射性废物管理的任何阶段有放射后果的事故发生，和一旦发生事故时减轻事故后果。"[①] 公约要求："每一缔约方应采取适当步骤，以便：（i）确保乏燃料管理期间的临界问题和所产生余热的排除问题得到妥善解决；（ii）确保与乏燃料管理有关的放射性废物的产生保持在与所采取的循环政策类型一致的可实际达到的最低水平；（iii）考虑乏燃料管理的不同步骤之间的相互依赖关系；（iv）在充分尊重国际认可的准则和标准的本国立法框架内，通过在国家一级应用监管机构核准的适当保护方法，对个人、社会和环境提供有效保护；（v）考虑可能与乏燃料管理有关的生物学、化学和其他危害；（vi）努力避免那些对后代产生的能合理预计到的影响大于对当代人允许的影响的行动；（vii）避免使后代

---

[①]《联合公约》第一条"目标"。

承受过度的负担。"①

从实施机制看,《联合公约》主要通过每三年一次的同行评议实现乏燃料和放射性废物管理的高水平安全。公约规定,"每一缔约方应向每次缔约方审议会议提交一份国家报告"。② 然后,在审议国家组会议期间,由缔约方介绍国家报告,各方就国家报告以开诚布公的方式进行建设性交流和知识共享,最后缔约方以书面形式回复各种问题。通过国家报告同行评议的形式,促进了知识共享和国际乏燃料和放射性废物管理方案的达成。

(二) 欧盟《关于建立负责任和安全管理乏燃料和放射性废物的共同体框架指令》

2011年7月19日,欧盟理事会通过《关于建立负责任和安全管理乏燃料和放射性废物的共同体框架指令》。与《联合公约》略有不同,欧盟《关于建立负责任和安全管理乏燃料和放射性废物的共同体框架指令》是欧盟制定的对其成员国具有约束力的法律文件。其目的在于建立共同体框架,以确保对乏燃料和放射性废物进行负责任和安全的管理,避免给子孙后代造成不必要的负担;确保成员国为乏燃料和放射性废物管理提供适当的国家安排,以保护工人和公众免受电离辐射的危害;确保提供必要的公共信息,鼓励公众参与乏燃料和放射性废物的管理活动。③

从内容上看,该指令重申成员国对管理乏燃料和放射性废物的最终责任,包括建立和维护国家政策和框架,确保所需的资源和透明度。还重申了许可证持有者在乏燃料和放射性废物管理安全方面的首要责任。同时,成员国有义务向公众提供有关乏燃料和放射性废物管理的必要信息,并确保公众有机会有效参与乏燃料和放射性废物管理的决策过程。当然,每个成员国仍然可以自主定义核燃料循环政策。乏燃料既可以被视为可以再加工的资源,也可以被视为直接处置的放射性废物。但无论选择哪种方案,都应考虑将后处理中分离出来的高放乏燃料视为废物进行管理。④ 此外,指令要求成员国应在2013年8月23

---

① 《联合公约》第四条"一般安全要求"。
② 《联合公约》第三十二条"提交报告"。
③ *Establishing a Community Framework for the Responsible and Safe Management of Spent Fuel and Radioactive Waste.*
④ *Establishing a Community Framework for the Responsible and Safe Management of Spent Fuel and Radioactive Waste.*

第一节 国际乏燃料和放射性废物安全保障管理制度的建设

日之前使其法律法规生效,并提交给欧盟委员会①。每个成员国应定期审查和更新国家计划,并酌情考虑科学技术进步以及同行评议建议②。

(三) 国际原子能机构的安全标准

国际原子能机构制定的安全标准主要由"安全基本法则""安全要求""安全导则"三部分构成。其中,与乏燃料和放射性废物管理安全有关的主要是两个:一是一般安全要求中规定的"放射性废物的处置前管理";二是特定安全要求规定的"放射性废物处置设施的安全"。此外,在国际原子能机构网站上可以检索到与乏燃料和放射性废物管理安全有关的文件主要包括:《乏核燃料储存》(SSG-15)、《放射性废物处理、处置和储存管理系统》(GS-G-3.3)、《放射性废物处置》(SSR-5)、《放射性废物处置管理系统》(GS-G-3.4)、《放射性废物处置前管理的安全案例和安全评估》(GSG-3)、《放射性废物处置设施的监测与监视》(SSG-31)、《放射性废物分类》(GSG-1)、《放射性废物近地表处置设施》(SSG-29)、《放射性废物钻孔处置设施》(SSG-1)、《核电站和研究堆放射性废物的处置前管理》(SSG-40)、《核燃料放射性废物的处置前管理》(SSG-41) 等。依据国际原子能机构《规约》的规定,这些安全标准在原子能机构实施本身的工作方面具有约束力,并且在实施由原子能机构援助的工作方面对缔约国也具有约束力。③

二、国外乏燃料和放射性废物安全保障管理制度的建设

国际原子能机构认为,一国乏燃料和放射性废物安全管理的法律框架应该包括国家乏燃料和放射性废物安全战略、权力机关制定的法律、行政机关制定的法规规章、标准以及监管程序等④。一国在构建完善乏燃料和放射性废物安

---

① Establishing a Community Framework for the Responsible and Safe Management of Spent Fuel and Radioactive Waste.
② Establishing a Community Framework for the Responsible and Safe Management of Spent Fuel and Radioactive Waste.
③ 国际原子能机构:《安全领导与管理 一般安全要求》,载国际原子能机构网站:https://www-pub.iaea.org/MTCD/Publications/PDF/P1750C_web.pdf.,2020 年 3 月 1 日最后访问。
④ International Atomic Energy Agency, "Model Regulations for the Use of Radiation Sources and for the Management of the Associated Radioactive Waste", http://www-pub.iaea.org/MTCD/Publications/PDF/TE-1732_web.pdf, March 6, 2020.

全保障管理制度体系时，会根据该国的实际情况选取不同的政策法规模式予以呈现，从而使乏燃料和放射性废物安全保障管理制度展现出共性与个性结合的特点。

### （一）美国

根据经合组织的数据统计，美国乏燃料和放射性废物的总体情况如下：首先是乏燃料。截至2010年年底，累计产生量为6.5万吨；其次是高放射性废物。储存在230个大型地下容器中的液体废物总量为35万立方米；再次是超铀废物。从1999年到2011年5月2日，累计产生量为7.45万立方米；最后是政府所有的低放射性和混合低放射性废物。现存量约为9.7万立方米，截至2010年总的处置量约为1100万立方米。①

为了对乏燃料和放射性废物安全进行有效管理，美国在法治建设方面作出了积极努力：

首先，在专门法制建设上取得了较大成绩。美国先后制定了三部专门的乏燃料和放射性废物安全管理法。分别是1978年《铀厂尾矿辐射控制法》（*Uranium Mill Tailings Radiation Control Act of* 1978）、1982年《核废料政策法》（*Nuclear Waste Policy Act of* 1982）、1985年《低放射性废物政策修正案》（*Low-Level Radioactive Waste Policy Amendments Act of* 1985）。

其次，通过立法对乏燃料和放射性废物实施分类管理。1978年《铀厂尾矿辐射控制法》主要针对铀厂尾矿；1982年《核废料政策法》主要针对高放射性废物；1985年《低放射性废物政策修正案》主要针对低放射性废物。

再次，在立法中明确规定了联邦和各州的管理权限。1982年《核废料政策法》确立了联邦政府在管理高放射性废物及选择永久处置场地上的权力；1985年《低放射性废物政策修正案》则要求每个州自行处置或者与其他州合作处置低放射性废物。

最后，在乏燃料和放射性废物安全管理中引入了行政协议框架。美国《低放射性废物政策修正案》赋予各州处置A、B、C三类低放射性废物的权力，并授权各州以订立契约的形式建立和运营区域性低放射性废物处置设

---

① OECD Nuclear Energy Agency, "Radioactive Waste Management Programmes in Oecd/Nea Member Countries", https://www.oecd-nea.org/rwm/profiles/, March 6, 2020.

施①。到 2016 年，已经有 37 个州与美国核监管委员会达成协议，接受核监管委员会授权对核材料和核活动进行管辖。这类协议可以涵盖核材料、放射性废物、乏燃料等内容。②

在乏燃料和放射性废物安全管理方面，美国式监管也存在一些特点。例如，美国已制定了不再对乏燃料进行后处理③的政策，并已决定在地质处置设施中处置完整的乏燃料。就这一点上，美国与欧洲已形成不同的乏燃料处理处置理念；④ 又如，美国制订实施了接收国外研究堆乏燃料计划。在 20 世纪 50 年代后期，美国开始回收国外研究堆中含有美国提供的浓缩铀的乏燃料。自 1996 年以来，美国能源部通过一项计划，将符合资格的源于美国的乏燃料从世界各国运回美国，以进行安全存储和处置。2004 年，美国能源部对计划进行了十年延期。至今，美国已经完成来自 28 个国家 50 多次乏燃料回收。⑤

当然，美国乏燃料和放射性废物安全管理也面临挑战。其中，最大的问题是高放射性废物最终处置场址的选择。1982 年《核废料政策法》授权联邦政府实施永久处置场址计划。作为对该计划的回应，美国对地质库的候选地点进行了严格筛选。在 1983 年至 1986 年期间，美国能源部将考虑的潜在地点数量从 9 个减少到 3 个。1987 年，美国国会指示停止其他地点的选择计划，专门研究内华达州尤卡山场址的可行性。2002 年，在国会通过决议后，美国总统批准了尤卡山场址计划。2008 年 6 月，有关机构向美国核监管委员会提交了许可证申请。然而，2009 年，美国政府宣布终止尤卡山计划，并组建了专家

---

① OECD Nuclear Energy Agency, "Radioactive Waste Management Programmes in Oecd/Nea Member Countries", https：//www.oecd-nea.org/rwm/profiles/, March 6, 2020.

② OECD Nuclear Energy Agency, "Regulatory and Institutional Framework for Nuclear Activities", https：//www.oecd-nea.org/law/legislation/, March 6, 2020.

③ 后处理（reprocessing）是一种工艺或操作，其目的是从乏燃料中提取放射性同位素，以供进一步使用。国际原子能机构：《国际原子能机构安全术语（核安全和辐射防护系列）2007 年版》，载国际原子能机构网站：http：//www-ns.iaea.org/downloads/standards/glossary/safety-glossary-chinese2007-10-23.pdf.，2020 年 3 月 1 日最后访问。

④ 欧洲的理念认为，后处理是最佳战略，因为它能对乏燃料中蕴涵的能量进行最大限度地利用。伍浩松：《欧洲和美国已形成不同的乏燃料处理理念》，载《国外核新闻》2001 年第 11 期。

⑤ OECD Nuclear Energy Agency, "Radioactive Waste Management Programmes in Oecd/Nea Member Countries", https：//www.oecd-nea.org/rwm/profiles/, March 6, 2020.

## 第七章　乏燃料和放射性废物安全保障管理制度

小组以评估替代方法。① 2017 年 6 月，美国总统特朗普提出重振核电计划，打算重启内华达州尤卡山项目。

### （二）加拿大

根据加拿大放射性废物清单，加拿大乏燃料和放射性废物的总体情况如下：截至2016年，高反射性废物库存量为 11 089 立方米，其中，2016 年的产生量为 341 立方米；中反射性废物库存量为 33 155 立方米，其中，2016 年的产生量为 249 立方米；低反射性废物库存量为 2 359 385 立方米，其中，2016 年的产生量为 5 268 立方米；铀尾矿库存量为 2.18 亿吨，其中，2016 年的产生量为 35 万吨；铀废石库存量为 1.69 亿吨，其中，2016 年的产生量为 0；由此可见，加拿大大部分放射性废物（98.1%）是低放射性废物，其中近四分之三是过去受污染的土壤。②

在乏燃料和放射性废物安全管理制度建设方面，加拿大采取了诸多有效措施：

首先，加拿大政府发布了乏燃料和放射性废物安全管理国家政策。1996 年，加拿大政府颁布《放射性废物管理政策框架》。该政策框架宣示将以安全、无害、综合且具有成本效益的方式管理放射性废物，并据此确立了财务制度和管理体制。该政策指出，加拿大政府负责制定政策并监督放射性废物产生者和所有者，确保他们遵守法律要求，并根据批准的长期废物管理计划履行资金和运营职责；按照"污染者付费"原则，放射性废物所有者负责安全管理废物所需设施的资金、组织、管理和运营。③

其次，加拿大议会制定了专门的核燃料废物管理法。2002 年，加拿大议会通过《核燃料废物管理法》，该法的目的在于提供一个框架使总督理事会能够根据废物管理组织的建议，基于全面、综合和经济合理原则就核燃料废物的

---

① OECD Nuclear Energy Agency, "Radioactive Waste Management Programmes in Oecd/Nea Member Countries", https://www.oecd-nea.org/rwm/profiles/, March 6, 2020.

② The Canadian Nuclear Safety Commission, "Inventory of Radioactive Waste in Canada 2016", https://www.nrcan.gc.ca/sites/www.nrcan.gc.ca/files/energy/pdf/uranium-nuclear/17-0467%20Canada%20Radioactive%20Waste%20Report_access_e.pdf., March 6, 2020.

③ Canadian Nuclear Safety Commission, "Oversight of Canada's Framework for Radioactive Waste Management", http://nuclearsafety.gc.ca/eng/resources/fact-sheets/oversight-canada-framework-radioactive-waste-management.cfm, January 16, 2020.

管理作出决定①。该法要求由核能公司建立一个废物管理组织负责管理核燃料废物。该组织应向加拿大政府提交关于废物长期管理方法的研究报告；加拿大政府负责审查废物管理组织编写的研究报告，从拟议的研究方案中选择长期管理方案，并确保在实施过程中进行监督②。

再次，监管机构制定了一系列规范放射性废物管理的法令。如，2004年《放射性废物管理》（P-290号）；2006年《评估放射性废物管理的长期安全性》（G-320号）；2007年《核燃料废物的临时存储》（N292.2）；2008年《中低放射性废物管理》（N292.3）。③

最后，核废料管理组织制定了核废料深层地质处置库选址程序。该选址程序可以分为10个环节。第1环节，核废料管理组织发布选址过程，并向加拿大有关机构报备；第2环节，核废料管理组织开始启动选址过程，通过提供信息、回答问题等方式提升公众选址意识；第3环节，社区确定他们感兴趣的内容，核废料管理组织提供详细简介，进行初步筛选。第4环节，对于仍然感兴趣的社区，将对其潜在适合性进行初步评估；第5环节，对于继续感兴趣的社区，与其潜在受影响的周围社区接触，完成详细场址评估；第6环节，拥有合适场址的社区决定他们是否愿意接受该项目，并提出进行该项目的条款和条件；第7环节，核废料管理组织与拥有首选场址的社区签订正式协议以托管该项目；第8环节，监管机构通过独立、正式和公开的程序审查现场评估结果和项目安全性，如果满足所有要求，则批准进行；第9环节，进行地下示范设施的建设和运营；第10环节，地面设施的建设和运营。④

此外，2007年加拿大政府采纳了核废料管理组织的建议，将适应性阶段管理（Adaptive Phased Management，APM）作为乏燃料和放射性废物长期管理的首选方法。该方法涉及两个方面：技术方法和管理系统。技术方法包括在

---

① *Nuclear Fuel Waste Act*。

② Canadian Nuclear Safety Commission, "Oversight of Canada's Framework for Radioactive Waste Management", http：//nuclearsafety.gc.ca/eng/resources/fact-sheets/oversight-canada-framework-radioactive-waste-management.cfm, January 16, 2020.

③ OECD Nuclear Energy Agency, "Radioactive Waste Management Programmes in Oecd/Nea Member Countries", https：//www.oecd-nea.org/rwm/profiles/, March 6, 2020.

④ Canadian Nuclear Safety Commission, "Moving Forward Together：Process for Selecting a Site for Canada's Deep Geological Repository for Used Nuclear Fuel", https：//www.nwmo.ca/~/media/Site/Files/PDFs/2015/11/04/17/34/1545_processforselectingasiteforcan.ashx? la=en., June 16, 2020.

深地质库中集中控制和隔离废旧核燃料、持续监控、可回收性和选择浅层地下设施进行临时储存；管理系统包括实施进度和方式的灵活性，分阶段和自适应决策，响应技术、研究、本地知识和社会价值的进步，开放、包容和公平的选址过程，在整个实施过程中公众和社区的持续参与等①。显然，适应性阶段管理方法结合了技术和管理要素，将公众参与融入乏燃料和放射性废物管理中提升了决策的透明度。

（三）德国

德国是西欧放射性废物数量最大的国家，在欧盟区域其总量仅次于法国和英国②。数据显示，德国乏燃料和放射性废物的总体情况如下：截至2016年4月1日，发热废物③总量为15 155吨，其中一半被送往后处理，327吨被运回输出国，另一半被临时存储，其中，3 609吨仍处在反应堆场池中。热量可忽略废物总量约为120 000立方米。其中不包括约21 000吨未经预处理的原始废物。所有热量产生可忽略的废物都将在Konrad设施中处理，该设施的容量为303 000立方米④。

关于德国乏燃料和放射性废物安全管理的规定主要存在于《原子能法》的附属条例当中，包括《选址法》（*Standortauswahlgesetz*）、《废物管理基金法》（*Entsorgungsfondsgesetz*）、《废物管理转移法》（*Entsorgungsübergangsgesetz*）、《核废料运输条例》（*Atomrechtliche Abfallverbringungsverordnung*）等，还包括执行欧盟《关于建立负责任和安全管理乏燃料和放射性废物的共同体框架指令》。

在政策实施方面，德国具有以下特点：首先，专门制定了《选址法》。2013年7月27日，德国《选址法》正式生效，其目的在于为乏燃料和放射性废物特别是高放射性废物找到处置场地。依据《选址法》，处置设施选址程序将在2031年前完成。该处置设施将不仅考虑需要后处理的乏燃料，也将考虑

---

① Canadian Nuclear Safety Commission,"Implementing Adaptive Phased Management 2020 to 2024", https：//www.nwmo.ca/~/media/Site/Reports/2020/03/06/19/17/NWMO-Implementation-Plan-202024.ashx? la=en, June 16, 2020.

② Jungjohann, Arne et al. , "The World Nuclear Waste Report 2019 Focus Europe", https：//worldnuclearwastereport.org/. , June 16, 2020.

③ 德国对放射性废物的分类与国际原子能机构不同，主要分为发热废物（Heat-generating waste）和热量可忽略废物（Radioactive waste with negligible heat generation）。

④ Jungjohann, Arne et al. , "The World Nuclear Waste Report 2019 Focus Europe", https：//worldnuclearwastereport.org/. , June 16, 2020.

热量可忽略废物。① 其次，规定了具体的选址程序。《选址法》规定了旨在安全存放高放射性废物设施的各个步骤，包括确定分区、确定地面勘探区域、作出地面勘探和探索计划的决定、地面勘探和地下勘探建议、作出地下勘探计划的决定、地下勘探场址的最终比较和建议、决定场址。② 最后，规定了废物回收要求。根据合同义务，德国承诺回收存储在国外相应设施中的乏燃料和放射性废物。来自英国和法国的放射性废物将被指派给临时存储设施。③

（四）俄罗斯

数据显示，俄罗斯乏燃料和放射性废物的总体情况如下：截至 2011 年 1 月 1 日，液态放射性废物总量为 4.86 亿立方米。其中，低水平放射性废物占 97.1%，高放射性废物占 0.5%。固体放射性废物总量为 8700 万吨。其中，低放射性废物占 79%，高放射性废物占 21%。单就 2012 年来看，液态放射性废物产生量为 205 万立方米，固体放射性废物产生量为 140 万吨。④

在乏燃料和放射性废物安全管理制度建设方面，俄罗斯制定了一系列政策法规文件。其中，基本法律文件包括 1995 年第 170-FZ 号法律《原子能利用法》；2005 年第 139-FZ 号联邦法律《关于批准废核燃料管理安全和放射性废物处理安全联合公约的决定》；2011 年第 190-FZ 号法律《放射性废物管理法》等。⑤ 俄罗斯联邦政府条例包括 2012 年第 899 号法令《批准放射性废物处置规定》；2012 年第 1185 号文件《建立放射性废物管理统一状态系统的过程和时间表》；2012 年第 1188 条《国家放射性废物核算和控制的程序》。⑥ 技术指

---

① OECD Nuclear Energy Agency, "Radioactive Waste Management Programmes in Oecd/Nea Member Countries", https：//www.oecd-nea.org/rwm/profiles/, March 6, 2020.

② The Federal Office for the Safety of Nuclear Waste Management, "Key Data on the Search Process", https：//www.base.bund.de/EN/soa/siteselectionprocess/siteselectionprocess_node.html., March 6, 2020.

③ The Federal Office for the Safety of Nuclear Waste Management, "Return of Radioactive Waste", https：//www.base.bund.de/EN/nwm/waste/return/return.html., March 6, 2020.

④ OECD Nuclear Energy Agency, "Radioactive Waste Management Programmes in Oecd/Nea Member Countries", https：//www.oecd-nea.org/rwm/profiles/, March 6, 2020.

⑤ OECD Nuclear Energy Agency, "Radioactive Waste Management Programmes in Oecd/Nea Member Countries", https：//www.oecd-nea.org/rwm/profiles/, March 6, 2020.

⑥ Federal Environmental, Industrial and Nuclear Supervision, "Nuclear Legislation and Regulatory Documents", http：//en.gosnadzor.ru/framework/nuclear/federal-laws/, March 6, 2020.

导文件包括《核电厂放射性废物管理的安全预防措施》《液体放射性废物的收集、处理、存储和调节》《固体放射性废物的收集、处理、存储和调节》《气态放射性废物的处理》《矿物质开采、加工和使用过程中形成的放射性废物临时存储安全规定》《处置放射性废物原则、标准和基本安全要求》等。①

在政策实施方面，俄罗斯具有以下特点：一方面，在废物分类上，按照放射性废物的形态——液态和固态进行分类，而不是按照国际原子能机构推荐的根据放射性强弱分为低、中、高放射性废物；另一方面，在乏燃料管理政策上，俄罗斯认为乏燃料不是放射性废物，应对其进行再加工以使其返回到核燃料循环中。为此，俄罗斯将建造放射性化学工厂，创新放射性废物的回收技术，最终实现在具有中子反应堆的核电厂中核燃料的封闭循环②。

（五）日本

数据显示，日本乏燃料和放射性废物的总体情况如下：截至2011年3月，高放射性废物总量为1 703罐，液体废物380立方米；低放射性废物中，核反应堆产生的废物——控制杆为8 590根，管箱为47 471个；低放射性废物504 297桶；极低放射性废物1 670吨。其他废物，如半衰期长的放射性废物数量为110 277桶，液体废物为3 908立方米；铀废物和放射性同位素用途产生的放射性废物为49 066桶；核研究和其他相关设施产生的废物为560 000桶。③

在乏燃料和放射性废物安全管理制度建设方面，日本也作出了积极努力。1955年《原子能基本法》、1957年《核原料、核燃料材料和反应堆管理法》、1957年《关于防止放射性同位素等引起辐射危害的法律》、2000年《高放废物最终处置法》④、2011年《关于处理放射性污染的特别措施法》等。其中，《核原料、核燃料材料和反应堆管理法》规定了由反应堆设施产生的放射性废物核素浓度上限；《高放废物最终处置法》确定了选择高放射性废物处置场址

---

① OECD Nuclear Energy Agency, "Radioactive Waste Management Programmes in Oecd/Nea Member Countries", https：//www.oecd-nea.org/rwm/profiles/, March 6, 2020.

② OECD Nuclear Energy Agency, "Radioactive Waste Management Programmes in Oecd/Nea Member Countries", https：//www.oecd-nea.org/rwm/profiles/, March 6, 2020.

③ OECD Nuclear Energy Agency, "Radioactive Waste Management Programmes in Oecd/Nea Member Countries", https：//www.oecd-nea.org/rwm/profiles/, March 6, 2020.

④ OECD Nuclear Energy Agency, "Regulatory and Institutional Framework for Nuclear Activities", https：//www.oecd-nea.org/law/legislation/, March 6, 2020.

的程序、执行机构以及必要的资金安排。《关于处理放射性污染的特别措施法》主要针对日本福岛核泄漏引发的放射性污染治理展开，着眼于受污染废物的安全处置。

在具体的管理过程中，低放射性废物主要由日本核燃料有限公司青森县六所村废物处置中心管理。到2011年底，该中心已处理了约230 000桶废物。对于高放射性废物，2000年《高放射性废物最终处置法》规定了高放废物处置的总体方案。根据该法案，由指定机构NUMO负责规划和选址。选址将分三步进行。第一步，在全国范围内选择初步调查区，这一步主要通过文献调查来完成，尤其是在地质环境的长期稳定性方面；第二步，根据初步调查的结果，对选择区域进行详细的面调查以评估地质环境特征；第三步，根据地面调查结果选择潜在场址进行地下设施调查。从2002年开始，NUMO逐步实施这些步骤，但最终的高放射性废物处置场址仍未确定。①

此外，在对乏燃料进行处置时，日本采用了经国外后处理再运回国内处置的方法。日本公用事业公司与法国和英国公司签署后处理合同，这些公司有权将经形态调整的高放废物返回日本。同时，为了降低处置费用，日本将把低放废物运往英国进行处理，并运回少量高放废物。这将使日本的废物处置费用从28.6亿美元降至7.62亿美元。② 到2008年3月，日本已从法国回收1 310罐废物，到2011年3月，从法国和英国回收了1 338罐废物。③

## 第二节　乏燃料和放射性废物安全保障  
　　　　　管理制度建设考虑的因素

在展开乏燃料和放射性废物安全保障管理制度建设时，应当考虑构建系统的政策法律框架、明确各类主体权利义务，规范设施选址、设计、建造、调

---

① 2002年12月，NUMO开始对市政当局进行公开招标，并发布了四份信息文件："申请说明""选择初步调查区域的选址因素""存储库概念""现场调查社区外展计划"。其目的在于给利益相关者和公众讨论提供基本信息。从具体案例看，自2006年9月以来，日本高知县东洋町在镇和其他组织的主持下举行了研究会议。2007年，镇长向NUMO提出了开始初步调查要约。NUMO收到要约后，根据《高放废物最终处置法》同意了其申请，但高知县东洋町于2007年4月取消了要约，此后未再进行过初步调查。

② 伍浩松：《日本委托英国处理低放核废物》，载《国外核新闻》2006年第6期。

③ OECD Nuclear Energy Agency, "Radioactive Waste Management Programmes in Oecd/Nea Member Countries", https：//www.oecd-nea.org/rwm/profiles/, March 6, 2020.

试、运行、退役各个管理环节。本节将主要围绕上述问题展开探讨。

## 一、政策法律框架

国际原子能机构认为，为了实现系统有序的组织，"需要各国建立法律框架、规定监管机构以规范涉及辐射源和相关放射性废物管理的设施和活动安全"。① 这一政策法律框架包括乏燃料和放射性废物管理国家战略、基本政策、法律架构、监管框架、放射性废物管理组织、资金安排等。

### （一）国家乏燃料和放射性废物管理战略

国家乏燃料和放射性废物管理战略应当明确一国在乏燃料和放射性废物管理方面的责任、监管机构、乏燃料处置的首选方案、放射性废物处置政策、乏燃料和放射性废物进出口政策、核设施退役政策、资金支持政策、公共信息和公众参与相关决策机制等内容。② 例如，在对待乏燃料的态度上，是将其作为资源回收利用还是作为放射性废物进行管理；在乏燃料和放射性废物进出口管理上，是禁止进出口还是有条件的同意进出口储存、再循环。一些国家已经制定了类似的国家管理战略，如 1996 年，加拿大政府颁布的《放射性废物管理政策框架》；2002 年，捷克政府通过的《放射性废物管理政策》（政府第 487/2002 号决议）；③ 2008 年，英国政府发布的《安全管理放射性废物—地质处置执行框架》的白皮书，2014 年发布的《执行地质处置》白皮书等。④

### （二）国家乏燃料和放射性废物管理计划

欧盟《关于建立负责任和安全管理乏燃料和放射性废物的共同体框架指令》规定："各成员国应确保乏燃料和放射性废物管理国家计划的实施，涵盖

---

① International Atomic Energy Agency, "Model Regulations for the Use of Radiation Sources and for the Management of the Associated Radioactive Waste", http：//www-pub. iaea. org/MTCD/Publications/PDF/TE-1732_web. pdf. , March 6, 2020.

② International Atomic Energy Agency, "Status and Trends in Spent Fuel and Radioactive Waste Management", https：//www-pub. iaea. org/MTCD/Publications/PDF/P1799_web. pdf. , March 6, 2020.

③ OECD Nuclear Energy Agency, "Radioactive Waste Management Programmes in Oecd/Nea Member Countries", https：//www. oecd-nea. org/rwm/profiles/, March 6, 2020.

④ 陈乃颖：《英国公布地质处置白皮书》，载《国外核新闻》2014 年第 8 期。

其管辖范围内的所有类型的乏燃料和放射性废物,以及从产生到处置的各个阶段。"① 国家计划应当包含下列内容:在乏燃料和放射性废物管理方面的总体目标;鉴于总体目标,确定实现这些目标的明确时间表;乏燃料和放射性废物清单,以及包括退役在内的对未来乏燃料和放射性废物数量的估算,并根据放射性废物的分类清楚地表明放射性废物和乏燃料的位置、数量;乏燃料和放射性废物从产生到处置的概念、计划以及技术解决方案;处置设施使用寿命结束后的概念或计划,包括保留适当控制的期限以及可以长期使用以保留该设施的方法;为实施乏燃料和放射性废物管理解决方案所需的研究、开发和示范活动;负责监测执行进度;对国家计划实施成本及其评估基础和假设的再评估;有效的融资计划;透明度政策;如果有的话,与成员国或第三国达成的有关乏燃料或放射性废物管理(包括使用处置设施)的协议。② 在指令要求下,成员国应在2013年8月23日之前使法律法规生效,并定期审查和更新国家计划。③

(三)法律框架

法律框架应当包括以下内容:辐射安全要求和规定;乏燃料和放射性废物管理活动许可制度;未经许可禁止乏燃料或放射性废物管理设施运行的要求;适当的机构控制、监管检查以及文件和报告制度;执行适用的法规和许可条款;明确分配参与乏燃料和放射性废物管理的不同机构的责任。④ 一些国家就乏燃料和放射性废物管理制定了专门立法。例如,美国1978年《铀厂尾矿辐射控制法》、1982年《核废料政策法》、1985年《低放射性废物政策修正案》;加拿大2002年《核燃料废物管理法》;俄罗斯2011年《放射性废物管理法》;日本2000年《高放废物最终处置法》;法国2006年《放射性物质和废物可持续管理规划法》等。

---

① *Establishing a Community Framework for the Responsible and Safe Management of Spent Fuel and Radioactive Waste.*

② *Establishing a Community Framework for the Responsible and Safe Management of Spent Fuel and Radioactive Waste.*

③ *Establishing a Community Framework for the Responsible and Safe Management of Spent Fuel and Radioactive Waste.*

④ International Atomic Energy Agency, "Status and Trends in Spent Fuel and Radioactive Waste Management", https://www-pub.iaea.org/MTCD/Publications/PDF/P1799_web.pdf., March 6, 2020.

## （四）监管架构

一国乏燃料和放射性废物管理的政策法律框架应当明确监管机构，并确保监管机构的独立性。在一些国家，乏燃料和放射性废物的产生者负责安全管理活动，包括处置乏燃料和放射性废物，例如加拿大、芬兰、日本、瑞典等国家；更多的国家由行政机关负责放射性废物处理，例如法国、德国、俄罗斯、瑞士等。① 一些国家还设置了专门机构对乏燃料和放射性废物进行管理，例如，韩国成立了放射性废物管理局；捷克成立了放射性废物处置库管理局等。

## （五）资金安排

基于"污染者付费"原则，应当由乏燃料和放射性废物产生者支付处理处置活动的资金。乏燃料和放射性废物产生者应将其视为运行成本在对核设施进行成本收益计算时将其考虑进去，并进行提取。但即使如此，一些成本还是可能在核设施关闭退役以后很长一段时间才出现，因此仍然需要作出长期的资金安排，设立特别基金以用于支付相关费用。在芬兰、瑞典等国家基金被用来支付设施退役和管理退役废物的费用。在其他国家，例如瑞士和美国，则建立了单独的退役资金。② 还有一些国家专门制定了法律法规对乏燃料和放射性废物处置经费予以规定。例如，瑞典于2006年制定了《核活动残余品管理融资法》③。

总体上，透过国家乏燃料和放射性废物管理战略、计划、法律框架、监管架构、资金安排等内容，可以分析和观察一国乏燃料和放射性废物安全保障管理制度建设的总体情况。

---

① International Atomic Energy Agency, "Status and Trends in Spent Fuel and Radioactive Waste Management", https：//www-pub. iaea. org/MTCD/Publications/PDF/P1799_web. pdf., March 6, 2020.

② International Atomic Energy Agency, "Status and Trends in Spent Fuel and Radioactive Waste Management", https：//www-pub. iaea. org/MTCD/Publications/PDF/P1799_web. pdf., March 6, 2020.

③ OECD Nuclear Energy Agency, "Radioactive Waste Management Programmes in Oecd/Nea Member Countries", https：//www. oecd-nea. org/rwm/profiles/, March 6, 2020.

## 二、活动管理环节

《联合公约》对乏燃料和放射性废物管理制度规范的活动环节作出了规定，包括拟议中设施的选址、设施的设计和建造、设施的安全评价、设施的运行等。① 具体来看，乏燃料和放射性废物管理设施的设计"应确保整个运行周期以及退役时的安全性"②，并落实纵深防御策略和全周期理念；设施的调试一般在施工完成、设备测试、性能演示等阶段展开，以验证设备、结构、系统和组件以及整个设备是否按计划执行。③ 设施的运行应按照国家法规和监管机构规定的条件进行操作，操作应基于书面程序，并适当考虑设施的维护以确保其安全性能。④

对于乏燃料和放射性废物管理活动而言，现实中最大的挑战是地质处置设施选址问题。国际原子能机构专门制定了安全标准——《乏燃料的储存》（SSG-15）、《放射性废物地质处置设施》（SSG-14）⑤，域外国家如德国、日本、意大利⑥等专门就地质处置设施选址问题制定了法律法规，加拿大制定了核废料深层地质处置库选址程序，规定了适应性阶段管理方法。然而，即使作出了这些努力，地质处置设施选址问题仍然非常棘手。从美国情况看，2002年，美国总统批准了尤卡山场址计划。但到了2009年，又不得不宣布终止尤

---

① 《联合公约》第五至十七条。

② International Atomic Energy Agency, "Storage of Spent Nuclear Fuel Specific Safety Guide", https：//www-pub.iaea.org/MTCD/Publications/PDF/Pub1503_web.pdf., March 6, 2020.

③ International Atomic Energy Agency, "Storage of Spent Nuclear Fuel Specific Safety Guide", https：//www-pub.iaea.org/MTCD/Publications/PDF/Pub1503_web.pdf., March 6, 2020.

④ International Atomic Energy Agency, "Storage of Spent Nuclear Fuel Specific Safety Guide", https：//www-pub.iaea.org/MTCD/Publications/PDF/Pub1503_web.pdf., March 6, 2020.

⑤ 《放射性废物地质处置设施》附录一规定了"地质处置设施选址"，分为四个阶段：（1）概念和计划阶段；（2）地区调查阶段，选择一个或多个场址进行详细的考虑；（3）详细的现场调查阶段；（4）场址确认阶段。

⑥ 2003年12月意大利颁布第368号法令《建立选择高放射性废物国家储存库程序》。OECD Nuclear Energy Agency, "Radioactive Waste Management Programmes in Oecd/Nea Member Countries", https：//www.oecd-nea.org/rwm/profiles/, March 6, 2020.

卡山计划。① 从日本情况看，有市镇提出了初步调查要约，但随后又取消了要约。② 从全世界范围来看，除了芬兰以外③，世界上还没有哪个国家拥有运行中的乏核燃料深层地质处置设施。由于数十年来一直无法找到深层的地质处置库，风险正逐渐转移到容量不足的临时存储设施中④。由此可见，地质处置设施选址面临的重重困难。"社会政治因素例如人口状况、基础设施建设情况、土地制度等成为选址过程中需要考虑的重要因素。选址的决策涉及公众和地方社区的参与，而这一些在有关地质处置设施安全的国际安全标准中难以得到解决。"⑤

### 三、各类主体职责

在一国政策法律框架内，应当明确各类主体，包括政府、监管机构、运营组织、乏燃料所有者的职责。

首先是政府。国际原子能机构认为，为确保对放射性废物的有效管理和控制，政府须确保制订关于放射性废物管理的国家政策和战略。这种政策和战略须适合本国放射性废物的性质和数量，须说明所需的监管控制，并须考虑相关的社会因素。它们还须符合"基本安全原则"和国家已批准的有关国际文书、

---

① OECD Nuclear Energy Agency, "Radioactive Waste Management Programmes in Oecd/Nea Member Countries", https：//www.oecd-nea.org/rwm/profiles/, March 6, 2020.

② OECD Nuclear Energy Agency, "Radioactive Waste Management Programmes in Oecd/Nea Member Countries", https：//www.oecd-nea.org/rwm/profiles/, March 6, 2020.

③ 2015 年，芬兰颁发了全球首张地质处置设施建造许可证。该场址是在经过对许多潜在场址筛选后选定的。现在，芬兰正在建造位于地下 400 多米深处的昂卡罗处置设施，并将很快开始挖掘处置隧道。处置过程计划将于 2024 年开始。Nathalie Mikhailova, "开发有史以来第一个安全处置乏燃料的设施", International Atomic Energy Agency, "Developing the First Ever Facility for the Safe Disposal of Spent Fuel", https：//www.iaea.org/zh/newscenter/news/kai-fa-you-shi-yi-lai-di-yi-ge-an-quan-chu-zhi-fa-ran-liao-de-she-shi, June 16, 2020.

④ Jungjohann, Arne et al., "The World Nuclear Waste Report 2019 Focus Europe", https：//worldnuclearwastereport.org/., June 16, 2020.

⑤ Jungjohann, Arne et al., "The World Nuclear Waste Report 2019 Focus Europe", https：//worldnuclearwastereport.org/., June 16, 2020.

## 第二节 乏燃料和放射性废物安全保障管理制度建设考虑的因素

公约和准则。国家政策和战略须构成制定放射性废物管理决策的依据。① 具体来看,政府应当履行的职责包括制定国家战略,为实施该战略制定必要的政策法律框架;建立独立于乏燃料所有者或经营乏燃料的运营组织的监管机构;就与制定和影响乏燃料、放射性废物管理政策有关的事宜咨询有关方面。②

其次是监管机构。监管机构的职责包括制定关于乏燃料和放射性废物管理设施建设和活动的要求,审查和评定安全论证文件及环评报告,实施许可证管理、审评、监督检查和执法,制定放射性废物的适当定义和分类,鼓励营运者与其他相关各方之间的对话并参加与营运者和其他相关各方的对话等③。

再次是营运组织。营运组织负责与乏燃料和放射性废物管理有关的活动安全。制定确保安全所需的计划和程序,保持高水平的安全文化,考虑与乏燃料所有者的相互依赖性,经监管机构批准对存储设施进行选址、设计、建造、调试、运行或退役,进行适当的安全和环境评估,按照许可条件和适用法规要求运行存储设施,制定和应用经监管机构批准的储存验收标准,定期报告,为最终的退役准备初步计划,建立对其员工和承包商的培训和资格认证要求,进行运行前测试和调试测试,确保放射性物质和其他潜在危险物质向环境的排放符合许可条件,确保有足够的财政资源,建立和维护关于乏燃料和放射性废物管理的数据系统,制订应急计划等。④

最后是乏燃料所有者的责任。"应适当考虑放射性废物处置前管理中所有步骤之间的相互依赖性以及预期处置方案的影响。"应明确乏燃料的所有

---

① International Atomic Energy Agency, "The Management System for the Disposal of Radioactive Waste", https：//www-pub.iaea.org/MTCD/Publications/PDF/Pub1330_web.pdf., March 6, 2020.

② International Atomic Energy Agency, "Storage of Spent Nuclear Fuel Specific Safety Guide", https：//www-pub.iaea.org/MTCD/Publications/PDF/Pub1503_web.pdf., March 6, 2020.

③ 国际原子能机构：《放射性废物的处置前管理 一般安全要求》,载国际原子能机构网站：https：//www-pub.iaea.org/MTCD/Publications/PDF/Pub1368c_web.pdf., 2020年3月1日最后访问。

④ International Atomic Energy Agency, "Storage of Spent Nuclear Fuel Specific Safety Guide", https：//www-pub.iaea.org/MTCD/Publications/PDF/Pub1503_web.pdf., October 20, 2019.

权,如果运营机构和乏燃料所有者主体不同,则应明确定义,商定并形成文件。①

## 第三节 我国乏燃料和放射性废物安全保障管理制度的审视重构

就我国乏燃料和放射性废物安全管理制度的构建完善而言,需要从两方面入手:一是基于体系化视角健全政策法律框架,包括确立清晰明确的国家战略,制定中长期规划,健全政策法制框架,建立职责明确、分工合作的监督管理体制等;二是基于问题导向健全具体政策法律制度,包括建立稳定、持续的财务支持机制,规定信息透明公开的乏燃料和放射性废物管理清单,进一步规范高放射性废物地质处置设施选址建设,积极稳妥推进乏燃料和放射性废物管理国际合作等。

### 一、我国乏燃料和放射性废物安全保障管理制度的现状审视

核设施安全保障管理制度是核法律体系的重要组成部分。其规范内容反映在法律、行政法规、部门规章、技术导则等文件当中,并分层次体现。具体情况如下:

#### (一) 法律

2003 年《放射性污染防治法》②、2017 年《核安全法》③ 都专章规定了放射性废物安全管理问题。《放射性污染防治法》主要对最少化废物排放量,向环境排放放射性废气、废液,总量控制,放射性废液受控排放、放射性固体废物处置方式,放射性废物处置场所选址规划,放射性固体废物处置费用负担及收取规定,许可证制度,禁止境外废物进口及经我国境内转移等内容进行了规定。

---

① International Atomic Energy Agency,"Storage of Spent Nuclear Fuel Specific Safety Guide", https://www-pub.iaea.org/MTCD/Publications/PDF/Pub1503_web.pdf., March 6, 2020.

② 2003 年《放射性污染防治法》第六章规定了"放射性废物管理"。

③ 2017 年《核安全法》第三章规定了"核材料和放射性废物安全"。

## 第三节 我国乏燃料和放射性废物安全保障管理制度的审视重构

《核安全法》主要对乏燃料安全管理，放射性废物分类管理，放射性废物管理原则，放射性废物处置场所选址规划建设，放射性废物管理许可制度，放射性废物标准化处置，放射性废物处置单位处置管理，放射性废物处置设施关闭管理，放射性废物处置设施关闭安全监护计划，处理处置、退役费用管理，放射性废物运输管理制度，托运人资质及废物承运人资质，放射性废物运输法律适用等内容进行了规定。①

此外，《原子能法（草案）（征求意见稿）》也就乏燃料和放射性废物管理问题作出了规定。针对乏燃料管理，草案规定实行乏燃料循环利用，建立健全乏燃料贮存、运输和后处理制度，建立核电站乏燃料处理处置基金，禁止进口乏燃料；针对放射性废物管理，草案规定妥善处理处置放射性废物，尽可能减少放射性废物的产生量，对放射性废物实行分类管理和安全处理处置，国家保障放射性废物的运输，禁止进口和经境内转移等。②

### （二）法规规章

与核设施有关的行政法规主要是两部：一是 2011 年《放射性废物安全管理条例》；二是 2009 年《放射性物品运输安全管理条例》③。与乏燃料和放射性废物管理有关的部委规章包括通用系列④、核燃料循环设施系列⑤和放射性

---

① 陆浩主编：《中华人民共和国核安全法解读》，中国法制出版社 2018 年版，第 137-179 页。

② 《中华人民共和国原子能法（草案）（征求意见稿）》。

③ 《放射性物品运输安全管理条例》第三条将放射性物品分为一类、二类和三类，规定一类放射性物品，是指Ⅰ类放射源、高水平放射性废物、乏燃料等释放到环境后对人体健康和环境产生重大辐射影响的放射性物品；二类放射性物品，是指Ⅱ类和Ⅲ类放射源、中等水平放射性废物等释放到环境后对人体健康和环境产生一般辐射影响的放射性物品；三类放射性物品，是指Ⅳ类和Ⅴ类放射源、低水平放射性废物、放射性药品等释放到环境后对人体健康和环境产生较小辐射影响的放射性物品。

④ 通用系列主要包括：核燃料循环设施的报告制度（HAF001/02/03-1995）。生态环境部（国家核安全局）：《中国核与辐射安全管理体系总论》，载生态环境部网站：http://www.mee.gov.cn/ywgz/hyfsaqjg/hyfsaqgltx/202003/P020200319611093673046.pdf.，2020 年 3 月 1 日最后访问。

⑤ 核燃料循环设施系列：民用核燃料循环设施安全规定（HAF301-1993）。生态环境部（国家核安全局）：《中国核与辐射安全管理体系总论》，载生态环境部网站：http://www.mee.gov.cn/ywgz/hyfsaqjg/hyfsaqgltx/202003/P020200319611093673046.pdf.，2020 年 3 月 1 日最后访问。

废物系列①，内容涉及核燃料循环设施报告制度、放射性废物安全监督管理规定、放射性固体废物贮存和处置许可管理等。

(三) 核安全导则

在法律、法规规章以外，我国还制定颁布了一系列核安全导则。与乏燃料和放射性废物管理有关的主要是非堆核燃料循环设施系列②、放射性废物管理系列③、放射性物品运输管理系列④三类，内容涵盖核燃料循环设施管理、放射性废物管理、放射性物品运输管理等内容。⑤

---

① 放射性废物系列：(1)《放射性废物安全监督管理规定》(HAF401-1997)；(2)《放射性固体废物贮存和处置许可管理办法》(HAF402-2013)。生态环境部（国家核安全局）：《中国核与辐射安全管理体系总论》，载生态环境部网站：http://www.mee.gov.cn/ywgz/hyfsaqjg/hyfsaqgltx/202003/P020200319611093673046.pdf.，2020年3月1日最后访问。

② 非堆核燃料循环设施系列：(1) 铀燃料加工设施安全分析报告的标准格式与内容 (HAD301/01-1991)；(2) 乏燃料贮存设施的设计 (HAD301/02-1998)；(3) 乏燃料贮存设施的运行 (HAD301/03-1998)；(4) 乏燃料贮存设施的安全评价 (HAD301/04-1998)。生态环境部（国家核安全局）：《中国核与辐射安全管理体系总论》，载生态环境部网站：http://www.mee.gov.cn/ywgz/hyfsaqjg/hyfsaqgltx/202003/P020200319611093673046.pdf.，2020年3月1日最后访问。

③ 放射性废物管理系列：(1) 核电厂放射性排出流和废物管理 (HAD401/01-1990)；(2) 核电厂放射性废物管理系统的设计 (HAD401/02-1997)；(3) 放射性废物焚烧设施的设计与运行 (HAD401/03-1997)；(4) 放射性废物的分类 (HAD401/04-1998)；(5) 放射性废物近地表处置场选址 (HAD401/05-1998)；(6) 高水平放射性废物地质处置设施选址 (HAD401/06-2013)；(7) γ辐照装置退役 (HAD401/07-2013)；(8) 核设施放射性废物最小化 (HAD 401/08-2016)；(9) 核技术利用放射性废物库选址、设计与建造技术要求（试行）(HAD4XX-2004)。生态环境部（国家核安全局）：《中国核与辐射安全管理体系总论》，载生态环境部网站：http://www.mee.gov.cn/ywgz/hyfsaqjg/hyfsaqgltx/202003/P020200319611093673046.pdf.，2020年3月1日最后访问。

④ 放射性物品运输管理系列：(1) 放射性物品运输容器设计安全评价（分析）报告的标准格式和内容 (HAD701/01-2010)；(2) 放射性物品运输核与辐射安全分析报告书标准格式和内容 (HAD701/02-2014)。生态环境部（国家核安全局）：《中国核与辐射安全管理体系总论》，载生态环境部网站：http://www.mee.gov.cn/ywgz/hyfsaqjg/hyfsaqgltx/202003/P020200319611093673046.pdf.，2020年3月1日最后访问。

⑤ 生态环境部（国家核安全局）：《中国核与辐射安全管理体系总论》，载生态环境部网站：http://www.mee.gov.cn/ywgz/hyfsaqjg/hyfsaqgltx/202003/P020200319611093673046.pdf.，2020年3月1日最后访问。

## 第三节 我国乏燃料和放射性废物安全保障管理制度的审视重构

### （四）核与辐射安全标准

与乏燃料和放射性废物管理相关的核与辐射安全标准主要涉及通用系列中的《核燃料循环设施应急相关参数》（HJ 844-2017）以及放射性废物系列[①]和放射性物品运输系列[②]。

### （五）其他监管要求文件

主要包括：《民用核燃料循环设施分类原则与基本安全要求（试行）》；《放射性废物分类》等。[③]

---

[①] 放射性废物系列包括：《低、中水平放射性固体废物暂时贮存规定》（GB 11928-1989）；《高水平放射性废液贮存厂房设计规定》（GB 11929-2011）；《低、中水平放射性废物固化体性能要求》（GB 14569.1-2011）；《水泥固化体》（GB 14569.1-2011）；《低、中水平放射性固体废物包装安全标准》（GB 12711-1991）；《低中水平放射性固体废物的岩洞处置规定》（GB 13600-1992）；《放射性废物管理规定》（GB 14500-2002）；《低、中水平放射性废物固化体性能要》（GB 14569.3-1995）；《沥青固化体》（GB 14569.3-1995）；《放射性废物近地表处置的废物接收准则》（GB 16933-1997）；《低中水平放射性固体废物的浅地层处置规定》（GB 9132-1988）；《铀矿冶设施退役环境管理技术规定》（GB 14586-1993）；《铀、钍矿冶放射性废物安全管理技术规定》（GB 14585-1993）；《核设施流出物监测的一般规定》（GB 11217-1989）；《低、中水平放射性废物近地表处置场环境辐射监测的一般要求》（GB/T 15950-1995）；《核设施流出物和环境放射性监测质量保证计划的一般要求》（GB 11216-1989）；《反应堆退役环境管理技术规定》（GB/T 14588-2009）；《核设施环境保护管理导则放射性固体废物浅地层处置环境影响报告书格式与内容》（HJ/T 5.2-1993）；《低、中水平放射性废物近地表处置设施的选址》（HJ/T 23-1998）等。生态环境部（国家核安全局）：《中国核与辐射安全管理体系总论》，载生态环境部网站，http：//www.mee.gov.cn/ywgz/hyfsaqjg/hyfsaqgltx/202003/P020200319611093673046.pdf.，2020年3月1日最后访问。

[②] 放射性物品运输系列包括：《放射性物质安全运输规程》（GB 11806-2004）；《放射性物质运输包装质量保证》（GB/T 15219-2009）；《放射性物质安全运输 包装的泄漏检验》（GB/T 17230-1998）；《放射性物质包装的内容物和辐射的泄漏检验》（GB/T 9229-1988）。生态环境部（国家核安全局）：《中国核与辐射安全管理体系总论》，载生态环境部网站，http：//www.mee.gov.cn/ywgz/hyfsaqjg/hyfsaqgltx/202003/P020200319611093673046.pdf.，2020年3月1日最后访问。

[③] 生态环境部（国家核安全局）：《中国核与辐射安全管理体系总论》，载生态环境部网站，http：//www.mee.gov.cn/ywgz/hyfsaqjg/hyfsaqgltx/202003/P020200319611093673046.pdf.，2020年3月1日最后访问。

### (六) 核安全法规技术文件

主要包括:《核燃料后处理厂安全分析报告的标准格式和内容》(HAF J0040);《乏燃料后处理厂设计安全准则》HAF J0050;《乏燃料后处理厂潜在事故的假设》(HAF J0051);《乏燃料停堆水池安全设计准则》(HAF J0052);《水堆辐照后燃料无损检验指南》(HAF J0058);《低温核供热堆放射性废物管理安全准则》(HAF J0062);《放射性物质安全运输的质量保证》(HFB J0075);《低中放废物包接受的要求和方法》(HFB J0076);《废物包质量保证》(HFB J0078);《核燃料后处理设施的验收、检查和运行前试验》(HFB J0079) 等。①

### (七) 相关国际公约及审议规则

主要包括《乏燃料管理安全和放射性废物管理安全联合公约》《核材料实物保护公约》等。②

总之,我国已经逐步建立起乏燃料和放射性废物安全管理政策法规体系,涵盖了乏燃料和放射性废物处理、贮存、处置及监督管理等活动,并对各类主体特别是监管机构、营运组织的权力(利)、义务作出了规定,从制度层面为乏燃料和放射性废物管理安全提供了保障。

## 二、我国乏燃料和放射性废物安全保障管理制度的构建完善

未来,我国乏燃料和放射性废物安全保障管理制度将如何重构。回答这一问题,需要基于体系化视角展开整体性反思与重建,思考这一领域国家战略方针、国家规划、法律架构、监管框架之间关系,并针对具体挑战提出进一步完善的建议。

### (一) 基于体系化视角健全政策法律框架

国际原子能机构原总干事天野之弥曾称:"核动力堆乏燃料的安全、叮靠

---

① 生态环境部(国家核安全局):《中国核与辐射安全管理体系总论》,载生态环境部网站:http://www.mee.gov.cn/ywgz/hyfsaqjg/hyfsaqgltx/202003/P020200319611093673046.pdf.,2020年3月1日最后访问。

② 生态环境部(国家核安全局):《中国核与辐射安全管理体系总论》,载生态环境部网站:http://www.mee.gov.cn/ywgz/hyfsaqjg/hyfsaqgltx/202003/P020200319611093673046.pdf.,2020年3月1日最后访问。

## 第三节 我国乏燃料和放射性废物安全保障管理制度的审视重构

和可持续管理是核能未来的关键。"① 而要确保乏燃料和放射性废物安全需要从国家战略层面高度重视,加强政策规划,构建完善法律体系和监管架构。换言之,需要基于体系化视角展开制度构建。

1. 确立清晰明确的国家乏燃料和放射性废物管理战略

乏燃料和放射性废物管理战略是中国核安全战略的重要组成部分,同时也是容易被忽视的那一部分。2019年3月,国务院新闻办公室发布《中国的核安全》白皮书。白皮书提出树立理性、协调、并进的核安全观,构建核安全政策法规体系,实施科学有效安全监管,保持高水平安全,营造共建共享的核安全氛围,打造核安全命运共同体等要求②,规定了现阶段我国核安全战略目标③。虽然《中国的核安全》白皮书向世界阐释了中国核安全的总体政策,但白皮书对于乏燃料和放射性废物管理战略却着墨不多。④

未来,我国可以借鉴加拿大、英国等国家的做法制定中国版乏燃料和放射性废物管理战略。从形式上看,这一战略可以融合在我国核安全总体战略当中表述,但应独立成编;也可以单独以乏燃料和放射性废物管理政策形式独立表述。从内容上看,在战略规划中,应清晰规定以下事项:首先,应明确在乏燃料和放射性废物安全管理方面的政府责任。包括制定必要的政策法律框架、建立独立监管机构、实施许可证管理,审评、监督检查和执法等。其次,应按照

---

① 国际原子能机构:《安全、可靠和可持续的乏燃料管理的重要性》,载国际原子能机构网站:https://www.iaea.org/sites/default/files/publications/magazines/bulletin/bull60-2/6020101_zt.pdf.,2020年3月1日最后访问。

② 国务院新闻办公室:《中国的核安全》,载《中国核电》2019年第5期。

③ 白皮书指出,现阶段我国核安全战略目标是:"坚持理性、协调、并进的中国核安全观,坚定不移增强自身核安全能力,继续致力于加强核安全政府监管能力建设,加大核安全技术研发和人力资源投入力度,坚持培育和发展核安全文化。"国务院新闻办公室:《中国的核安全》,载《中国核电》2019年第5期。

④ 针对乏燃料和放射性废物管理,白皮书放在"保持高水平安全"部分作出了规定:"放射性废物分类安全处置。推行放射性废物分类处置,低中水平放射性废物在符合核安全要求的场所实行近地表或中等深度处置,高水平放射性废物实行集中深地质处置。核设施营运单位、放射性废物处理处置单位依法对放射性废物进行减量化、无害化处理处置,确保永久安全。各省、自治区、直辖市全部建成城市放射性废物库,集中贮存并妥善处置核技术利用放射性废物。推进乏燃料安全贮存处理,加快放射性废物处理处置能力建设,持续实施已关停铀矿冶设施的退役治理和环境恢复,规范铀矿冶废石、废水、尾矿(渣)的环境管理,确保辐射环境安全。"国务院新闻办公室:《中国的核安全》,载《中国核电》2019年第5期。

"污染者付费"原则确立营运组织责任,包括经监管机构批准对存储设施进行选址、设计、建造、调试、运行或退役,按照许可条件和适用法规要求运行存储设施,确保放射性物质和其他潜在危险物质向环境的排放符合许可条件等。再次,应规定乏燃料和放射性废物安全管理的基本原则,包括公众参与原则、可持续发展原则、分类管理原则、污染者负担原则、全过程管理原则等。最后,还应规定监督管理体制、乏燃料处置的首选方案、放射性废物处置政策、乏燃料和放射性废物进出口政策、核设施退役政策、资金支持政策、公共信息和公众参与相关决策机制等内容。[①]

总之,制定国家乏燃料和放射性废物管理战略的意义在于表达国家立场,阐明乏燃料和放射性废物安全管理的基本原则以及为此事项作出监管体制安排。

2. 制定国家乏燃料和放射性废物管理中长期规划

为了执行国家乏燃料和放射性废物管理战略,应当制定相应的中长期规划。从现状看,《核安全法》要求"编制国家核安全规划,报国务院批准后组织实施"。[②] 我国也已经制定实施了《核安全与放射性污染防治"十二五"规划及2025年远景目标》《核安全与放射性污染防治"十三五"规划及2025年远景目标》。从内容看,在《核安全与放射性污染防治"十三五"规划及2025年远景目标》中涉及乏燃料和放射性废物管理的内容主要为两方面:一是重点任务:强化管控,降低研究堆、核燃料循环设施风险;统筹推进,加快早期核设施退役及放射性废物处理处置;二是重点工程:核设施退役及放射性废物治理工程。显然,这一规划对于加强乏燃料和放射性废物安全管理具有重要意义。

未来,还可以进一步改进完善国家乏燃料和放射性废物管理中长期规划。

首先,从形式上看,应在核安全与放射性污染防治规划中独立成编,或者单独编制国家乏燃料和放射性废物管理中长期规划。

其次,在规划的时间跨度上,应在五年规划基础上进一步延伸。国际原子能机构评估报告指出:"中国对放射性废物和乏燃料的短期管理是有规划的,如对特定的废物类别进行五年甚至几十年内的处理和处置。然而,关于现有和

---

① International Atomic Energy Agency, "Status and Trends in Spent Fuel and Radioactive Waste Management", https://www-pub.iaea.org/MTCD/Publications/PDF/P1799_web.pdf., March 6, 2020.

② 《核安全法》第七条。

未来的放射性废物库存、不同废物分类的完整清单以及在未来更长时间甚至永久的长期政策和策略却没有明确的书面描述。"① 为了改变这一局面,"应制定涵盖乏燃料和放射性废物管理周期的长期战略计划以及中期计划。以解决以下事项:评估放射性废物产生数据,并随着时间的推移预测废物清单;根据对未来放射性废物产生量的预测,评估有关技术设备和设施的需求;指定技术和辅助设备及设施所需的财政资源;拟定下一个预算期的执行计划"。②

最后,在规划的内容上,应当更加详实丰富。可以借鉴欧盟乏燃料和放射性废物国家计划报告的做法,详细规定以下内容:乏燃料和放射性废物管理方面的总体目标;鉴于总体目标,确定实现这些目标的明确时间表;乏燃料和放射性废物清单,以及包括退役在内的对未来乏燃料和放射性废物数量的估算,并根据放射性废物的分类清楚地表明放射性废物和乏燃料的位置、数量;乏燃料和放射性废物从产生到处置的概念、计划以及技术解决方案;处置设施使用寿命结束后的概念或计划,包括保留适当控制的期限以及可以长期使用以保留该设施的方法;为实施乏燃料和放射性废物管理解决方案所需的研究、开发和示范活动;负责监测执行进度;对国家计划实施成本及其评估基础和假设的再评估;有效的融资计划;透明度政策;如果有的话,与成员国或第三国达成的有关乏燃料或放射性废物管理(包括使用处置设施)的协议。③

3. 健全国家乏燃料和放射性废物管理法律框架

从现状看,我国乏燃料和放射性废物管理法律框架已经基本成型,包括两部法律、两部行政法规、多部部委规章及安全标准、技术导则。这些法律法规为乏燃料和放射性废物管理安全提供了制度保障。

值得探讨的问题主要在于是否有必要就乏燃料和放射性废物管理安全进行专门立法。

一种专门立法倾向是就综合事项进行立法。例如,加拿大 2002 年《核燃料废物管理法》;俄罗斯 2011 年《放射性废物管理法》。其实,我国已经制定了相应的行政法规——国务院《放射性废物安全管理条例》。依据《立法法》

---

① 国际原子能机构:《国际原子能机构关于中国核与辐射安全监管综合跟踪评估报告》,生态环境部译,中国环境出版集团 2018 年版,第 30 页。

② International Atomic Energy Agency, "Policies and Strategies for Radioactive Waste Management", https://www-pub.iaea.org/MTCD/Publications/PDF/Pub1396_web.pdf, March 6, 2020.

③ *Establishing a Community Framework for the Responsible and Safe Management of Spent Fuel and Radioactive Waste*。

的规定,国务院可以为执行法律规定事项而制定行政法规,① 其效力高于地方性法规、规章②。因此,如果没有紧迫的现实需要,当前由国务院制定《放射性废物安全管理条例》应该是合理的选择。

另一种专门立法倾向是就单一事项进行立法。例如,就规划事项,2006年法国制定实施了《放射性物质和废物可持续管理规划法》;就选址问题,2000年日本制定实施了《高放废物最终处置法》。从我国的情况看,已经制定了诸如《放射性废物近地表处置场选址》(HAD401/05-1998)、《高水平放射性废物地质处置设施选址》(HAD401/06-2013)、《核技术利用放射性废物库选址、设计与建造技术要求(试行)》(HAD4XX-2004)等技术导则,单从技术层面分析应该可以满足选址科学性、合理性要求。如果还需要进一步完善的话,可以就选址过程中的公众参与程序作出规定,借鉴2018年生态环境部制定实施的《环境影响评价公众参与办法》,以部委规章形式制定出台《核能利用活动公众参与办法》,对公众参与原则、形式、时机、程序、救济途径等作出详细规定。

此外,从覆盖面看,未来我国乏燃料和放射性废物管理立法应更重视铀厂尾矿和研究堆放射性废物的安全管理问题,并查漏补缺针对法制空白领域展开立法。例如,研究修订《核电厂核事故应急管理条例》,指导和规范地方核与辐射安全法规制修订工作,做好与国家法律法规体系的衔接,制定放射性废物分类办法等部门规章,制定核动力厂营运单位核应急演习等技术导则。加强核安全标准顶层设计与管理,建立核与辐射安全标准体系,加快制修订一批核安全标准,强化核安全标准立项审查,提高标准与法规的衔接性。③

4. 建立职责明确、分工合作的监督管理体制

从纵向层面看,监督管理体制主要涉及中央政府和地方政府之间的分工。我国《核安全法》《放射性污染防治法》以及国务院《放射性废物安全管理条例》虽然对相关事项有所涉及④,但并没有明确规定它们之间的分工情况。从国外经验看,美国1982年《核废料政策法》确立了联邦政府在管理高放射性

---

① 《立法法》第六十五条。
② 《立法法》第八十八条。
③ 《核安全与放射性污染防治"十三五"规划及2025年远景目标》。
④ 例如,《核安全法》第四十二条授权省、自治区、直辖市人民政府编制低、中水平放射性废物处置场所的选址规划;第四十七条规定,放射性废物处置设施关闭后,放射性废物处置单位应当按照经批准的安全监护计划进行安全监护;经国务院核安全监督管理部门会同国务院有关部门批准后,将其交由省、自治区、直辖市人民政府进行监护管理。

## 第三节 我国乏燃料和放射性废物安全保障管理制度的审视重构

废物及选择永久处置场地上的权力；1985年《低放射性废物政策修正案》则要求每个州自行处置或者与其他州合作处置低放射性废物。这实际上遵循了分级分类管理原则。在实践中，我国其实也是按照分级分类管理原则展开监管的。例如，我国有一个国家级和31个省级放射性废物库，存放特定的废弃密封放射源①。其中，废旧放射源管理由各省负责。② 未来，应将这种实践做法上升为国家法律，在法律层面就中央政府和地方政府之间的协作关系作出具体规定。

从横向层面看，正如前述，"中国尚未决定成立一个统管放射性废物管理的国家机构"③，中国国家原子能机构、国家核安全局、其他有关部门甚至中国核工业集团公司④都有一定管理权限。显然，这种"碎片化"治理状况并不利于进一步加强乏燃料和放射性废物的安全管理。可行的改进路径主要有两种：第一种是借鉴一些国家的做法设置专门机构对乏燃料和放射性废物进行管理，例如，韩国成立了放射性废物管理局；捷克成立了放射性废物处置库管理局等。第二种是借助机构改革契机对管理部门进行整合，使分散的安全监管权力趋于统一。相对而言，后者更具现实性。

此外，还应考虑从乏燃料和放射性废物产生者中设立机构以负责安全管理活动。例如，2002年，加拿大《核燃料废物法》要求核能公司建立一个废物管理组织（NWMO），向政府提交有关安全和可靠地长期管理核燃料废物的备选方案的全面研究，并就最合适的方法提出建议⑤。前面提到的核废料深层地质处置库选址程序和适应性阶段管理方法就是该组织提出的。国际原子能机构也建议我国成立一个机构来执行废物处置，因为一个全国性的机构可以更好地实现产品和服务的标准化（例如，废物包装设计、工程服务和安全评价）；可以促进协作及有效成本的研究和开发；处置设施的选址、建设、运行和关闭都

---

① 环境保护部核与辐射安全监管二司、环境保护部核与辐射安全中心：《中国核电厂运行事件综合报告》，中国环境科学出版社2012年版，第24页。
② 国际原子能机构：《国际原子能机构关于中国核与辐射安全监管综合跟踪评估报告》，生态环境部译，中国环境出版集团2018年版，第29页。
③ 国际原子能机构：《国际原子能机构关于中国核与辐射安全监管综合跟踪评估报告》，生态环境部译，中国环境出版集团2018年版，第31页。
④ 国际原子能机构：《国际原子能机构关于中国核与辐射安全监管综合跟踪评估报告》，生态环境部译，中国环境出版集团2018年版，第31页。
⑤ OECD Nuclear Energy Agency, "Radioactive Waste Management Programmes in Oecd/Nea Member Countries", https：//www.oecd-nea.org/rwm/profiles/, March 6, 2020.

将标准化;可以有一个声音代表所有废物产生单位进行沟通①。未来,可以在时机成熟时在政策上对这些建议予以综合评估,再作出最终决定。

(二) 基于问题导向健全具体政策法律制度

未来,我国乏燃料和放射性废物安全管理具体制度的构建完善应该因循问题-解决的基本思路,针对现存问题提出有针对性的建议。

1. 建立稳定、持续的财务支持机制

"在制定实施放射性废物管理政策之前,首先应制订适当的融资计划,以避免因资金不足而影响技术选择或者影响核安全保障。"② 我国在制定《放射性污染防治法》③ 和《核安全法》④ 时已经考虑到资金要求,还配套制定了《核电站乏燃料处理处置基金征收使用管理暂行办法》《核电站乏燃料处理处置基金项目管理办法》,规定"乏燃料处理处置基金按照核电厂已投入商业运行五年以上压水堆核电机组的实际上网销售电量征收,征收标准为 0.026 元/千瓦时"。⑤ 在实践运行中,我国从 2010 年开始征收乏燃料处理处置基金,截至 2017 年底,每年基金收入分别为 6.9 亿元、24.93 亿元、17.5 亿元、26.5 亿元、14.45 亿元、10.81 亿元、15.64 亿元、18.73 亿元。⑥

---

① 环境保护部核与辐射安全监管二司、环境保护部核与辐射安全中心:《中国核电厂运行事件综合报告》,中国环境科学出版社 2012 年版,第 19 页。

② International Atomic Energy Agency, "Policies and Strategies for Radioactive Waste Management", https://www-pub.iaea.org/MTCD/Publications/PDF/Pub1396_web.pdf., March 6, 2020.

③ 《放射性污染防治法》第二十七条规定:"核设施的退役费用和放射性废物处置费用应当预提,列入投资概算或者生产成本。核设施的退役费用和放射性废物处置费用的提取和管理办法,由国务院财政部门、价格主管部门会同国务院环境保护行政主管部门、核设施主管部门规定。"

④ 《核安全法》第四十八条规定:"核设施营运单位应当按照国家规定缴纳乏燃料处理处置费用,列入生产成本。核设施营运单位应当预提核设施退役费用、放射性废物处置费用,列入投资概算、生产成本,专门用于核设施退役、放射性废物处置。具体办法由国务院财政部门、价格主管部门会同国务院核安全监督管理部门、核工业主管部门和能源主管部门制定。"

⑤ 《核电站乏燃料处理处置基金征收使用管理暂行办法》第五条。

⑥ 万淑敏:《我国乏燃料处理处置基金使用问题研究》,西南政法大学 2019 年学位论文,第 15 页。

## 第三节 我国乏燃料和放射性废物安全保障管理制度的审视重构

然而，考虑到乏燃料和放射性废物管理所需资金的长期性、预估性①以及历史遗留放射性废物处置的复杂性②，仍然需要高度关注乏燃料和放射性废物管理的资金支持问题。有学者就指出，我国乏燃料处理处置基金存在"筹集渠道单一、基金支出预算编制依据不充分、基金使用绩效较低、基金使用监督体系不完善"等问题③；还有学者认为，我国乏燃料处理处置基金存在使用范围缺乏详细说明，基金保值增值机制未建立，基金动态调整机制不健全等问题。④

从原则层面考虑，未来我国在建立稳定、持续的财务支持机制时应考虑以下几个方面：

首先，把握好安全保障所需资金支持与营运组织盈利需求之间的关系。"设施和活动要被认为具有合理性，其所产生的效益必须超过所带来的辐射危险"⑤，这是核能利用活动的正当性基础。同样，对于营运组织而言，促进其继续投入的动力也在于营运的收益应当超过为保障营运安全所需支付的费用。这意味着征收标准的制定不是随意的，而是有内在约束的，提高征收标准的做法应该慎重、适度，平衡各方利益。

其次，要平衡短期支出与长期费用之间的关系。从 2010—2017 年，我国乏燃料处理处置基金收入达到 135.46 亿元，支出为 12.77 亿元，盈余 122.69 亿元。支出主要用于乏燃料短期管理项目——乏燃料运输和离堆贮存，而长期管理项目乏燃料后处理、高放废物处理处置等支出较少。事实上，"必须认识到放射性废物管理所需资金的长期性质，并应在国家基金中对此作出规定"。⑥就我国而言，应从基金当中分出更多资金以推动后处理厂和高放废物处理处置

---

① 预估性体现在需要预估未来一段很长时间里乏燃料和放射性废物的处置费用。因为是预估所以可能与实际处置成本不相符。预估未来可能支出的处置成本。

② 如果核设施关闭退役，营运组织不复存在，遗留下来的乏燃料和放射性废物处置就无法找到明确责任主体。

③ 万淑敏：《我国乏燃料处理处置基金使用问题研究》，西南政法大学 2019 年学位论文，第 19~23 页。

④ 刘群等：《我国核电站乏燃料基金动态情景分析》，载《中国电业》2020 年第 5 期。

⑤ 国际原子能机构：《基本安全原则》，载国际原子能机构网站：https://www-pub.iaea.org/MTCD/Publications/PDF/Pub1273c_web.pdf.，2020 年 3 月 1 日最后访问。

⑥ International Atomic Energy Agency, "Policies and Strategies for Radioactive Waste Management", https://www-pub.iaea.org/MTCD/Publications/PDF/Pub1396_web.pdf., March 6, 2020.

项目的前期准备工作。

最后，应平衡"污染者负担"原则与政府补充责任的关系。核安全法律制度的"逻辑起点就是营运者或许可证持有者应当承担确保其活动符合可行的安全、安保和环境保护要求"①。放到基金制度上也如此，《核安全法》规定："核设施营运单位应当按照国家规定缴纳乏燃料处理处置费用，列入生产成本。"② 基于此，我国乏燃料处理处置基金的收入都源于核设施营运单位缴纳的乏燃料处理处置费用。而事实上，乏燃料和放射性废物安全管理所需费用相当大③，不是现有基金规模所能够承受。再加上，历史遗留乏燃料和放射性废物也需要处理处置，所以，政府在此时应当承担补充责任，适时地给予稳定和持续的资金支持，以确保乏燃料和放射性废物管理安全。

2. 规定信息透明公开的乏燃料和放射性废物管理清单

《核安全公约》《乏燃料管理安全和放射性废物管理安全联合公约》都规定了定期的国家报告制度。其中，乏燃料和放射性废物管理清单是报告的重要内容。④ 从国外政策实践看，加拿大、法国等国家建立了旨在信息透明公开的乏燃料和放射性废物管理清单。例如，在加拿大，加拿大自然资源部每三年对放射性废物清单数据进行一次系统的收集、汇总和分析，然后向外发布清单，阐释加拿大放射性废物的来源、数量和未来预估值。⑤ 2016年出版的《放射

---

① 陆浩主编：《中华人民共和国核安全法解读》，中国法制出版社2018年版，第31页。

② 《核安全法》第四十八条。

③ 据专家预测，建设一个每年后处理能力为800吨的后处理厂单建设费用就将达到1500亿元，累计运行40年支出费用将接近3000亿元。王昕晨：《核电重启遇乏燃料库饱和 千亿后处理大厂筹建紧迫》，载环球网：https://finance.huanqiu.com/article/9CaKrnJOQnN，2020年3月1日最后访问。

④ 例如，《联合公约》第三十二条指出，这种报告还应包括：（i）受本公约制约的乏燃料管理设施、设施所在地、主要用途和基本特点的清单；（ii）受本公约制约且目前贮存的和已处置的乏燃料的存量清单，此种清单应载有这种物质的说明，如有条件，还应提供有关其质量和总放射性活度的资料；（iii）受本公约制约的放射性废物管理设施、设施所在地、主要用途和基本特点的清单；（iv）受本公约制约的下述放射性废物的存量清单：（a）目前贮存在放射性废物管理与核燃料循环设施中的；（b）已经处置的；或（c）由以往的实践所产生的。此种存量清单应载有这种物质的说明以及现有的其他相应资料，例如体积或质量、放射性活度和具体的放射性核素等；（v）处于退役过程中的核设施的清单和这些设施中退役活动的现状。

⑤ Canadian Nuclear Safety Commission, "Oversight of Canada´s Framework for Radioactive Waste Management", http://nuclearsafety.gc.ca/eng/resources/fact-sheets/oversight-canada-framework-radioactive-waste-management.cfm, January 16, 2020.

性废物清单》基于低放射性废物、中放射性废物、高放射性废物、铀矿山和工厂废物四个类别概述了放射性废物的定义和类别、放射性废物来源、放射性废物管理机构、放射性废物管理政策框架、放射性废物分布地点、放射性废物预测值等内容。① 在法国，1991 年第 91-1381 号法令为法国发布乏燃料和放射性废物管理清单提供了政策依据。1993 年，第一部乏燃料和放射性废物管理清单公布，覆盖了 91 个地方的 120 个废物场地。1994 年，清单覆盖 125 个地方的 159 个场地。1995 年，清单覆盖了法国 168 个地方的 204 个废物场地的情况。② 乏燃料和放射性废物管理清单为法国放射性业务建立了一个"总的信息存储系统"，以保证尽可能更好地进行废物管理工作。③ 在这方面，我国也作出了积极努力。例如，《核安全法》专门单列"信息公开和公众参与"一章，规定有关部门依法公开核安全相关信息的职责。未来，可以借鉴吸收加拿大、法国等国家的做法，积极建设我国乏燃料和放射性废物管理清单，对相关信息进行公开，以便于公众参与核安全管理事务。

3. 进一步规范高放射性废物地质处置设施选址建设

高放射性废物地质处置设施选址建设无疑是乏燃料和放射性废物管理过程中的棘手问题。为此，美国 1982 年制定了《核废料政策法》，2013 年发布《乏燃料和高放废物管理与处置策略》，建立了一整套"基于协商一致"的选址程序；④ 加拿大制定了适应性阶段管理方法和核废料深层地质处置库选址程序；德国颁布了《选址法》；日本制定实施了《高放废物最终处置法》。在政策实践中，芬兰、法国、瑞典等国家已经在乏燃料和高放废物处置设施开发方面取得了良好进展，并针对特定地点提出了许可证申请或正在进行许可证准备工作。⑤

就我国情况而言，我国《核安全与放射性污染防治"十三五"规划及 2025 年远景目标》规定，在"十三五"期间，放射性废物处置能力建设，包括 5 座中低放固体废物处置场建设；西北中低放固体废物处置场扩建；新建

---

① OECD Nuclear Energy Agency, "Radioactive Waste Management Programmes In Oecd/Nea Member Countries", https：//www.oecd-nea.org/rwm/profiles/, March 6, 2020.
② 高立：《法国更新放射性废物场地清单》，载《国外核新闻》1995 年第 12 期。
③ 高立：《法国更新放射性废物场地清单》，载《国外核新闻》1995 年第 12 期。
④ 陈长河：《美国核设施选址政策解析》，载《中国核工业》2014 年第 11 期。
⑤ International Atomic Energy Agency, "Status and Trends in Spent Fuel and Radioactive Waste Management", https：//www-pub.iaea.org/MTCD/Publications/PDF/P1799_web.pdf., March 6, 2020.

成的中低放固体废物处置场废物接收检测能力建设；高放废物地质处置地下实验室建设。① 对于高放射性废物地质处置设施选址，我国也先后颁布了《高水平放射性废物地质处置设施选址》（HAD401/06-2013）、《核技术利用放射性废物库选址、设计与建造技术要求（试行）》（HAD4XX-2004）等技术导则。

未来，进一步改进的方向应该是在选址程序中融入公众参与要求。可以借鉴加拿大的做法，一方面将选址过程视为技术方法和管理系统的融合。技术方法包括在深地质库中集中控制和隔离废旧核燃料、持续监控、可回收性和选择浅层地下设施进行临时储存；管理系统包括实施进度和方式的灵活性，分阶段和自适应决策，响应技术、研究、本地知识和社会价值的进步，开放、包容和公平的选址过程，在整个实施过程中公众和社区的持续参与等②。另一方面，明确规定选址程序中的公众参与环节。可以细化为若干步骤。例如，在开始启动选址时，通过提供信息、回答问题等方式提升公众选址意识；社区确定他们感兴趣的内容，有关组织提供详细简介，进行初步筛选；对于仍然感兴趣的社区，将对其潜在适合性进行初步评估；对于继续感兴趣的社区，与其潜在受影响的周围社区接触，完成详细的场址评估；拥有合适场址的社区决定他们是否愿意接受该项目，并提出进行该项目的条款和条件；有关组织与拥有首选场址的社区签订正式协议以托管该项目；监管机构通过独立、正式和公开的程序审查现场评估结果和项目安全性，如果满足所有要求，则批准进行。③

4. 积极稳妥地推进乏燃料和放射性废物管理国际合作

无论是《核安全公约》，还是《联合公约》都强调了推进国际合作的重要性。欧盟《关于建立负责任和安全管理乏燃料和放射性废物的共同体框架指令》更是指出："根据有关会员国之间的协议，共享乏燃料和放射性废物管理设施，包括处置设施，是一种潜在有益、安全和具有成本效益的选择。"④ 同

---

① 《核安全与放射性污染防治"十三五"规划及 2025 年远景目标》。

② Canadian Nuclear Safety Commission, "Implementing Adaptive Phased Management 2020 to 2024", https：//www.nwmo.ca/~/media/Site/Reports/2020/03/06/19/17/NWMO-Implementation-Plan-202024.ashx? la=en, June 16, 2020.

③ Canadian Nuclear Safety Commission, "Moving Forward Together: Process for Selecting a Site for Canada's Deep Geological Repository for Used Nuclear Fuel", https：//www.nwmo.ca/~/media/Site/Files/PDFs/2015/11/04/17/34/1545 _ processforselectingasiteforcan.ashx? la=en., June 16, 2020.

④ *Establishing a Community Framework for the Responsible and Safe Management of Spent Fuel and Radioactive Waste.*

时，该指令还对指令颁布以前斯洛文尼亚与克罗地亚共同投资的核电厂放射性废物处置事项进行豁免。① 从政策实践看，美国、德国等国家都承诺按照协议回收存储在国外相应设施中的乏燃料和放射性废物。日本则积极地推动将乏燃料经国外后处理再运回国内处置的方法。

从我国情况看，我国原则上不接受来自他国的放射性废物。《放射性污染防治法》规定："禁止将放射性废物和被放射性污染的物品输入中华人民共和国境内或者经中华人民共和国境内转移。"② 但《中华人民共和国原子能法（征求意见稿）》第二十一条却规定："国家禁止进口乏燃料，但是出口核燃料产生的乏燃料经国家批准后可以返回中华人民共和国境内贮存或后处理。"这意味着原子能法草案保留了一定弹性，允许经过国家批准后出口核燃料产生的乏燃料返回境内贮存或后处理。

实质上，这是一种务实的灵活态度。一方面随着我国核能技术能力的进步，核技术出海在未来将会越来越多，而核技术的海外应用当然应该包括乏燃料和放射性废物安全管理。通过协议形式在国家批准、安全可控情况下接收部分出口核燃料产生的乏燃料返回境内贮存或后处理，可以作为合同条款增强我国在相关领域的国际竞争力。另一方面，随着我国大型商业后处理-再循环工厂项目的落地，后处理能力将会增加，费用和成本将会下降，未来可能产生的剩余后处理能力将可以用于全球共享。基于此，我国应积极稳妥地推进乏燃料和放射性废物管理国际合作，灵活地采取各种措施，例如出口核燃料并对产生的乏燃料进行后处理、乏燃料租赁、共享处置设施等促进核安全领域的国际合作。

总之，从制度改进角度看，我国应基于问题导向不断健全具体的政策法律制度，建立稳定、持续的财务支持机制，规定信息透明公开的乏燃料和放射性废物管理清单，进一步规范高放射性废物地质处置设施选址建设程序，积极稳妥地推进乏燃料和放射性废物管理国际合作。此外，历史遗留场所放射性废物的管理、废弃密封源的管理、核事故发生后放射性废物的管理等也是未来应该关注的重点。

---

① *Establishing a Community Framework for the Responsible and Safe Management of Spent Fuel and Radioactive Waste.*
② 《放射性污染防治法》第四十七条。

# 参考文献

## 一、中文参考文献

### （一）著作

1. 韩德培主编：《环境保护法教程》，法律出版社 2018 年版。
2. 汪劲著：《环境法学》，北京大学出版社 2006 年版。
3. 吕忠梅主编：《环境法原理》，复旦大学出版社 2017 年版。
4. 蔡先凤著：《核损害民事责任研究》，原子能出版社 2005 年版。
5. 傅济熙著：《核损害的民事责任与赔偿》，原子能出版社 2003 年版；
6. 陈刚主编：《核损害责任法律法规汇编》，法律出版社 2018 年版。
7. 陈刚著：《国际原子能法》，原子能出版社 2012 年版。
8. 陈刚编：《国际原子能法汇编》，原子能出版社 2012 年版。
9. 陈刚主编：《世界原子能法律解析与编译》，法律出版社 2011 年版。
10. 阎政著：《美国核法律与国家能源政策》，北京大学出版社 2006 年版。
11. 胡帮达著：《核法中的安全原则研究》，法律出版社 2019 年版。
12. 伏创宇著：《核能规制与行政法体系的变革》，北京大学出版社 2017 年版。
13. 岳树梅著：《民用核能安全保障法律制度研究》，厦门大学出版社 2017 年版。
14. 陈建著：《核损害赔偿责任制度研究》，法律出版社 2019 年版。
15. 欧阳恩钱著：《风险社会视阈下核灾害预防制度研究》，中国社会科学出版社 2016 年版。
16. 赵爽著：《民用核能生态安全保障法律制度研究》，法律出版社 2016 年版。
17. 吴翔鸥著：《我国核安全法律制度研究》，黑龙江人民出版社 2013 年版。
18. 曹康泰等主编：《中华人民共和国放射性污染防治法释义》，法律出版社 2003 年版。
19. 赖中茂编著：《中华人民共和国放射性污染防治法释义》，中国法制出版社

2003年版。
20. 姜振飞著：《中国核安全评论第1卷》，金城出版社2015年版。
21. 姜振飞著：《冷战后的美国核战略与中国国家安全》，光明日报出版社2010年版。
22. 环境保护部核与辐射安全中心编著：《〈核安全公约〉履约20周年》，中国原子能出版社2017年版。
23. 冯建平主编：《〈中华人民共和国核安全法〉100问》，中国环境出版集团2020年版。
24. 郭冉著：《国际法视阈下美国核安全法律制度研究》，武汉大学出版社2016年版。
25. 丁振宇主编：《放射性污染防治与安全性防护标准实施手册》，哈尔滨地图出版社2003年版。
26. 吴宜灿著：《核安全导论》，中国科学技术大学出版社2017年版。
27. 陆浩主编：《中华人民共和国核安全法解读》，中国法制出版社2018年版。
28. 俞尔俊等主编：《核电厂核安全基础》，原子能出版社2011年版。
29. 李天舒著：《核安全领域质量保证基本要求》，中国环境科学出版社2011年版。
30. 张穹、李干杰主编：《民用核安全设备监督管理条例释义》，中国法制出版社2007年版。
31. 陈玉清著：《核安全概论》，国防工业出版社2020年版。
32. 肖岷主编：《核电站与核安全》，中国电力出版社2018年版。
33. 金花编：《国外核大国核安全形势》，中国原子能出版社2020年版。
34. 刘渊编：《国外核安全监管体系》，中国原子能出版社2018年版。
35. 张玮编著：《核安全文化特征》，中国原子能出版社2016年版。
36. 程建秀、栾海燕主编：《核安全国别报告》，中国原子能出版社2016年版。
37. 环境保护部核与辐射安全中心著：《中美先进核安全监管实践》，中国环境出版集团2018年版。
38. 阮可强著：《核临界安全》，原子能出版社2005年版。
39. 柴建设编著：《核安全文化理论与实践》，化学工业出版社2012年版。
40. 朱玉璧著：《核电工程建设总承包管理企业核安全文化建设探索》，江苏大学出版社2016年版。
41. 阎昌琪、曹夏昕编著：《核反应堆安全传热》，哈尔滨工程大学出版社2010年版。

42. 徐志成、李启东编著：《核电厂的安全与环境》，原子能出版社1990年版。
43. 郑雪飞著：《伊朗核问题与国际安全》，河南人民出版社2007年版。
44. 马明泽等主编：《核电厂概率安全分析及其应用》，原子能出版社2010年版。
45. 朱继洲等编著：《核反应堆安全分析》，西安交通大学出版社2000年版。
46. 环境保护部（国家核安全局）编：《核安全与放射性污染防治"十二五"规划及2020年远景目标》，科学出版社2013年版。
47. 国家核安全局政策法规处编：《核电厂安全导则汇编》，中国法制出版社1992年版。
48. 环境保护部核与辐射安全中心编著：《核与辐射安全监管》，中国原子能出版社2015年版。
49. 环境保护部核与辐射安全监管二司、环境保护部核与辐射安全中心编：《中国核电厂运行事件综合报告》，中国环境科学出版社2012年版。
50. 陈生玉编著：《美国核武器安全管理与可靠性》，国防工业出版社2002年版。
51. 董希琳著：《核电厂消防安全和事故应急》，原子能出版社1999年版。
52. 李治宇编：《核安全研究计划1986—1990》，国家核安全局1990年版。
53. 邹树梁主编：《核电厂安全评价与分析》，中国原子能出版社2016年版。
54. 范育茂著：《核反应堆安全演化简史》，中国原子能出版社2016年版。
55. 刘定平编：《核电厂安全与管理》，华南理工大学出版社2013年版。
56. 张杨著：《冷战时期美国的太空安全战略与核战争计划研究》，九州出版社2017年版。
57. 张家倍等编著：《核电厂抗震安全评估》，上海科学技术出版社2013年版。
58. 潘自强主编：《内陆核电厂及核能发展中的几个重要安全、环境问题研究》，中国原子能出版社2015年版。
59. 李苏甲等主编：《核电厂安全心理学基础》，中国原子能出版社2012年版。
60. 刘晓星等编：《核辐射安全防护60问》，中国环境科学出版社2011年版。
61. 林诚格主编：《非能动安全先进核电厂AP1000》，原子能出版社2008年版。
62. 谭丽玲著：《直击福岛事件 核与辐射安全防护120问》，中国铁道出版社2011年版。
63. 卞玉芳著：《核与辐射安全监管信息资源目录体系建设实践》，人民交通出版社2020年版。

64. 陈妍编著：《核电厂安全目标发展概述》，中国原子能出版社 2017 年版。
65. 朱军等主编：《核技术应用与安全》，郑州大学出版社 2014 年版。
66. 郑北新编：《核电厂安全巡视检查》，化学工业出版社 2013 年版。
67. 祝一新著：《核动力船舶与辐射安全》，徐氏基金会 1975 年版。
68. 冯开明著：《中国核科技报告 CNIC-01052 SIP-0090 实验混合堆 FEB 设计放射性计算与环境安全分析》，原子能出版社 1996 年版。
69. 栾贵时、夏承刚著：《中国核科技报告 CNIC-00868 ASIPP-0043 在中国核能发展中聚变裂变混合堆成本与安全的优势》，原子能出版社 1994 年版。
70. 管乐编著：《两刃利剑 原子能研究的故事》，广东教育出版社 2004 年版。
71. 刘华、潘苏主编：《放射性污染及其防治》，世界知识出版社 2010 年版。
72. 蒋江波等编著：《港口环境放射性污染监测与防治》，化学工业出版社 2009 年版。
73. 罗顺忠主编：《核技术应用》，哈尔滨工程大学出版社 2015 年版。
74. 黄晞著：《中国近现代电力技术发展史》，山东教育出版社 2006 年版。
75. 张纪生、张存生编著：《常规能源与新能源》，内蒙古人民出版社 1985 年版。
76. 姜佑民编著：《核电质量保证实用教程》，中国原子能出版社 2013 年版。
77. 张景林主编：《安全系统工程》，煤炭工业出版社 2019 年版。
78. 成松柏等著：《第四代核能系统与钠冷快堆概论》，国防工业出版社 2018 年版
79. 陈慈阳著：《环境法总论》，台湾元照出版有限公司 2011 年版。
80. 李建良著：《环境法》，台湾新学林出版股份有限公司 2012 年版。
81. 陈樱琴著：《环境法律》，台湾五南图书出版股份有限公司 2007 年版。
82. 陈春生著：《行政法之学理与体系》，台湾三民出版社 1996 年版。
83. 陈春生著：《核能利用与法之规制》，台湾月旦出版社股份有限公司 1995 年版。
84. 国际原子能机构发布：《中华人民共和国核与辐射安全监管综合评估报告》，环境保护部（国家核安全局）译，中国环境科学出版社 2012 年版。
85. 国际原子能机构发布：《国际原子能机构关于中国核与辐射安全监管综合跟踪评估报告》，生态环境部译，中国环境出版集团 2018 年版。
86. ［德］乌尔里希·贝克著：《风险社会》，何博闻译，译林出版社 2004 年版。
87. ［美］托马斯著：《核临界安全》，姚蜀平译，原子能出版社 1976 年版。

88. [美] J. F. 霍格顿著：《核动力的安全问题》，石庆元译，原子能出版社 1982 年版。

89. [美] 琼斯著：《核电厂安全传热》，贺安全译，原子能出版社 1988 年版。

90. [美] 艾伦著：《原子能与社会》，刘慕和等译，五十年代出版社 1951 年版。

91. [美] 费米夫人著：《原子能的故事》，翁菊容等译，原子能出版社 1982 年版。

92. [美] 斯奈德著：《能与原子能》，王镁译，外语教学与研究出版社 1983 年版。

93. [美] 魏伊丝著：《公平地对待未来人类：国际法、共同遗产与世代间衡平》，汪劲等译，法律出版社 2000 年版。

94. [美] 雷吉娜·E. 朗格林著：《风险沟通：环境、安全和健康风险沟通指南》，黄河等译，中国传媒大学出版社 2016 年版。

95. [美] 约翰·斯普兰克林著：《危险废物和有毒物质法精要》，凌欣译，南开大学出版社 2016 年版。

96. [美] 詹姆斯·萨尔兹曼等著：《美国环境法》，徐卓然等译，北京大学出版社 2016 年版。

97. [美] J. G. 阿巴克尔等著：《美国环境法手册》，文伯屏等译，中国环境科学出版社 1988 年版。

98. [美] 理查德·B. 斯图尔特著：《美国环境法的改革 规制效率与有效执行》，王慧译，法律出版社 2016 年版。

99. [美] 卡尔顿·施托伊贝尔等著：《核法律手册》，王玉荟等译，原子能出版社 2010 年版。

100. [美] 布雷耶著：《打破恶性循环 政府如何有效规制风险》，法律出版社 2009 年版。

101. [日] 林乔雄、郝秀义著：《漫画解说原子能》，郝卓然译，原子能出版社 1985 年版。

102. [英] 费尔曼等著：《环境风险评价方法经验和信息来源》，寇文译，中国环境科学出版社 2012 年版。

103. [英] 吉登斯著：《现代性的后果》，田禾译，译林出版社 2011 年版。

104. [英] 费雪著：《风险规制与行政宪政主义》，沈岿译，法律出版社 2012 年版。

105. [英] 绍尔卡著：《法国环境政策的形成》，韩宇译，中国环境科学出版社 2012 年版。

106. ［日］日本法律家协会主编：《日本环境诉讼典型案例与评析》，皇甫景山译，中国政法大学出版社 2011 年版。

107. ［日］原田尚彦著：《环境法》，于敏译，法律出版社 1999 年版。

108. ［日］黑川哲志著：《环境行政的法理与方法》，肖军译，中国法制出版社 2008 年版。

（二）论文

1. 汪劲、张钰羚：《〈核安全法〉实施的重点与难点问题解析》，载《环境保护》2018 年第 12 期。

2. 汪劲、耿保江：《论核法上安全与发展价值的衡平路径——以核管理机构的衡平责任为视角》，载《法律科学（西北政法大学学报）》2017 年第 4 期。

3. 汪劲、张钰羚：《论我国〈核安全法〉的调整范围》，载《中国地质大学学报（社会科学版）》2017 年第 2 期。

4. 汪劲、耿保江：《核能快速发展背景下加速〈核安全法〉制定的思考与建议》，载《环境保护》2015 年第 7 期。

5. 汪劲：《论〈核安全法〉与〈原子能法〉的关系》，载《科技与法律》2014 年第 2 期。

6. 汪劲、张钰羚：《我国核电厂选址中的利益衡平机制研究》，载《东南大学学报（哲学社会科学版）》2018 年第 6 期。

7. 蔡先凤：《我国核损害赔偿立法的完善》，载《中国地质大学学报（社会科学版）》2017 年第 2 期。

8. 蔡先凤：《核事故损害赔偿责任：理论分析与制度安排》，载《重庆大学学报（社会科学版）》2012 年第 2 期。

9. 蔡先凤：《核损害民事责任的国际法基础》，载《郑州大学学报（哲学社会科学版）》2008 年第 3 期。

10. 蔡先凤：《中国核损害责任制度的缺陷及立法设想》，载《中国人口·资源与环境》2007 年第 4 期。

11. 蔡先凤：《中国核损害责任制度的建构》，载《中国软科学》2006 年第 9 期。

12. 蔡先凤：《核损害民事责任中的责任集中原则》，载《当代法学》2006 年第 4 期。

13. 蔡先凤：《论核损害民事责任中的责任限制原则》，载《法商研究》2006

年第 1 期。

14. 黄锡生：《生态文明视野下〈核安全法〉基本原则探析》，载《重庆大学学报（社会科学版）》2017 年第 5 期。

15. 黄锡生、宋志琼：《跨界核损害责任的制度缺陷及其立法完善》，载《甘肃政法学院学报》2012 年第 6 期。

16. 黄锡生、关慧：《供应商核损害赔偿责任豁免的反思与重构》，载《重庆大学学报（社会科学版）》2012 年第 2 期。

17. 孙佑海：《实施放射性污染防治法，保障核事业的健康发展》，载《环境保护》2003 年第 8 期。

18. 赵爽、王中政：《我国核损害民事赔偿责任制度研究——从〈核安全法〉第九十条切入》，载《河南财经政法大学学报》2018 年第 6 期。

19. 赵爽、王中政：《核损害中的国家补偿责任研究》，载《华北电力大学学报（社会科学版）》2018 年第 5 期。

20. 赵爽、王晓丹：《我国核应急信息公开法律制度研究》，载《华北电力大学学报（社会科学版）》2018 年第 2 期。

21. 傅济熙：《可持续发展与核能利用》，载《中国核工业》1999 年第 2 期。

22. 傅济熙、董保同：《浅谈第三方核责任法律制度》，载《中国核工业》1998 第 3 期。

23. 陈俊：《我国核法律制度研究基本问题初探》，载《中国法学》1998 年第 6 期。

24. 盛愉：《核法初论》，载《法学研究》1980 年第 6 期。

25. 胡帮达：《〈原子能法〉立法的功能定位和制度构建——兼评〈原子能法〉》，载《东南大学学报（哲学社会科学版）》2018 年第 6 期。

26. 胡帮达：《安全和发展之间：核能法律规制的美国经验及其启示》，载《中外法学》2018 年第 1 期。

27. 胡帮达：《中国核安全立法的进展、问题和对策》，载《科技导报》2017 年第 13 期。

28. 胡帮达：《论核安全法的基本原则》，载《中国地质大学学报（社会科学版）》2017 年第 2 期。

29. 胡帮达：《美国核安全规制模式的转变及启示》，载《南京工业大学学报（社会科学版》2017 年第 1 期。

30. 胡帮达：《中国核安全法制度构建的定位》，载《重庆大学学报（社会科学版）》2014 年第 4 期。

31. 胡帮达等：《中国核安全法律制度的构建与完善：初步分析》，载《中国科学：技术科学》2014 年第 3 期。
32. 刘久：《论〈核安全法〉背景下我国公众核安全权利的实现》，载《苏州大学学报（哲学社会科学版）》2020 年第 3 期。
33. 刘久：《〈核安全法〉背景下我国核损害赔偿制度立法研究》，载《法学杂志》2018 年第 4 期。
34. 刘久：《我国核损害赔偿纠纷的可仲裁性研究》，载《法学杂志》2020 年第 6 期。
35. 刘久、娄世超：《核损害责任国际公约演进与中国选择》，载《学术交流》2019 年第 1 期。
36. 伏创宇：《核能安全立法的调控模式研究——基于德国经验的启示》，载《科技管理研究》2013 年第 17 期。
37. 陈刚、李光磊：《论我国核损害责任制度的建立与构架》，载《学术交流》2019 年第 1 期。
38. 陈刚：《〈核安全法〉的若干看点》，载《核安全》2018 年第 6 期。
39. 李光辉等：《基于〈核安全法〉的核安全公众沟通》，载《环境保护》2018 年第 21 期。
40. 扈黎光、冯建平：《〈核安全法〉立法思路及其实现》，载《环境保护》2018 年第 12 期。
41. 张金涛、祁婷：《强化核安全文化建设，保障〈核安全法〉落实》，载《环境保护》2018 年第 12 期。
42. 赵悦：《核与辐射安全信息获取权：以法国 TSN 法为镜鉴》，载《中国软科学》2017 年第 1 期。
43. 刘风景：《〈核安全法〉的功能定位与立法策略》，载《北京联合大学学报（人文社会科学版）》2015 年第 2 期。
44. 刘风景、郑建保：《核损害赔偿的基本原则》，载《科技与法律》2014 年第 2 期。
45. 杨卫东、万思怡：《核损害赔偿与〈侵权责任法〉的适用——以第 70 条为中心》，载《湖北大学学报（哲学社会科学版）》2014 年第 3 期。
46. 周圣佑：《台湾地区〈核子损害赔偿法〉及其对大陆立法的启示》，载《发展研究》2019 年第 5 期。
47. 郭娜娜：《核设施营运者的损害赔偿责任与费用负担——以福岛核电站事故之相关讨论为中心》，载《日本法研究》2019 年第 1 期。

48. 李晏、练雅庄：《论我国核损害赔偿国家补充责任的构建》，载《重庆电子工程职业学院学报》2020年第3期。

49. 冉丹等：《国家核损害补偿责任浅议》，载《中国能源》2020年第5期。

50. 陈建：《我国核损害赔偿责任制度缺陷及立法建构》，载《大连理工大学学报（社会科学版）》2019年第3期。

51. 梁晨晨、李溪韵：《浅论核损害赔偿责任制度在涉外合同中的适用》，载《中国核电》2018年第4期。

52. 曲云欢等：《核损害赔偿制度的问题与对策研究》，载《环境保护》2018年第12期。

53. 曲云欢等：《中国核损害赔偿制度研究》，载《环境污染与防治》2012年第11期。

54. 赵威：《核损害民事责任制度研究》，载《法学杂志》2017年第11期。

55. 樊少锋：《国际核损害赔偿责任体系研究》，载《中国核工业》2017年第8期。

56. 杨尊毅：《日本福岛核事故对建立我国核损害赔偿体系的启示》，载《中国核工业》2017年第8期。

57. 卢微微：《核损害赔偿国际立法对我国的启示》，载《海南大学学报（人文社会科学版）》2017年第3期。

58. 张维炜：《核安全法草案二审：核损害赔偿规定如何细化成焦点》，载《中国人大》2017年第10期。

59. 邹荣等：《我国核损害赔偿应解决的几个问题》，载《中国核工业》2016年第1期。

60. 黄胜开：《核损害赔偿国际立法及对我国的启示》，载《中南民族大学学报（人文社会科学版）》2015年第2期。

61. 耿保江：《"核损害"法律概念探析》，载《华北电力大学学报（社会科学版）》2014年第2期。

62. 耿保江：《对〈核安全法（草案）〉原则的三层解读》，载《世界环境》2017年第1期。

63. 杨尊毅、王国军：《建立我国核损害赔偿制度探讨——福岛核事故损害赔偿的启示》，载《保险研究》2013年第9期。

64. 王蓓：《核损害赔偿中的财务保证方式探讨》，载《中国核工业》2012年第1期。

65. 伍浩松：《印度出台有关核损害民事责任的新条例》，载《国外核新闻》

2011 年第 12 期。

66. 薄怀涛等：《我国应完善核损害赔偿法律制度》，载《中国核工业》2011 年第 10 期。
67. 刘江：《印度 2010 年〈核损害民事责任法〉》，载《国外核新闻》2011 年第 9 期。
68. 郭志锋：《世界核损害责任制度的发展现状》，载《国外核新闻》2007 年第 1 期。
69. 李雅云：《核损害责任法律制度研究》，载《环球法律评论》2002 年第 3 期。
70. 赵永康：《核安全法的立法思路》，载《中国核电》2018 年第 1 期。
71. 张钰羚：《〈核安全法〉应当构建核应急法律制度》，载《世界环境》2017 年第 1 期。
72. 赵悦：《〈核安全法（草案）〉信息公开相关条款简评》，载《世界环境》2017 年第 1 期。
73. 邹荣、扈黎光：《科学合理确定〈核安全法〉适用范围》，载《中国核工业》2014 年第 5 期。
74. 陈伟：《中国核安全法论纲》，载《北华大学学报（社会科学版）》2011 年第 4 期。
75. 陈伟：《核安全法的指导思想、体系与内容》，载《沈阳工程学院学报（社会科学版）》2011 年第 3 期。
76. 王成明、于丽婷：《基于日本核事故对我国〈放射性污染防治法〉完善必要性的探讨》，载《四川环境》2015 年第 2 期。
77. 宗和：《〈放射性污染防治法〉要点解读》，载《环境》2003 年第 11 期。
78. 赵洲：《国际法视野下核能风险的全球治理》，载《现代法学》2011 年第 4 期。
79. 龚向前：《核电厂选址之程序正当性——基于风险社会视角》，载《中国地质大学学报（社会科学版）》2011 年第 3 期。

## 二、外文参考文献

（一）著作

1. Tromans S, *Nuclear Law: the Law Applying to Nuclear Installations and Radioactive Substances in Its Historic Context*, New York, Bloomsbury Publishing,

2010.

2. Ved P. Nanda et al., *International Law, the International Court of Justice and Nuclear Weapons*, Cambridge, Cambridge University Press, 1999.

3. Stewart R B, Stewart J B, *Fuel Cycle to Nowhere: US Law and Policy on Nuclear Waste*, Nashville, Vanderbilt University Press, 2011.

4. Levi M A, *On Nuclear Terrorism*, Cambridge, Harvard University Press, 2009.

5. Joyner D H, *Interpreting the Nuclear Non-proliferation Treaty*, Oxford, Oxford University Press, 2011.

6. Kauzlarich D, Kramer R C. *Crimes of the American Nuclear State: At Home and Abroad*, Lebanon, Upne, 1998.

7. Jervis R, *The Illogic of American Nuclear Strategy*, New York, Cornell University Press, 2019.

8. Moody K J et al., *Nuclear Forensic Analysis*, London, CRC Press, 2014.

9. Sverre Lodgaard, Bremer Maerli, *Nuclear Proliferation and International Security*, New York, Routledge, 2007.

## （二）论文

1. Peter D. Cameron, "Nuclear Safety After Chernobyl: The Role of International Law", *Leiden Journal of International Law* 1, 1988, p. 121-136.

2. Louise de la Fayette, "International Environmental Law and the Problem of Nuclear Safety", *Journal of Environmental Law* 5, 1993, p. 31-70.

3. Veuchelen L, "The Legal Value of General Principles, Technical Norms and Standards in European Nuclear Safety Law: The Imbalance Between Soft and Hard Law and the Need for Global Regulatory Governance", *European Energy & Environmental Law Review* 18, 2009, p. 215-228.

4. Stanič, Ana, "EU Law on Nuclear Safety", *Journal of Energy & Natural Resources Law* 28, 2010, pp. 145-158.

5. ha, Anupam, "Dynamics of Legal Regime on Safety of Nuclear Power Plants in India after Fukushima Disaster", *Journal of Risk Research* 17, 2014, pp. 145-160.

6. Behlinget al., "Aftermath of Fukushima: Avoiding Another Major Nuclear Disaster", *Energy Policy* 125, 2019, pp. 411-420.

7. Currie et al., "Recent Developments in the International Law Governing Shipments of Nuclear Materials and Wastes and Their Implications for SIDS",

*Review of European Community & International Environmental Law* 14, 2005, pp. 117-124.

8. De Pompignan, Diane, "Law on the Peaceful Uses of Nuclear Energy: Key Concepts", *Nuclear Law Bulletin* 76, 2005, pp. 47-61.
9. Gillett et al., "Legal Protection in the UK of People and the Environment from the Harmful Effects of Radiation", *Nuclear Future* 10, 2014, pp. 44-47.
10. Trebilcock et al., "The Economics of Nuclear Accident Law", *International Review of Law & Economics* 17, 1997, p. 215.
11. Mestier du Bourg, Hubert, "Comment on Japan's Post-Fukushima Energy Policy Challenges", *Asian Economic Policy Review* 8, 2013, pp. 294-295.
12. Desai et al., "U.S. Nuclear Foreign Ownership Policy Ready for a Refreshed Interpretation", *Energy Law Journal* 37, 2016, pp. 85-134.
13. M. P. et al., "Nuclear Energy Law and Decision-Making in India", *Journal of Risk Research* 17, 2014, pp. 1-6.
14. Sainati et al., "Project Financing in Nuclear New Build, Why Not? The Legal and Regulatory Barriers", Energy Policy 129, 2019, pp. 111-119.